역사란 무엇인가

E. H. Carr

What Is History?

The George Macaulay Trevelyan Lectures
Delivered in
The University of Cambridge
January-March 1961

탐구히스토리

역사란 무엇인가?

E. H. 카 지음 | 길현모 옮김

WHAT IS HISTORY?

Edward Hallett Carr

탐구당

차례

1

역사가와 사실

역사란 무엇인가, 우선 이런 문제 자체부터를 무의미하다거나 소용없다거나 하실 분들이 계셔도 안 되겠기 때문에 『케임브리지 근대사』의 제1차와 제2차의 간행에 관련된 두 대목의 글을 빌려서 이야기의 주제로 삼아볼까 합니다. 액튼John Acton(1834~1902. 영국 역사가)은 케임브리지 대학 출판부의 평의회에 보낸 1896년 10월의 보고서 가운데서 자기가 담당한 근대사의 편집사업에 대해서 다음과 같이 말하고 있습니다.

19세기가 후세에 전하려고 하는 지식을 최다수의 사람들이 가장 유용하게 이용할 수 있도록 충분히 기록해 두기 위해서는 지금 이때야말로 다시없는 호기입니다. 적절한 분업에 의해서 우리들은 이러한 일을 감당할 수 있을 것이고, 국제적 연구가 낳아 놓은 최신의 문서와 가장 완숙된 결론들을 모든 사람에게 알려 줄 수 있을 것입니다.

물론 우리 세대에 완전한 역사가 나올 수 있다는 것은 아닙니다. 그러나 우리들은 재래의 인습적인 역사를 청산할 수 있습니다. 그리고 발전도상에서 우리들이 도달한 지점을 알려 줄 수도 있는 것입니다. 현재에는 여하한 지식 자료의 입수도 가능하며 여하한 문제의 해명도 가능하게 되었습니다.[1]

그런데 그로부터 꼭 60년쯤 후에 죠지 클라크Sir George Clark(1890~1979. 영국 역사가) 교수는 『케임브리지 근대사』의 제2차 간행에 붙인 서론에서 완전한 역사를 언젠가는 쓸 수 있으리라는 액튼과 그의 협조자들의 믿음을 평하고 나서 다시 다음과 같이 말했습니다.

> 다음 세대에 속한 역사가들은 그와 같은 장래를 기대하지는 않는다. 그들은 자기들의 업적이 계속해서 극복되어 나가리라고 내다본다. 그들은 과거에 관한 지식은 한 사람 혹은 몇 사람의 정신을 통하여 전달된 것이고 또한 그들의 처리과정을 겪어 내려왔다고 생각한다. 따라서 그것은 절대로 변질 될 수 없는 원소적이고 비인간적인 원자와 같은 것으로 형성되었다고는 보지 않는 것이다. …… 탐구의 길은 무한한 과정이라고 생각되며, 따라서 끈기 없는 일부 학자들은 회의주의에서 도피처를 발견하든가 혹은 기껏해야 모든 역사적 판단에는 인간이란 요소와 관점이란 요소가 포함되게 마련이니까 이것이나 저것이나 매한가지이고, 객관적 역사진리란 있을 수 없다는 학설 속으로 도피해 버리게 되는 것이다.[2]

권위 있는 학자들이 이처럼 맹렬하게 대립하고 있는 대목에는 연구해 볼 만한 분야가 있는 법입니다. 내 자신으로 말한다면 1890년대에 집필된 것이라면 덮어놓고 넌센스라고 단정해 버릴 만큼 시세에 앞서나가고 싶은 생각이 없는 것은 아닙니다. 그러나 아직은

---

1 *The Cambridge Modern History : Its Origin, Authorship and Production* (1907), pp.10~12

2 *The New Cambridge Modern History*, i (1957), pp. xxiv~xxv

1950년대에 집필된 것이라고 해서 무조건 의의가 있다는 식으로 생각할 만큼 앞서지는 못했습니다. 여러분도 이미 생각하셨겠습니다만, 사실 이러한 탐구란 역사의 본질이라는 문제보다도 더욱 넓은 문제 속으로 헷갈려 들어가기가 쉬운 것입니다.

액튼과 죠지 클라크 경卿과의 충돌은 이들 두 발언의 중간시기에 걸쳐 나타난 사회관의 전체적인 변화를 반영하고 있는 것입니다. 액튼은 빅토리아 시대 후기의 긍정적인 신념과 명철한 자신을 표명하고 있는데 반하여, 죠지 클라크 경은 비트 제너레이션의 당혹과 어지러운 회의주의를 반영하고 있습니다. 역사란 무엇인가 라는 물음에 답하려 할 때에 우리들의 답은 의식적이건 무의식적이건 우리 자신이 처해 있는 시대적 위치를 반영하게 되는 것이고 또한 자기가 살고 있는 사회를 어떠한 관점에서 보고 있는가라는 보다 광범위한 문제에 대한 우리들의 답의 일부를 이루게도 되는 것입니다. 잘 검토해 보면 나의 논제는 대단치 않게 보일지도 모르겠습니다만, 그런 데 대해서는 별로 걱정하지 않습니다. 오히려 이렇게 방대하고 중대한 문제를 들고 나왔다는 것이 과분하게 여겨지지나 않을까 염려될 뿐입니다.

19세기는 사실을 존중한 대단한 시대였습니다. 『어려운 세상*Hard Times*』의 그래드그라인드Mr. Gradgrind는 「내가 바라는 것은 사실이다. …… 인생에 필요한 것은 사실뿐이다」라고 말했습니다. 19세기의 역사가들도 대체로 그와 같은 의견을 가지고 있었습니다. 1830년대에 랑케는 역사의 도덕화를 규탄하는 정당한 항의를 제기하여 역사가의 임무는 「그것이 진정 어떠하였는가wie es eigentlich gewesen를 보여 주는 데 있을 따름이다」라고 말했습니다만, 별로 심오하달 것도 없는 이 격언은 놀라운 성공을 거두었습니다. 약 3세대 동안이나 역사가들은 독일, 영국, 프랑스 할 것 없이 모두가 「wie es eigentlich gewesen」이라는 마술적인 문구를 주문 외듯이 외면서 달려 나왔습니다. 그러나 주문이라는 것이 대부분 그러하듯이 이것 역시 자력으로 생각한다는 거추장스러운 부담을 덜어주는 성질을 내포한 말이었습니다.

과학으로서의 역사라는 것을 열심히 주장한 실증주의자들도 그들의 강대한 영향력을 발휘하여 사실 숭배를 조장했습니다. 그들은, 우선 사실을 확인하라, 그리고 나서 거기서 결론을 끌어내라고 주장했습니다. 영국에 있어서는 이러한 역사관은 로크로부터 버트란드 러셀에까지 이르는 영국 철학의 지배적 조류를 이루고 있는 경험론적 전통과 완전히 일치하는 것이었습니다. 경험주의적 지식론은 주체와 객체와의 완전한 분리를 전제합니다. 사실은 감각적인 인성과 마찬가지로 외부로부터 관찰자에게 부딪쳐 오는 것으로써 관찰자의 의식으로부터 독립된 것입니다. 따라서 사실을 받아들이는 과정은 수동적이며 자료를 받아들인 다음에야 거기에 관찰자의 동작이 가해진다는 것입니다. 옥스퍼드 영어중사전英語中辭典도 쓸모 있는 책입니다만, 경험학파의 경향에 치우쳐 있어서 사실을 규정하기를 「결론과는 별개의 경험적 자료」라고 하여 이상의 두 과정을 뚜렷이 분리하고 있습니다. 아마도 이런 것은 상식적인 역사관이라고 불러 마땅하겠지요. 역사는 확증된 사실의 집성으로 이룩된다는 것입니다. 생선 가게의 판자에 놓인 생선 모양으로 역사가들은 문서나 비문 등에서 사실을 입수할 수 있습니다. 그들은 수집한 사실을 집에 들고 가서 요리한 다음에 마음에 드는 스타일에 따라 그릇에 담아 내놓게 된다는 것입니다.

액튼은 간소한 요리 취미를 가진 사람이기 때문에 담백한 요리를 대접하기를 좋아했습니다. 『케임브리지 근대사』 제1차 간행의 집필자에게 지시사항을 적어 보낸 편지에서 그는 다음과 같이 요구하고 있습니다. 「우리들의 워털루 승전은 프랑스인과 영국인, 독일인과 네덜란드인을 다 같이 만족시킬 만한 것이어야 할 것, 집필자의 명단을 조사하지 않고서는 옥스퍼드의 주교主教가 어디까지 쓰고 붓을 놓았는지, 다음을 이어 쓴 것은 페어베안Patrick Fairbairn(1805~1875. 스코틀랜드의 장로교파 신학자)인지 가스켓Francis Neil Aidan Gasquet(1846~1929. 영국의 가톨릭 신학자·성직자)인지 리버만Bruno Franz Leopold Liebermann(1759~1844. 독일의 가톨릭 신학자)인지 해리슨Benjamin Harrison(1808~1887. 영국의 교회 성직자·신학자)인지 아무도 분간할 수 없어야만 할 것」[3] 액튼의 태도에 대해서는 비판적인 죠지 클라크 경조차도 역사에 있어서의 「사실이라는 굳은 핵」과 「이를 감싸고 있는 이론의 여지가 많은 해석이라는 과육果肉」[4]과를 대조시키고 있습니다만, 아마도 그는 과실의 알맹이는 딱딱한 속에 있는 것이 아니라 과육의 부분에 있다는 사실을 잊고 있었던 모양입니다. 먼저 사실을 틀림없이 입수하라, 그리고 나서 해석이라는 유동하는 모래 속으로 위험을 걸고 뛰어들어라—이것이 역사에 대한 경험적인 상식학파의 궁극적인 지혜입니다. 이는 「사실은 신성하며 의견은 제멋대로이다」라는 위대한 자유주의 저널리스트 C. P. 스코트Charles Prestwich Scott(1846~1932)의 격언을 상기시킵니다.

---

3 Action, *Lectures on Modern History* (1906), p.318.

4 이 말은 *Lectures*, 19 June 1952, p.992에 인용되고 있습니다.

그러나 오늘날에 와서는 분명 이런 말은 통할 수 없겠지요. 나는 과거에 대한 우리들의 지식의 본질에 대해서 철학적인 논의를 끄집어 낼 생각은 없습니다. 편의상 시이저가 루비콘 강을 건넜다는 사실과 방 한복판에 테이블이 있다는 사실을 같은 종류의 혹은 유사한 종류의 사실이라고 가정해 봅니다. 이들 두 사실이 같은 방식이나 유사한 방식으로 우리들의 의식에 들어온다고 가정해 봅시다. 그리고 이들 두 사실이 그것을 아는 사람과의 관계에 있어서도 동일한 객관적 성질을 가지는 것이라고 가정해 봅시다.

이것은 좀 대담한 그리 신통치도 못한 가정입니다만, 그러나 이런 가정을 놓고 보더라도 우리들의 논의는 과거에 관한 지식의 전부가 역사적 사실이 되는 것도 아니고 역사가에 의하여 그렇게 취급되고 있지도 않다는 난처한 지경에 빠져 버리게 되는 것입니다. 역사상의 사실을 과거에 관한 그 밖의 사실과 구별하는 규준은 무엇이겠습니까.

도대체 역사적 사실이란 무엇일까요? 이것은 우리들이 좀 더 치밀하게 생각해 봐야 할 중대한 문제입니다. 상식적인 관점에 의하면 어떤 역사가에게나 동일한, 말하자면 역사의 뼈대가 되는 기초적인 사실들이 있다는 것입니다.—헤이스팅스의 전투Battle of Hastings는 1066년에 있었다는 사실 같은 것이 그 일례라 하겠습니다. 그러나 이러한 관점에 대해서는 두 가지의 고찰이 필요하게 됩니다. 첫째로, 역사가의 주된 관심의 대상이 되는 것은 이와 같은 사실들이 아니라는 문제입니다.

물론 그런 전투가 일어난 것은 1065년이나 1067년이 아니라 1066

년이었다는 것, 그리고 그것이 일어난 장소는 이스트본이나 브라이튼이 아닌 헤이스팅스였다는 사실을 안다는 것은 틀림없이 중요한 일입니다. 역사가가 이런 일을 틀리게 잡는다면 말이 안 됩니다. 그러나 이와 같은 문제가 나타날 때마다 나는 「정확성은 의무이지 미덕은 아니다」[5]라는 하우스만Alfred Edward Housman(1859~1939. 영국의 고전학자)의 말을 상기하게 됩니다.

역사가를 정확하다고 해서 칭찬한다는 것은, 잘 말린 목재를 썼다거나 잘 혼합된 콘크리트를 썼다고 해서 건축가를 칭찬하는 것이나 마찬가지입니다. 그것은 그의 일의 필요조건이지 본질적인 기능은 아닌 것입니다. 「보조과학」이라고 불리는 고고학考古學, 금석문학金石文學, 고전학古錢學, 연대학年代學 등등에 의뢰할 권리를 가지고 있는 것입니다. 역사가란 도기나 대리석 파편의 계통이나 시기를 결정한다든가, 알 수 없는 비문을 해독해낸다든가, 정확한 연대를 정하는데 필요한 정밀한 천문학적 계산을 한다든가 하는 따위의 전문가들에게나 가능한 특수기술을 필요로 하는 것은 아닙니다. 모든 역사가들에게 공통된 소위 기초적 사실이라는 것은 보통 역사가들이 사용하는 원료의 카테고리에 속하는 것이지, 역사 그 자체의 카테고리에 속하는 것은 아닙니다.

둘째로 고찰해야 할 점은, 기초적 사실을 설정할 필요가 있다고 해도 그것은 사실 자체에 어떠한 자격이 있어서 그리 되는 것이 아니라, 역사가들의 아프리오리a priori한 결정에 좌우된다는 점입니다 C. P. 스

5 *M. Manilii Astronomicon. Liber Primus* (2nd ed., 1937) p.87.

코트의 모토에도 불구하고 오늘날 모든 저널리스트들은 여론을 움직이는 가장 효과 있는 방법은 적절한 사실들을 골라내고 배열하는 데 있다는 것을 잘 알고 있습니다. 사실은 자기 스스로가 말한다고들 흔히 이야기되어 왔습니다. 그러나 물론 이것은 참말은 아닙니다. 사실이란 역사가들이 그것을 찾아 줄 때에만 이야기하게 되는 것이고, 어떠한 사실에 발언권을 줄 것인가를 결정하는 것도 그리고 어떠한 순서와 전후 관련 속에서 이야기할 것인가를 결정하는 것도 역사가인 것입니다.

「사실은 자루와 같은 것이다, 그 속에 무엇인가를 집어넣어 주기 전에는 절대로 설 수 없다」고 말한 것은 아마도 피란델로Pirandello의 작품 중의 인물이었다고 기억됩니다.

우리들이 1066년에 헤이스팅스에서 전투가 있었다는 것을 알려고 하는 관심을 가지게 되는 유일한 이유는 역사가들이 그것을 역사적 대사건이라고 본다는 데에 있는 것입니다. 시이저가 루비콘이라는 작은 강을 건넜다는 것이 역사적 사실이라는 것은 역사가들이 자기들의 이유에 따라 결정한 것이지, 그 전에나 그 후에 수백만의 딴 사람들이 루비콘 강을 건넜다는 일에 대해서는 아무나 관심을 두지 않습니다. 여러분이 반시간 전에 걸어서, 혹은 자전거나 자동차를 타고 이 건물에 도착했다는 사실도 시이저가 루비콘 강을 건넜다는 사실과 마찬가지로 과거에 관한 사실임에는 틀림없습니다. 그러나 역사가들은 아마도 이를 무시해 버리겠지요.

탈코트 파슨즈Talcott Parsons(1902~1979. 미국의 사회학자) 교수는 언젠가 과학을 가리켜 「실재에 대한 인식방향의 선택적 체계」[6]라고 말한 적이 있습니다. 좀 더 간단히 말할 수도 있었으리라고 생각됩니다만, 여하간 역사란 특히 이와 같은 것입니다. 역사가란 불가피하게 선택적이게 마련입니다. 역사가의 해석으로부터 독립하여 객관적으로 존립하는 역사적 사실이라는 굳은 핵을 믿는다는 것은 전후가 전도된 오류입니다. 그러나 이러한 오류를 근절한다는 것은 지난至難한 일입니다.

그러면 과거에 관한 단순한 사실이 역사적 사실로 변하게 되는 과정을 잠깐 살펴보기로 합시다. 1850년 스탤리브리지 웨이크스Stalybridge Wakes(맨체스터 부근의 영국 서북부의 도시)에서 한 싸구려 장사꾼을 사소한 언쟁 끝에 성난 군중들이 고의로 차 죽인 일이 있었습니다. 이것은 역사적 사실이겠습니까? 1년 전만 같아도 나는 주저없이 아니라고 했을 것입니다. 이 사건은 한 목격자에 의하여 거의 알려지지도 않은 회고록에 기록되었습니다만[7] 언급될 가치가 있는 사건이라고 판단한 역사가는 없었습니다. 그러던 것이 1년 전 키트슨 클라크George Kitson Clark(1900~1975. 영국 역사가) 박사가 옥스퍼드의 포드 강연Ford lec-ture에서 이를 인용했습니다.[8] 그러면 이 사건은 역사적 사실이 되었을까요? 나는 아직도 그리 되었다고는 보지 않습니다. 내 생각 같아서는 그 사건의 현재의 지위는 아직도 역사적 사실이라는 상류 클럽에 입회신청을 내고 있는 상태라고나 하겠습니다. 아직은 후원자와 보호자를 기다리고 있는 형편입니다.

앞으로 이 사실은 2~3년 내로 우선은 19세기의 영국에 관한 논문

---

6 T. Parsons and E. Shils, *Toward a General Theory of Action* (3rd ed., 1954), p.167.

7 Lord George Sanger, *Seventy Years a Showman* (2nd ed., 1926), pp.188~9.

8 Dr. Kitson Clark, *The Making of Victorian England* (1962).

이나 책들의 주註에 수록되었다가 다음에는 본문에 나타나고, 그리 되면 20~30년이 지나는 동안에는 역사적 사실로서 제 자리를 잡게 될 가능성이 엿보입니다. 그러나 이와는 반대로 아무도 이를 돌봐주는 사람이 없을 경우에는, 키트슨 클라크 박사가 친절하게도 그로부터 구출해 내려고 했던 비역사적 사실이라는 연옥 속으로 되떨어지게 될 것입니다.

이상과 같은 두 가지 사태의 발생을 좌우하는 것은 무엇이겠습니까? 그것은 키트슨 클라크 박사가 이 사건을 인용하여 뒷받침하려고 했던 논제나 해석을 딴 역사가들이 정당하고 의의 있는 것이라고 받아들여주느냐 않느냐에 달린 문제라고 생각됩니다. 역사적 사실로서의 그 지위는 결국 해석의 문제에 따라 결정되는 것입니다. 이 해석이라는 요소는 역사의 모든 사실 속에 들어가게 마련입니다.

개인적인 회고를 용서하시겠습니까? 여러 해 전에 내가 이 대학에서 고대사를 연구하고 있었을 때에 나의 특수 연구 제목은 『페르시아 전쟁 당시의 그리스』라는 것이었습니다. 나는 15 내지 20권 정도의 책들을 서가에 모아 놓고 내 문제에 관련된 모든 사실은 이 책들 속에 수록되어 있다고 여겨도 무방하리라고 생각했습니다. 가령 그 문제에 관하여 당시에 알려졌거나 알 수 있었던 모든 사실들이 그러한 책들 속에 수록되어 있었다—이것은 극히 진실에 가까웠던 이야기입니다만—고 가정합시다. 그러나 과거 한때에 틀림없이 누군가가 알고 있었을 그 무수한 사실 가운데서 어떠한 우연이나 마멸과정을 통해서 그런 보잘 것 없는 사료집 만이 살아남아서 역사적 사실이 되었는가를 생각해 본 일은 전연 없었습니다. 오늘날에 와서도 고대사나 중세사에 마음이 끌리게 되는 매력의 하나는 손닿는 범위 내에서 모든 사실을 처리할 수 있다는 환각을 우리들에게 주기 때문이 아닌가 생각합니다. 말하자면, 알려져 있는 몇 안 되는 사실들의 전부가 역사적 사실이기 때문에 역사적 사실과 과거에 관한 그 밖의 사실 사이의 까다로운 구분이란 것이 소멸된다는 것입니다. 두 시대를 다 같이 연구한 뷰리John Bagnell Bury(1861~1927. 아일랜드 출신의 영국 역사가)는 「고대사와 중세사의 기록에는 공백 부분이 산재해 있다」[9]라고 말했습니다. 본래부터 역사란 잃어버린 부분이 허다한 그림 맞추기라고들 해왔습니다. 그러나 주된 곤란성은 공백 부분에 있는 것은 아닙니다. 기원전 5세기의 그리스의 역사상이 불완전하다는 것은 많은 부분이 우연에 의하여 분실되었다는 데에 그 주원인이 있는 것이 아니라, 전체적으로 그것이 아테네 시의 아주 작은 그룹의 시민들에 의하여 만들어졌다는 데에 있는 것입니다. 우리들은 기원전 5세기의 그리스가 아테네 시민들에게 어떠한 모양으로 보여졌는가에 대해서는 많은 것을 알고 있습니다. 그러나 페르시아인이나, 노예나, 아테네의 비시민 주민들은 고사하고라도 스파르타인이나 코린트인, 혹은 테베인의 눈에 그것이 어떻게 보여졌는가에 대해서는 거의 아는 바가 없는 것입니다. 요컨대 우리가 가지고 있는 과거상은 우리들에게 있어서는 미리 선택되고 미리 결정되어 버린 것입니다. 그것은 우연적 계기에 의해서보다도 오히려 의식적이건 무의식적이건 어떤 특수한 견해와 감화 밑에서 그런 견해를 밑받침해주

9 J. B. Bury, *Selected Essays* (1930), p.52.

는 사실이어야만 보존될 가치가 있다고 생각한 사람들이 만들어 놓은 결과입니다.

이와 마찬가지로 현대의 중세사 책에서 중세 사람들의 마음은 종교에 깊이 쏠리고 있었다는 내용을 볼 때에 나는 어떻게 해서 우리가 이런 일을 알 수 있겠는가, 이것은 진실일 수가 있을까라는 의문을 금할 수 없습니다. 중세사에 관해서 우리가 알고 있는 사실의 거의 전부는 연대기 작가들이 여러 세대에 걸쳐서 뽑아놓은 것입니다. 그러나 그들은 이론면에 있어서나 실천면에 있어서나 직업적으로 종교 분야에 종사한 사람들이기 때문에 종교만을 가장 중요하게 생각하고 그에 관한 일은 무엇이건 기록했지만, 그 밖의 일들은 경시했던 것입니다. 신앙심이 깊다던 러시아 농민들의 모습은 1917년의 혁명으로 무너져 버렸습니다. 그러나 신앙심이 깊다는 중세인의 모습은 진실이건 거짓이건 무너질 수는 없습니다. 왜냐하면, 중세인에 관해서 알려지고 있는 것의 모든 사실은 그것을 믿었고 또한 딴 사람들도 그렇게 믿어 주기를 바라고 있었던 사람들에 의하여 미리 선택된 것이기 때문입니다. 그리고 아마도 우리들에게 그 반대 증거가 되어 줄 가능성이 있었을 그 밖의 많은 사실들은 모두 없어져서 찾아낼 도리가 없기 때문입니다.

사라진 세대의 역사가, 필생, 연대기 작가들의 영대소유권永代所有權에 의해서 과거의 형이 정해져 버려서 이미 상소해 볼 여지도 남지 않게 되었습니다. 베라클루Geoffrey Barraclough(1908~1984. 영국의 역사가) 교수는 자신도 중세사가로서의 수련을 쌓은 사람입니다만 다음과 같이 기술하고 있습니다. 「우리들이 책으로 읽는 역사는 사실을 토대로 한 것이지만, 엄밀히 말한다면 결코 사실 그것은 아니고 오히려 인정된 판단의 체계에 불과하다.」[10]

그러면 이와는 다르지만 마찬가지로 심각한 근대사가들이 처하고 있는 난경難境으로 이야기를 돌려 보기로 하겠습니다. 고대사나 중세사가들은 다년간에 걸친 대규모의 도태과정의 결과로 역사 사실의 알맞은 집성을 손쉽게 다룰 수 있게 되었다는 사실을 감사해야 마땅할 것입니다. 리튼 스트래치Lytton Strachey(1880~1932. 영국의 전기작가)는 장난 섞인 투로 다음과 같이 말했습니다. 「무지는 역사가의 제1요건이다. 무지는 단순화하고 명확화하고 추리고 버린다.」[11] 나는 이따금씩 고대사나 중세사의 기술에 힘쓰고 있는 동료들의 비상한 능력을 탐내는 마음에 사로잡히곤 합니다만, 그럴 때마다 그들이 그렇게 유능한 것은 자기들의 문제에 대해서 그만큼 무지하기 때문이라고 생각하며 자신을 달래곤 합니다. 근대사가는 이와 같은 개정된 무지라는 유리점을 하나도 향수享受하지 못하는 것입니다. 그들은 이러한 무지를 자기 스스로 길러 나가야 하며 자기 시대에 가까워질수록 그러한 필요성은 더욱더 강해집니다.

근대사가는 소수의 중요한 사실을 발견하여 그것을 역사상의 사실로 만들고, 동시에 중요치 않은 많은 사실들을 비역사적 사실로써 추려내야 한다는 이중의 임무를 띠고 있습니다. 이것은 역사란 반박될 수 없는 객관적 사실을 최대한 편찬하는 것이라고 생각한 19세기의 이단사상과는 정반대되는 것입니다. 이러한 이단사상에 굴복하는

---

10 G. Barraclough, *History in a Changing World* (1955), p.14.

11 Lytton Strachey, *Preface to Eminent Victorians*.

사람이라면 누구나 역사를 수지 안 맞는 직업이라고 집어치우고 우표수집이나 고물수집 같은 것을 시작하든가 그렇지 않으면 정신병원에 들어감으로써 끝을 맺게 될 것입니다. 이러한 이단사상은 수백 년에 걸쳐서 근대사가들 위에 실로 파멸적인 영향을 끼쳐 왔습니다. 그 결과로 독일, 영국, 미국 등 제국諸國에서는 무미건조한 사실의 역사와 사실의 대해大海 속에 흔적도 없이 가라앉아 버릴 하잘 것 없는 사실들을 더욱더 많이만 알자는 사이비 역사가들의 세분된 전문 논문들의 증대일로에 있는 방대한 수량을 드러내게 된 것입니다. 역사가로서의 액튼을 좌절시킨 것도—보통 생각하는 것처럼 자유주의와 가톨릭에 대한 충성과의 갈등에 원인이 있다기보다는—이와 같은 이단사상이었다고 생각됩니다.

초기의 논문 속에서 액튼은 자기 스승 될링거Johann von Döllinger(1799~1890. 독일 역사가)에 대해서, 「그는 불완전한 사료史料를 가지고서는 쓰려고 하지 않았으며, 그에게 있어서 사료는 항상 불완전하였다.」[12]라고 말했습니다. 이 말은 확실히 액튼이 자기 자신을 예단豫斷한 말이라고도 할 수 있겠는데, 그것은 본 대학의 근대사 흠정欽定 강좌 담당자 중에서도 가장 뛰어난 사가라고 널리 인정되고 있는 액튼이 한 권의 역사책도 쓰지 않았다고 하는 이상스러운 현상과 부합되기 때문입니다. 뿐만 아니라 그는 자신의 사거死去 직후에 발간된 『케임브리지 근대사』의 제1권 서론에서 역사가를 강박하는 여러 요구

12 이 말은 G. P. Gooch, *History and Historians in the Nineteenth Century*, p.385에 인용되고 있습니다. 그 후에 액튼은 될링거에 대해서 「그는 인간에게 입수가능(入手可能)한 최대한의 사실을 발판으로 해서 자기의 철학을 만들어내는 그러한 사람이었다」라고 말하고 있습니다(*History of Freedom and Other Essays*, 1907, p.435).

가 「그로 하여금 학자가 아니라 백과사전의 편찬자가 되도록 위협하고 있다」[13]고 개탄하면서 자기 자신의 비명碑銘에 해당한 말을 적어 놓았던 것입니다.

무엇인가가 잘못되고 있었던 것입니다. 그 잘못은 역사의 토대는 움직일 수 없는 사실에 있다고 보고 끈기 있게 부단히 사실만을 쌓아 올려야 한다는 신앙과, 사실은 스스로가 말한다, 사실은 아무리 많아도 지나쳐 많을 수가 없다는 신앙에 있었던 것입니다. 이러한 신앙은 당시에 있어서는 너무나 자명한 것이어서 「역사란 무엇인가」라는 문제를 자문해 볼 필요가 있다고 생각한 역사가들조차 거의 없었을 정도였습니다.—물론 오늘날도 역시 일부 역사가들은 그러한 의문을 불필요한 것이라고 생각하고 있습니다만.

19세기의 사실 숭배는 문서 숭배라는 것으로 완성되고 정당화되기에 이르렀습니다. 문서는 사실이라는 신전의 성물이었습니다. 경건한 역사가들은 머리를 굽혀가며 문서에 접근했고, 그것을 이야기할 때에는 황송한 어조로 말했습니다. 문서에 나타난 일이라면 무조건 그대롭니다. 그러나 우리들이 문서를 대할 때에 그것들—법령, 조약, 지세대장, 청서青書, 공식서신, 사신私信, 일기—이 우리에게 말해 주는 것은 무엇이겠습니까?

어떤 문서라 할지라도 그 문서에 대해 필자가 생각하고 있던 이상의 것을 우리들에게 말해 줄 수는 없는 것입니다.—즉 그가 일어났다고 생각한 일, 그가 일어나야만 한다고 생각했던 일, 일어날 것

13 *Cambridge Modern History*, i (1902), p.4.

이라고 생각했던 일, 혹은 자기가 그렇게 생각한다고 사람들이 생각해 줄 것을 바랐던 일, 아니 심지어는 자기가 그렇게 생각한다고 자기스스로만이 생각했던 일, 이러한 것이 그 전부입니다. 결국 그것은 역사가들의 연구와 해독을 기다리지 않고서는 아무것도 의미하지는 않는 것입니다. 사실이란 그것이 문서에 나타난 것이건 아니건 역사가들의 처리를 거친 다음에야 그들에게 이용될 수 있는 것으로서 역사가들의 사실이용이란 말하자면 처리과정이나 다름없는 것입니다.

이제 나는 자신이 우연한 기회에 잘 알게 된 한 실례를 들어서 나의 의향을 설명해 볼까 합니다. 바이마르 공화국의 외상이었던 구스타프 슈트레제만Gustav Stresemann이 1929년에 사거死去하였을 때 그는 300상자가 충분히 되는 방대한 양의 공적公的인, 반공적半公的인, 혹은 사적私的인 서류를 남겼습니다. 이러한 서류들의 거의 전부는 그가 외상직에 있었던 6년간의 시기에 관련된 것이었습니다. 그리고 그의 친구나 가족들은 작고한 위인을 위하여 하나의 기념될 만한 사업이 이룩되어야만 하겠다는 당연한 생각을 갖게 되었습니다.

이리하여 그의 충실한 비서였던 베른하르트Bernhard가 이 일에 착수하여 3년도 못 돼서 300 상자에서 추려낸 문서들이 『슈트레제만의 유산*Stresemanns Vermächtnis*』이라는 인상 깊은 표제를 달고 매권每卷 600페이지나 되는 3권의 책으로 출간되었습니다. 보통의 경우라면 이 문서들은 지하실이나 천정방 속에서 썩어서 영원히 없어져 버렸거나, 그렇지 않으면 백 년쯤 지난 다음에 호기심이 많은 학자가 우연히 이를 찾아내가지고 베른하르트의 책과 비교한다는 일에 착수했거나 했을 것입니다. 그러나 사실은 보다 극적인 일이 일어났던 것입니다.

1945년에 이 문서들은 영·미 양 정부의 수중에 들어갔고, 이들은 전부를 사진 찍어서 사진판을 런던의 퍼블릭 레코드 오피스Public Record Office와 워싱턴의 내셔날 아카이브스national Archives의 학자들의 관리 하에 두게 되었습니다. 이리하여 만일 충분한 인내력과 호기심만 있다면 우리들은 베른하르트가 무엇을 했는가를 정확히 발견할 수 있게 된 것입니다. 실상 베른하르트가 한 일이란 대단히 이례적인 일도 아니고 크게 충격적인 일도 아니었습니다. 슈트레제만이 죽었을 당시, 그의 서방 정책은 일련의 성공—로카르노Locarno 조약, 독일의 국제연맹 가입, 도우즈Dowes 안案과 영Young 안案, 미국의 차관, 연합국 점령군의 라인란트Rhineland 철수—에 의하여 찬란한 외관을 보여주고 있습니다. 이것은 슈트레제만의 외교정책 중 가장 중요하고 보람 있는 부분으로 보였기 때문에, 베른하르트의 문서 선택에 있어서 이 부분이 특히 강조되었다고 해도 하등 부자연스러울 것은 없었습니다.

이에 반해서 슈트레제만의 동방정책, 즉 그의 대소對蘇관계에 있어서는 특기할 만한 아무런 성과가 없었던 것처럼 보였습니다. 따라서 별다른 성과를 거두지 못한 외교절충에 관한 방대한 문서란 그리 흥미도 없었을 뿐만 아니라 슈트레제만의 명성에 플러스될 것도 없었기 때문에 추려 내는 과정도 보다 엄격해질 수 있었습니다. 그러나 실제에 있어서는 슈트레제만은 대소對蘇관계에 훨씬 더 꾸준하고 주의 깊은 배려를 해나갔던 것이고, 따라서 그의 대소對蘇외교는 베른하르트가 추린 문서집에서 독자들이 얻게 되는 외관보다는 훨씬 더 큰 비중을 그의 전반적인 외교정책 속에서 차지하고 있었던 것입니다. 그러나 베른하르트의 책은 일반 역사가들이 맹목적으로 신뢰하고 있는 허다한 문서집 출간물에 비한다면 그래도 훌륭한 편이 아닌가 생각됩니다.

이것만으로 내 이야기가 끝난 것은 아닙니다. 베른하르트에 의한 문서집이 출간된 후 얼마 안 가서 히틀러가 정권을 잡았습니다. 슈트레제만의 이름은 독일에서 망각되고 문서집도 나돌지 않게 되었습니다. 수많은, 아마도 거의 전부의 부수部數가 뭉켜져 없어져 버렸을 것입니다. 오늘날에는 『슈트레제만의 유산』은 상당히 귀한 책입니다. 그러나 서구에서는 슈트레제만의 높은 명성은 그대로 유지되어 나갔습니다. 1935년에 영국의 한 출판업자는 베른하르트의 책의 축소역縮小譯을 출판했는데, 그것은 말하자면 베른하르트가 추린 것을 또 다시 추린 것으로서 원본의 약 3분의1 가량이 감축된 것입니다. 독일어의 영역자英譯者로서 유명한 서튼Sutton 씨가 이 일을 훌륭하게 해냈습니다. 그는 이 책의 서문 속에서 다음과 같이 설명하고 있습니다. 「이 영역본英譯本은 약간 축소되어 있기는 하지만 삭제된 부분은 영국의 독자나 연구가들에게는 흥미가 없을 …… 항구성이 없다고 생각된 약간부분에 국한되고 있을 뿐이다.」[14]

이것 또한 지극히 당연한 이야기입니다. 그러나 이 결과로 베른하르트에 있어서 이미 과소하게 반영되었던 슈트레제만의 동방정책은 더욱 멀리 한계限界에서 물러나게 되었고, 서튼의 책에서는 소련이란 것은 슈트레제만의 서방중심 외교정책 속에 간간이 오히려 달갑지 않게 끼어드는 난입자와 같은 것으로 나타나게 되어 버렸습니다. 만

---

14 Gustav Stresemann, *His Diaries, Letters and papers*, i (1935), Editor's Note.

일 슈트레제만의 원문서原文書가 1945년의 폭격으로 소멸되고 베른하르트의 책의 잔부殘部마저 없어져 버렸더라면 서튼의 신빙성과 권위에는 의심의 여지가 남지 않았을 것입니다. 원본이 없기 때문에 역사가들이 감지덕지 받아들이고 있는 수많은 문서집 인쇄본들도 이보다 확실한 토대 위에 서 있는 것은 아닙니다.

계속해서 이 이야기를 조금만 더 말씀드려 보겠습니다. 베른하르트나 서튼의 이야기는 그만 잊어버리기로 합시다. 그리고 우리들에게 할 생각만 있다면 유럽 최근 역사의 몇몇 중대사건에 참여하여 주도적 역할을 담당했던 베른하르트와 같은 인물의 신빙할 만한 문서를 참조할 수 있다는 사실을 감사하기로 합시다. 그러나 도대체 그 문서들은 우리에게 무엇을 말해 주는 것일까요. 여기에는 여러 가지 문서가 들어 있지만, 그 가운데에는 주駐베를린 소련대사와 슈트레제만의 수백 번에 걸친 회담기록과 약 20회에 걸친 치체린Grigorii Vasilievich Chicherin(1872~1936. 러시아의 외교관)과의 회담기록이 포함되어 있습니다. 이와 같은 기록에는 하나의 공통된 특징이 있습니다. 여기서는 슈트레제만이 회담을 리드해 나간 모양으로 서술되어 있고 그의 논점은 어느 것이나 할 것 없이 적절하고 설득력이 있는 데 반하여 상대자의 말은 대개가 빈약하고 혼란되어 납득할 만한 점이 적은 것으로 나타나 있는 것입니다. 이것은 모든 외교적 회담기록에서 흔히 볼 수 있는 일반적인 특징이기도 합니다. 그 문서들은 무엇이 일어났는가를 우리들에게 말해 주는 것이 아니라 슈트레제만이 일어났다고 생각했던 일, 다른 사람들이 그렇게 생각해 주었으면 하고 그가 원했던 일, 그렇지 않으면 그러한 일이 일어났다고 자기 스스로가 생각하고 싶었던 일들에 관해서만 이야기하고 있는 것입니다.

선택과정을 시작한 것은 서튼이나, 베른하르트가 아니라 실은 슈트레제만 자신이었습니다. 따라서, 만일 같은 회담에 관한 치체린의 기록이 있다고 한다면 우리들이 그것을 통해서 알 수 있는 것은 역시 치체린이 생각했던 일에만 그치는 것이고, 무엇이 실제로 일어났는가는 역시 역사가들이 마음속에서 재구성 해야만 할 것입니다. 물론 사실과 문서는 역사가에게는 없을 수 없는 필수물입니다. 그러나 그런 것을 떠받쳐 모시지는 마십시오. 사실과 문서 자체만으로서 역사가 이룩되는 것은 아닙니다. 그들 자체 속에 「역사란 무엇인가」라는 귀찮은 문제에 대한 기성답변이 미리 마련되어 있는 것도 아닙니다.

여기서 나는 19세기의 역사가들이 일반적으로 왜 역사철학에 무관심했었는가라는 문제에 대해서 간단히 말씀드려 보겠습니다. 역사철학이란 말을 처음 만들어 낸 것은 볼테르였고, 그 후로 이 말은 다양한 의미로 사용되어 왔습니다. 그러나 내가 이 말을 쓰는 경우에는, 그것은 「역사란 무엇인가」라는 물음에 대한 우리들의 답을 의미하는 것이라고 해두겠습니다. 19세기란 서구의 인텔리들에게는 자신自信과 낙관樂觀의 분위기에 찬 안쾌安快한 시기였습니다. 사실들이 전반적으로 만족스러운 것이었기 때문에 사실에 관한 거추장스러운 의문을 제기한다거나 답한다거나 하는 경향도 자연 미약했던 것입니다. 랑케Ranke는 자기가 사실을 보살피기만 하면 역사의 의미에 대해서는 신의 섭리가 보살펴 줄 것이라고 경건하게 믿고 있었고, 부르크하르트Jakob Burckhardt(1818~1897. 스위스 역사가)도 시니시즘

cynicism이라는 좀 더 근대적인 격조를 가지고서 「우리들은 영원한 지혜를 탐구한다는 목적에 참여하고 있는 것은 아니다」라고 말했습니다. 버터필드Herbert Butterfield(1900~1979. 영국 역사가) 교수는 1931년에 와서도 아주 만족스러운 태도로 「역사가들은 사물의 본질 같은 것에 대해서는 물론이고 그들 자신이 취급하는 문제라 할지라도 그 본질 같은 것에 대해서는 별로 생각한 적이 없었다」[15]라고 적고 있습니다. 그러나 나에 앞서서 이 강연을 담당했던 A. L. 로우즈Alfred Leslie Rowse(1903~1997. 영국 역사가) 박사는 보다 정당한 비판정신의 소유자답게 윈스턴 처칠 경의 『세계의 위기』—이 책은 제1차 세계대전에 관한 것입니다만—에 대해서, 이 책은 개성, 선명성, 생기라는 점에 있어서는 트로츠키Trotsky의 『러시아혁명사』에 견줄 만할 것이지만, 다만 한 가지 점, 즉 「그 배후에 역사철학이 없다」는 점에 있어서 손색이 있다고 기술하고 있습니다.[16]

영국의 역사가들이 역사철학의 문제에 몰입하기를 거부했던 이유는 그들이 역사에는 아무런 의미도 없다고 믿었기 때문이 아니라 역사의 의미란 논의의 여지가 없는 자명한 것이라고 믿었기 때문입니다. 19세기의 자유주의적인 역사관은 자유방임의 경제학설이라는, 이 역시 태평스럽고 자신에 찬 세계관의 산물과 깊은 친근 관계를 가지고 있었습니다. 저마다 자기 일에만 힘써 나가십시오. 세계 전체의 조화에 대해서는 신의 보이지 않는 손이 보살펴 주실 것입니다. 역사적 사실 그 자체는 은혜로운, 그리고 틀림없이 고원高遠한 세계

15 H. Butterfield, *The Whig Interpretation of History* (1931), p67.

16 A. L. Rowse, *The End of an Epoch* (1947), pp.282~3.

를 향하여 무한한 진보를 계속해 나가는 지상의 사실의 구현이었던 것입니다. 그것은 무구無垢의 시대였습니다. 역사가들은 에덴동산을 거닐었고, 몸을 가려줄 한 가닥의 철학도 지니지 않은 채 벌거숭이로 부끄러움 없이 역사의 신 앞에 섰던 것입니다. 그러나 그 후 우리들은 죄를 알고 추락을 맛보게 되었습니다. 오늘날 아직도 역사철학이 없어도 무방하다는 태도를 취하는 역사가들은 허세와 자기 과장 속에서 교외 전원지대에 에덴동산을 재건하겠다는 나체주의촌村의 회원들과 다를 것이 없습니다. 오늘날 우리들은 거추장스러운 이 문제로부터 이미 벗어날 수는 없게 된 것입니다.

과거 50년간에 「역사란 무엇인가」라는 이 문제에 대해서는 상당수의 진지한 연구가 나왔습니다. 역사에 있어서의 사실의 우월성과 자율성이란 학설에 최초의 도전이 제기된 것은 1880년대와 1890년대였으며, 그 장소는 19세기 자유주의의 안쾌한 지배를 뒤엎는 데 큰 역할을 담당했던 나라, 즉 독일이었습니다. 이러한 도전을 담당했던 철학자들은 오늘에 와서는 이미 이름 이상의 존재는 못됩니다만 그들 중에서 딜타이Dilthey 한 사람만은 근래에 영국에서 때늦게나마 주목을 받기에 이르렀습니다. 20세기 초에 이르기까지는 영국에 있어서의 번영과 자신은 아직도 대단한 것이었기 때문에 사실 숭배를 공격한 이단자들이 주목을 끌 만한 여지는 없었던 것입니다. 그러나 20세기 초엽에 이르러서 봉화는 이탈리아로 넘어갔고, 크로체Benedetto Croce(1866~1952. 이탈리아의 철학자·역사가)는 분명히 독일 학자들의 큰 영향이 엿보이는 하나의 역사철학을 제창하기 시작했습니다. 모든 역사는 「현대의 역사이다」[17]라고 크로체는 언명했습니다. 이 말이 뜻하는 바는 역사란 본질적으로 현재의 눈을 통하여 현재의 문제의 관점 하에서 과거를 본다는 데에서 성립되는 것이며, 역사가의 주 임무는 기록에 있는 것이 아니라 가치의 재평가에 있다는 것입니다. 왜냐하면, 역사가가 가치의 재평가를 하지 않는다면 기록될 만한 가치 있는 것이 무엇인가를 어떻게 알 수 있겠는가라는 것입니다. 1916년에 미국의 역사가 칼 벡커Carl Becker(1873~1945)도 고의로 독자적인 표현을 사용하여 「역사상의 사실이란 어떤 역사가에 있어서나 자신이 이를 창조하기까지는 존재하지도 않는다」[18]라고 주장했습니다. 그러나 이러한 도전도 그 당장에는 거의 주의를 끌지 못했습니다. 크로체가 프랑스와 영국에서 상당한 인기를 얻기 시작한 것도 1920년 이후의 일입니다. 이것은 크로체가 독일의 선배들에 비하여 보다 치밀한 사상가였다든가 보다 훌륭한 문장가였다든가 해서가 아닙니다. 제1차 세계대전 이후의 여러 사실이 1914년 이전에 일어났던 사실들처럼 따뜻한 미소를 던져 주지 않는다고 느껴지게 되었고, 따라서 우리들도 사실이 지니는 권위를 깎아내리려는 철학을 보다 가까이 할 수 있게 되었다는 데에 그 원인이 있었던 것입니다. 크로체는 옥스퍼드의 철학자이며 역사가인 콜링우드R. G.

17 이 유명한 명구(名句)의 연결이 다음과 같이 되어 있습니다: 「모든 역사적 판단의 기초를 이루는 것은 실천적 요구이기 때문에 모든 역사에는 「현대의 역사」라는 성격이 부여된다. 서술되는 사건이 아무리 먼 시대의 것이라고 할지라도 역사가 실제로 반영하는 것은 현재의 요구 및 현재의 상황이며, 사건은 다만 그 속에서 메아리 칠 따름이다.」 [B. Croce, *History as the story of liberty*, (Engl. transl., 1941, p.19)].

18 *Atlantic Monthly*, October 1910, p.528.

Collingwood(1889~1943. 영국 역사가)에게 큰 영향을 끼쳤습니다만 그는 역사철학에 크게 공헌한 현세기의 유일한 영국 사상가입니다. 콜링우드는 자신이 계획한 체계적 저작을 써낼 만큼 오래 살지는 못했습니다. 그러나 역사철학에 관한 그의 발표된 원고와 미발표의 원고는 사후에 한 책 속에 수록되어 『서양사학사(역사의 개념)*The Idea of History*』이라는 표제로 1945년에 출판되었습니다.

콜링우드의 관점은 다음과 같이 요약될 수 있습니다. 역사철학이 취급하는 것은 「사실 그 자체」나 「사실 그 자체에 대한 역사가의 사상」의 그 어느 하나만이 아니고 「상호관계 하에 있는 그 양자兩者입니다」(이 언명은 「역사」라는 말이 지니고 있는 통상적인 두 개의 의미—역사가에 의하여 행하여지는 연구와 역사가의 연구대상이 되는 과거의 연속된 사건—를 반영하고 있습니다).

「역사가가 연구하는 과거는 죽어버린 과거가 아니라 어떤 의미에서는 아직도 현재 속에 살아 있는 과거인 것입니다.」 그러나 과거의 행위라는 것은 그 배후에 놓인 사상을 역사가가 이해할 수 없는 한 그에게 있어서는 죽은 것, 즉 무의미한 것입니다. 이와 같은 의미에서 「모든 역사는 사상의 역사」라는 것이며 또한 「역사는 역사가가 연구하고 있는 사람들의 사상을 자신의 마음속에 재현한 것」이라는 것입니다. 역사가의 마음 가운데에서의 과거의 재구성은 경험적인 증거에 의거하여 행하여집니다. 그러나 재구성 그 자체는 경험적 과정이 아니며 또한 사실의 단순한 암송만으로 될 수 있는 것도 아닙니다. 오히려 이와는 반대로 재구성의 과정은 사실의 선택 및 해석을 지배하는 것이며, 바로 이것이야말로 사실을 역사적 사실로 만들어 놓는다는 것입니다. 이 점에 있어서 콜링우드와 가까운 입장에 있는 오크쇼트Michael Joseph Oakeshott(1901~1990. 영국의 정치학자) 교수는 「역사는 역사가의 경험이다. 그것은 역사가들에 의해서만 만들어지는 것이고 역사를 쓴다는 것만이 역사를 만드는 유일한 방법이다.」[19] 라고 말하고 있습니다.

이 투철한 비판은 거기에 약간의 간단치 않은 보유 조건이 붙을 수도 있겠습니다만 몇 가지의 망각된 진리를 밝혀 주고 있습니다.

첫째로는 역사상의 사실은 순수한 형태로 존재하지도 않고 또한 존재할 수도 없기 때문에 결코 순수한 채로 우리 앞에 나타날 수 없다는 것입니다. 말하자면 그것은 기록자의 마음을 통하여 항상 굴곡된다는 것입니다. 따라서 우리들이 역사책을 읽으려 할 때에 제일 먼저 관심을 두어야 할 일은, 그 책 속에 어떤 사실들이 실려져 있느냐라는 문제보다도 그 책을 쓴 역사가가 어떠한 사람인가라는 문제인 것입니다. 여기서 나는 본 강연이 그 사람의 명예와 이름 하에서 설립된 바 있는 위대한 역사가의 예를 들어보기로 하겠습니다. G. M. 트레벨리안George Macauley Trevelyan(1876~1962)은 자신이 자서전에서 말하고 있듯이 휘그Whig적인 전통[20]이 상당히 강한 가정에서 자라났습니다. 따라서 내가 그를 휘그적인 전통에 선 최후의 위대한 자유주의적인 영국사가라고 말한다고 해도 그런 지위를 마다하지는 않을 것입니다. 그의 가계를 거슬러 올라가면 위대한 휘그사가인 죠지 오토 트레벨리안George Otto Trevelyan(1838~1928)을 거쳐서 휘그사가들 중에

---

19 M. Oakeshott, *Experience and Its Modes* (1933), p.99.

20 G. M. Trbelyan, *An Autobiography* (1949), p.11.

서도 비할 바 없이 위대한 머콜리Thomas Babbington Macaulay(1800~1859. 영국의 역사가·정치가)에 이르고 있습니다만, 이것은 무시해버릴 수 없는 사실입니다. 트레벨리안의 가장 훌륭한 원숙 된 저작은 『앤 여왕 시대의 잉글랜드*England under Queen Anne*』입니다만, 이 책도 이상과 같은 배경 하에서 쓴 것이어서 독자들도 이러한 배경을 염두에 두고 읽어야만 비로소 그 충분한 의미와 중요성을 파악할 수 있을 것입니다. 사실 저자가 독자들에게 남겨 놓은 이해의 여지란 이 길밖에는 없는 것입니다. 왜냐하면, 만일 여러분이 익숙한 탐정소설 독자의 수법에 따라 이 책의 권말부터를 뒤져본다면 제3권의 권말 수 페이지에는 오늘날 역사의 휘그적 해석이라고 말하는 것의, 내가 아는 한 최선의 요약이 들어 있을 것이기 때문입니다. 뿐만 아니라 트레벨리안의 목적은 휘그적 전통의 기원과 발전을 밝혀내는 데에 있다는 것, 그리고 공정타당하게 그 뿌리를 이 전통의 창시자인 윌리엄 3세William III의 사후 연간에 귀착시키려고 하고 있다는 점도 알게 될 것입니다. 물론 이것만이 앤 여왕 치하의 제諸사건에 대해서 내릴 수 있는 유리한 해석이라는 것은 아닙니다만 그것은 하나의 타당한 그리고 트레벨리안에 의하여 만들어진 하나의 풍부한 해석임에 틀림없습니다. 그러나 이러한 해석의 가치를 충분히 평가하려면 여러분은 우선 역사가들이 하고 있는 일을 이해하여야만 될 것입니다. 만일 콜링우드의 말과 같이 역사가는 자기 극중 인물의 마음의 움직임을 사상 속에 재연해야만 한다면 다음 차례로서는 독자가 역사가의 마음의 움직임을 재연해야 하기 때문입니다. 사실에 대한 연구를 시작하기에 앞서 우선 역사가를 연구하십시오. 그렇다고 해서 하등 심원한 이야기도 아닙니다. 이런 일쯤은 대학생들도 일상 실행하고 있는 일입니다. 만일 어떤 머리 좋은 학생이 성 쥬드St. Jude 대학의 대학자 죤스Jones의 책을 읽어보라는 권고를 받았다고 합시다. 그럴 경우에 그는 성 쥬드 대학의 친구를 만나서, 죤스 신부라는 사람은 어떤 사람인가, 그가 항상 관심을 두고 있는 문제는 무엇인가라고 물어볼 것이 아니겠습니까. 여러분이 역사책을 읽을 때에는 항상 역사가의 머릿속에서 오고가는 사색의 음을 잡아내야 합니다. 만일 아무것도 들을 수가 없다면 여러분이 음치이거나, 역사가 쪽이 둔재이거나 둘 중의 하나일 것입니다. 사실이란 결코 생선가게의 판자위에 놓인 생선과 같은 것은 아닙니다. 그것은 광대한 때로는 접근할 수도 없는 대해를 헤엄쳐 다니는 고기와도 같은 것입니다. 역사가가 그것을 잡아내려면 일부는 우연에도 있겠지만 주로 바다의 어떤 장소를 골라서 고기잡이를 하는가, 그리고 그가 어떤 고기잡이 도구를 선택하는가에 달려 있는 것입니다. 물론 이 두 가지 요인은 그가 무슨 고기를 잡으려고 하는가에 의하여 결정될 문제입니다만, 일반적으로 역사가란 자기가 원하는 종류의 사실을 손에 넣게 되는 것입니다. 역사란 해석을 의미합니다. 사실 죠지 클라크 경을 거꾸로 세워놓고, 내가 만일 역사란 「이론異論의 여지가 많은 사실이라는 과육에 싸인 해석이라는 굳은 핵」이라고 말한다면 물론 일방적이고 오해받을 점도 있습니다만 죠지 클라크 경의 본래의 정의보다 더하리라고는 생각되지 않습니다.

제2의 문제점은 보다 상식적인 것으로서 역사가는 자기가 취급하는 사람들의 마음과 그들의 행위의 배후에 있는 사상을 상상적으로 이해할 필요가 있다는 점입니다. 내가 여기서 「동정」이라고 하지 않고 「상상적인 이해」라고 말하는 것은 동정이라는 말이 동의를 의미하는 것으로 생각될 수 있기 때문입니다. 19세기의 중세사 연구는 대단히 빈약한 것이었습니다. 그 이유는 19세기 사람들이 중세의 미신적인 제諸신앙이나 그로부터 유발된 야만행위에 너무 크게 반발했기 때문에 중세 사람들에 대한 상상적인 이해를 가질 수 없었다는 점에 있었습니다. 부르크하르트의 30년 전쟁에 대한 비난을 들어 봅시다. 그는 「가톨릭이건 프로테스탄트이건 자기구제를 국가통일에 우선시킨다는 것은 교의의 수치이다」[21]라고 말했습니다. 국가를 수호하기 위하여 살육을 한다는 것은 정당하고 찬양할 만한 일이지만, 종교를 수호하기 위하여 살육을 한다는 것은 악하고 미련한 짓이라고 믿도록 교육받은 19세기의 자유주의 역사가들로서는 30년 전쟁을 싸운 사람들의 정신 상태를 들여다본다는 일은 지난至難했을 것입니다. 이러한 곤란성은 현재의 나의 연구 분야에 있어서는 특히 심각합니다. 과거 10년 동안 영어사용 제국諸國에서 나온 소련에 관한 집필물의 대부분과 소련에서 나온 영어사용 제국諸國에 관한 집필물의 대부분은 상대방의 심중의 동태를 상상적으로 이해한다는 일을 극히 초보적인 정도로도 못했기 때문에 모두 쓸모없는 것이 되고 말았습니다. 따라서 상대편의 언행은 언제나 악의에 찬 비상식적이고 위선적인 것으로 보이게 마련입니다. 역사가는 자기가 쓰고 있는 인물과의 어떠한 심적인 접촉을 가질 수 없는 한 역사는 쓸 수 없는 것입니다.

제3의 문제점은, 현재의 눈을 통해서만 우리들은 비로소 과거를

21 J. Burckhardt, *Judgements on History and Historians* (1959), p.179.

볼 수도 있고 과거에 대한 이해도 가질 수 있다는 점입니다. 역사가도 자기시대에 살고 있는 사람이고, 인간생존의 제 조건에 의해서 시대에 붙잡혀 있는 존재입니다. 그가 쓰는 말 자체—예를 들면 민주주의, 제국帝國, 전쟁, 혁명 등과 같은 말들부터가—떼놓을 수 없는 시대적인 함축을 지니고 있는 것입니다. 고대사가들은 자기들이 이러한 함정에 빠지고 있지 않다는 것을 나타내기 위해서 폴리스polis나 플레브스plebs와 같은 말들을 원어대로 사용해왔습니다. 그러나 이런 것이 그들에게 도움이 되는 것은 아닙니다. 그들도 역시 현재에 살고 있는 것입니다. 그렇기 때문에 클라미스chlamys나 토가Toga를 걸치고 강의를 한다고 해서 보다 훌륭한 그리스 역사가나 로마 역사가가 되는 것이 아닌 것처럼 낯설은 말이나 폐어 같은 것을 쓴다고 해서 과거 속으로 숨어들어갈 수 있는 것은 아닙니다. 프랑스의 역사가들은 프랑스혁명에서 그토록 큰 역할을 담당한 파리의 군중들을 레 쌍뀨롯뜨les sans-vullottes, 르 뻬뿔le peuple, 라 까나이유la canaille, 레 브라뉴les bras nus 등의 이름으로 불러왔습니다만, 경기규칙에 익숙한 사람들이 본다면 이것도 전부 어떤 정치적인 친연관계親緣關係나 특수한 해석에 대한 선언이나 다름없는 것입니다. 하여간 역사가에게는 선택의 의무가 있습니다. 언어의 사용 자체가 그의 중립을 허용 안하는 것입니다. 뿐만 아니라 이것은 언어에만 한정된 문제도 아닙니다.

과거 백년간에 걸친 유럽에 있어서의 세력균등의 변화는 프리드리히 대왕에 대한 영국사가들의 태도를 뒤집어 놓았습니다. 그리스도교회 내부에서 일어난 가톨리시즘과 프로테스탄티즘 간의 세력균등의 변화는 역시 로욜라Loyola, 루터Luther, 크롬웰Cromwell 등의 인물에 대한 사가들의 태도를 근본적으로 바꾸어 놓았습니다. 과거 40년간에 걸친 프랑스혁명에 대한 프랑스 사가들의 업적에 대하여 피상적인 지식밖에 없는 사람이라도 그것이 1917년의 러시아혁명에 의하여 얼마나 깊은 영향을 받았는가는 알 수 있을 것입니다. 역사가는 과거에 속해 있는 것이 아니라 현재에 속해 있습니다. 트레바-로퍼 Trevor-Roper(1914~2003. 영국 역사가) 교수는, 역사가는 「과거를 사랑해야 한다」[22]라고 우리들에게 말하고 있습니다. 그러나 이것은 의심스러운 권고입니다. 과거를 사랑한다는 것은 자칫하면 늙은이나 낡은 사회의 옛날을 그리워하는 로맨티시즘의 표시이기가 일쑤이고, 현재와 미래에 대한 신념과 관심이 상실되어 있다는 징후가 되기 쉬운 것입니다.[23] 똑같이 판에 박힌 말을 써야 한다면 나는 오히려 자신을 「과거의 영대소유권」으로부터 해방시키자는 말을 택하고 싶습니다. 역사가의 기능은 과거를 사랑한다는 것도 아니요, 과거로부터 자신을 해방시킨다는 것도 아니요, 현재를 이해하는 열쇠로써 과거를 지배하고 과거를 이해한다는 것입니다.

이상 우리들은 콜링우드 사관이라고도 할 수 있는 깊은 안목의 일부를 보아왔습니다만, 이제는 거기에 담겨진 약간의 위험성을 생각해 볼 차례가 되었습니다. 역사 서술에 있어서의 역사가의 역할을 강조한다는 것은 이것을 논리적 귀결점에까지 끌고 나가 본다면 결국

22 Introduction to J. Burckhardt, *Judgements on History and Historians* (1959), p.17.

23 다음과 같은 니체의 사관(史觀)을 참조해 보십시오: 「낡은 시대에 속한 사람들은 과거를 회상하고 수지계산(收支計算)을 따져보고, 과거의 추억과 역사적 문화 속에서 위안을 구한다는 늙은이들의 일은 노령에 어울리는 일이다.」 [*Thoughts Out of Season*, (Engl. transl., 1909), ii pp.65~66.]

객관적 역사란 것이 전연 배제당하게 되고 역사란 역사가가 만들어 내는 것이 되어 버리고 맙니다. 사실 콜링우드 자신도 그의 저작의 편집자가 인용한 미발표의 노트에 나타난 말을 보면 한때는 이와 같은 결론에 도달했던 것 같습니다.

「성聖 오거스틴은 초기 그리스도교도라는 관점에서 역사를 보았고, 띠우몽Sebastien Le Naim de Tillemont(1637~1698. 프랑스 역사가)은 17세기의 프랑스인의 관점에서, 기번Edward Gibbon(1737~1794. 영국 역사가)은 18세기의 영국인의 관점에서, 몸젠Theodor Mommsen(1817~1903. 영국 역사가)은 19세기의 독일인의 관점에서 역사를 보았다. 이들 중 어떤 것이 정당한 관점인가를 물어 볼 여지가 없다. 각 관점은 그것을 취한 사람에게 있어서는 가능한 유일의 관점이었던 것이다.」[24]

결국 이렇게 되면 완전한 회의주의에 빠지게 되어 프로드James Anthony Froude(1818~1894. 영국 역사가)의 말처럼, 역사란 「어린애들의 글자 맞추기 같아서 아무것이나 마음에 드는 말을 이어 붙여 놓기만 하면 된다」[25]는 식으로 되어 버립니다. 콜링우드는 「가위와 풀의 역사」에 반대하고 또한 역사를 단지 사실의 편찬이라고 보는 견해에 반대한 나머지 역사를 인간이 머리속에서 짜내는 것으로 본다는 위협성에 접근하고 말았습니다. 이리하여 결국은 내가 인용한 구절 속에서 죠지 클라크 경이 말한 「객관적인 역사적 진리는 없다」라

24 R. Collingwood, *The Idea of History* (1946), p.12

25 A. Froude, *Short Studies on Great Subjects*, i (1894), p.21

는 결론에 되돌아가고 있는 것입니다. 이렇게 되고 보면 우리들은 역사에는 의미가 없다는 이론 대신에 역사에는 무수한 의미가 있고 그들 중 어떤 것이 더 정당하다는 것도 아니요, 결국은 모두가 마찬가지라는 이론을 얻게 된 셈입니다. 제2의 이론도 제1의 이론과 마찬가지로 지지할 만한 것이 못됩니다. 보는 각도가 다를 때마다 산山의 모양이 다르게 나타난다고 해서 산에는 객관적인 모양이라는 것이 본래부터 없다든가, 무한한 모양이 있다든가 하는 것은 아닙니다. 이와 마찬가지로 역사상의 사실을 설정하는데 있어서 해석이라는 것이 불가결한 역할을 담당한다고 해서, 또한 현존하는 해석이 어느 것이고 완전히 객관적인 것이 못된다고 해서 이 해석이나 저 해석이나 모두 매한가지라든가, 역사상의 사실이란 본래부터 객관적 해석에 의하여 다루어질 수 있는 것이 아니라든가 하는 말은 성립될 수 없는 것입니다. 역사에 있어서 객관성이란 정확하게 무엇을 의미하는가에 대해서는 후에 다시 고찰해야 하겠습니다.

그러나 콜링우드의 가설에는 이보다도 더 큰 위험성이 숨어 있습니다. 만일 역사가가 자기가 연구하는 역사시대를 자기시대의 눈을 통해서 봐야 하고 과거의 문제를 금일의 문제의 열쇠로써 연구해야 한다면, 역사가는 순전히 프라그마틱한 사실관에 빠지게 되어 일전의 목적에 대한 적합성이야말로 정당한 해석의 기준이라고 주장하게 되지 않겠습니까. 이런 가설을 따른다면 역사상의 사실은 무가 되고 해석이 전부가 되고 마는 것입니다. 일찍이 니체는 이 원리에 대해서 다음과 같이 언명하였습니다. 「우리에게 있어서는 의견의 허위성이 곧 그 의견에 대한 반대를 뜻하는 것이 아니다. …… 문제는 그것이 얼마나 생명을 북돋아주고 생명을 보존해주고 종족을 보존해주고 더 나아가서는 종족을 창조해주느냐에 달려 있는 것이다.」[26] 이처럼 콱 터놓은 박력 있는 신념은 볼 수 없습니다만 미국의 프라그마티스트들의 노선도 이와 같은 것이었습니다. 지식이란 모두가 어떤 목적을 위한 지식이라는 것입니다. 지식의 타당성은 목적의 타당성에 달렸다는 것입니다. 그러나 이러한 이론이 표명되지 않았다 해도 이에 못지않은 불안감을 줄 경우란 허다히 볼 수 있었습니다. 내 자신의 연구 분야만 해도 사실을 짓밟아버린 터무니없는 해석의 예가 너무나 많기 때문에 이상과 같은 위험성을 통감 아니할래야 아니할 도리가 없는 것입니다. 역사 서술상의 소비에트 학파와 반反소비에트 학파의 보다 극단한 저작 몇 권만을 정독해 보더라도 때로는 순수한 사실의 역사라는 19세기의 환상적인 안식처에 일종의 향수를 느끼게까지 되는데, 이것도 결코 놀라운 일은 못됩니다.

그러면 20세기의 중엽에 들어선 오늘날 우리들은 사실에 대한 역사가의 의무를 어떻게 정의하면 좋겠습니까. 나도 지난 수년 동안 문서를 쫓아다니며 정독하느라고 많은 시간을 소비했고, 또 역사 서술에 있어서도 충분한 사실을 주에 달아 넣느라고 골몰했기 때문에 문서를 너무 소홀히 취급한다는 비난은 면할 만하다고 자부하고 있습니다. 사실을 존중해야 한다는 역사가의 의무는 자기가 취급하는 사실이 정확하다는 것을 알아낸다는 의무에만 그치는 것은 아닙니다. 역사가는 자기가 연구하는 테마나 적용하려고 하는 해석에 어떠한

26 *Beyond Good and Evil*, ch. i.

의미에서건 관련성이 있는—알려졌거나 알 수 있는—사실은 남김없이 그려내려고 노력하지 않으면 안 됩니다. 만일 그가 빅토리아 시대의 영국인을 도덕적이고 합리적인 인간으로 그려내려고 한다면 1850년에 스탤리브리지 웨이크스에서 일어난 사건을 잊어서는 안 됩니다. 물론 그렇다고 해서 역사의 생명이라고 할 해석을 제거해도 괜찮다는 이야기는 아닙니다.

비전문가들—대학관계가 아닌 분들이거나 대학관계라 해도 전문이 다른 분들이라는 뜻입니다만—은 가끔 나에게 역사가들이 역사를 서술할 때에 어떻게 일을 진행시켜 나가는가를 물어봅니다. 아마도 극히 상식적으로는 역사가들은 명확히 구분되는 두 개의 단계나 시기로 일을 갈라놓고 해나갈 것이라고 생각할 것입니다. 즉, 우선은 사료史料를 읽고 노트에 사실을 채워 넣는 데에 긴 준비 기간을 소비하고, 이 일이 끝난 다음에는 사료는 치워 놓고 노트 앞에 앉아서 처음부터 끝까지 책을 써내려간다는 것입니다. 그러나 나에게 있어서는 이런 광경이란 납득이 안 갈 뿐만 아니라 그럴 듯해 보이지도 않습니다. 내 경우에는 우선 기본사료라고 생각되는 것을 조금만 읽기 시작하면 근질증을 참을 수 없어서 그대로 쓰기 시작하게 되는 것입니다. 그 부분이 처음 부분이어야 한다는 법도 없고 어디거나 상관없습니다. 그 다음부터는 읽는 것과 쓰는 것은 동시에 병행되어 나갑니다. 한편으로 읽어가며 한편으로는 써 붙이고, 깎아내고 다시 쓰고, 지워 버리고 하는 것입니다. 읽는 것은 씀으로 해서 인도되고 방향이 제시되고 풍부해지는 것입니다. 즉, 쓰면 쓸수록 내가 찾고 있는 것이 무엇인가를 더욱 잘 알게 되고, 내가 찾아낸 것의 의미와 관련성을 더욱 잘 이해하게 되는 것입니다. 아마도 이와 같은 예비단계의 집필 전부를 펜이나 종이나 타이프라이터 없이 머리속으로만 해치우는 역사가들도 있을 것입니다. 장기판과 알 없이도 머리속으로만 장기를 둘 수 있는 사람들이 있듯이 말입니다. 이것은 부러운 재주입니다만 나로서는 따라갈 도리가 없습니다. 그러나 내가 확신하는 바로서는 적어도 역사가라고 부를 만한 사람에게 있어서는 경제학자들이 「인풋input」과 「아웃풋output」이라고 부르는 이 두 개의 과정은 동시에 진행되는 것이고 실제에 있어서는 단일 과정의 두 부분이라는 것입니다. 만일 여러분이 양자를 떼놓으려고 한다든가 일자一者를 타자他者보다 우위에 놓으려고 한다면 여러분은 두 이단 중의 하나에 빠지고 말 것입니다. 즉, 의미도 중요성도 없는 가위와 풀의 역사를 쓰게 되거나, 그렇지 않으면 선전소설이나 역사소설을 써서 역사와는 아무런 관련도 없는 저작물의 장식물로서만 과거 사실을 이용하게 된다는 것입니다.

이상 역사상의 사실과 역사가의 관계를 검토해온 우리들은 두 개의 위험지점 사이를 간신히 항행하고 있는 지극히 위태로운 상태에 도달하고 말았습니다. 즉, 역사를 사실의 객관적인 편찬이라고 보고 해석에 대한 사실의 무조건의 우월성을 주장하는 타당치 못한 역사이론의 위험지점과 역사는 역사상의 사실을 설정해 주고 해석과정을 통해서 이를 지배하는 역사가의 마음의 주관적인 산물이라고 보는, 마찬가지로 타당치 못한 역사이론의 위험지점과의 사이, 다시 말해서 중심을 과거에 두는 역사관과의 중간 말입니다. 그러나 우리들의 위치는 보기보다는 덜 위태로운 것입니다. 우리들은 사실과 해석이라는 이상과 같은 대립이 본 강연을 통해서 여러 가지 다른 외양 하에—특수와 일반, 경험적인 것과 이론적인 것, 객관적인 것과 주관적인 것—나타나는 것을 만나게 될 것입니다. 역사가가 처해 있는 고경苦境은 인간본성의 하나의 반영인 것입니다. 사람이란 아주 어린 유아기나 극단의 노년기를 제외하고서는 전적으로 자기 환경 속에 말려들거나 무조건 거기에 예속당하거나 하는 것은 아닙니다. 또한 이와 반대로 전적으로 환경으로부터 독립되어 있거나 그에 대해 무조건의 지배자일수도 없는 것입니다. 인간의 환경에 대한 관계는 역사가의 테마에 대한 관계입니다. 역사가는 사실의 천한 노예도 아니요, 억압적인 주인도 아닙니다. 역사가와 그의 사실과는 평등의 관계에 있는 것이며, 말하자면 기브 앤 테이크의 관계에 있는 것입니다. 저술 중에 있는 역사가가 잠깐 일을 멈추고 자기가 생각하고 쓰고 하는 동안에 무엇을 하고 있는가를 생각해보면 다 알 수 있는 일입니다만, 역사가란 자기의 해석에 맞추어서 사실을 형성하고 자기의 사실에 맞추어서 해석을 형성하고 하는 끈임 없는 과정에 종사하고 있는 것입니다. 양자 중의 어느 한 쪽만을 우위에 놓는다는 것은 불가능한 일입니다.

역사가는 임시로 선택된 사실과, 그러한 사실선택을 이끌어 준 임시적인 해석—그것이 타인에 의한 것이건 자기 자신에 의한 것이건—과의 양자를 가지고 일을 시작하는 것입니다. 일이 진행됨에 따라서 해석이나 사실의 선택 및 정리는 다 같이 쌍방의 상호작용을 통하여 미묘한 반무의식적인 변화를 겪게 됩니다. 뿐만 아니라 역사가는 현재의 일부이고 사실은 과거에 속하는 것이기 때문에 이 상호작용에는 현재와 과거 사이의 상호관계가 아울러 내포되는 것입니다. 역사가와 역사상의 사실은 서로가 필요한 것입니다. 사실을 못

가진 역사가는 뿌리를 박지 못한 무능한 존재입니다. 이리하여 「역사란 무엇인가」라는 물음에 대한 나의 제1답은 결국 다음과 같은 것이 되겠습니다. 즉, 역사란 역사가와 사실 사이의 상호작용의 부단한 과정이며, 현재와 과거와의 사이의 끊임없는 대화입니다.

2
사회와 개인

사회가 먼저인가 개인이 먼저인가 라는 문제는 암탉과 달걀의 문제와 마찬가지입니다. 이 문제를 논리적인 문제로 취급하건 역사적인 문제로 취급하건 여러분의 의견은 어차피 이에 반대되는 똑같이 일방적인 또 하나의 의견에 의하여 수정받게 마련입니다. 사회와 개인은 서로 떼놓을 수 없는 것입니다. 이들은 대립관계에 있는 것이 아니라 상호간에 필요한 보충 관계에 있는 것입니다. 「인간은 아무도 자체만으로서 전체를 이루는 섬일 수는 없다. 모든 인간은 대륙의 한 조각이요 본토의 일부분이다.」[27] 이것은 단John Donne(1573~1631. 영국 시인)의 유명한 말이며, 여기에는 진리의 일면이 담겨져 있습니다. 그러나 이 반면에 고전적인 개인주의자인 밀J. S. Mill의 견해를 들어보면 「인간은 같이 모아 놓는다 해도 다른 종류의 실체로 변하는 것은 아니다」[28]라는 것입니다. 물론 그렇습니다. 그러나 「모아 놓기」 전에도 그들이 존재했다든가 어떠한 종류의 실체를 가지고 있었다든가 하는 생각은 잘못입니다. 우리들의 탄생 직후부터 세계는 우리에게 작용하기 시작하는 것이고, 우리들은 단순한 생물적 단위로부터 사회적 단위로 변하게 하는 것입니다. 역사시대歷史時代나 역사시대의 여

---

27 *Devotions upon Emergent Occasions*, No. xvii.

28 J. S. Mill, *A System of Logic*, vii, 1.

하한 단계를 막론하고 모든 인간은 하나의 사회 속에 태어나는 것이고 또한 태어난 직후부터 사회에 의하여 형성되는 것입니다. 그가 사용하는 언어도 개인적인 상속물이 아니라 자기가 자라고 있는 집단에서 받은 사회적 획득물입니다. 언어와 환경은 다 같이 그의 사고의 성격을 결정짓는데 기여하며 그의 초년기의 관념조차도 타인들에게서 받는 것입니다. 흔히들 이야기해 보는 것처럼 만일 사회에서 떨어진 개인이 있다면 그에게는 말도 없고 정신도 없을 것입니다. 로빈슨 크루소 이야기의 영속적인 매력은 그것이 사회에서 독립된 개인이라는 것을 상상해보려고 했다는 데에 있는 것입니다. 그러나 그 기도는 깨어지고 말았습니다. 로빈슨은 추상적인 개인이 아니라 요크York에서 온 영국인이었습니다. 그는 성서를 가지고 갔으며 자기 종족의 신에게 기도를 드리고 있습니다. 뿐만 아니라 이야기 속에서는 그는 곧 프라이디Friday라는 부하를 얻게 되고 하나의 새로운 사회가 건설되기 시작하는 것입니다. 이에 관련된 또 하나의 이야기는 도스토예프스키의 『악령』에 나오는 키릴로프Kirilov의 이야기입니다. 그는 자신의 완전한 자유를 입증하기 위하여 자살하였습니다. 개인에게 알려진 완전한 자유행위는 자살뿐이며, 그 밖의 모든 행위는 어떠한 형태로나마 사회의 일성원으로서의 성격을 내포하고 있는 것입니다.[29]

미개인은 문명인보다도 개인적인 경향이 덜하고 보다 철저하게 사회에 의하여 형성된다고 인류학자들은 보통 말합니다. 이 말에는

29 듈켐은 유명한 자살론에서 아노미(anomie)라는 말을 만들어가지고 자기 사회로부터 고립된 개인의 조건—특히 감정적 불안과 자살을 유발하기 쉬운 상태—을 표현했습니다. 그러나 그는 자살이 결코 사회조건으로부터 무관한 것은 아니라는 점도 밝혀 놓았습니다.

하나의 기본적인 진리가 들어 있습니다. 단순한 사회는 복잡하고 발달한 사회보다도 획일적입니다. 그 의미는 그러한 사회에서는 개인의 다양한 기능이나 직업의 다양성을 요구하거나 그러한 기회를 제공한다는 일이 훨씬 적기 때문입니다. 이러한 의미의 개별화의 증대라는 것은 발달된 근대사회의 불가피한 산물이며 이와 같은 경향은 사회활동 전체를 위에서 밑바닥까지 물들여 주고 있는 것입니다. 그러나 이 개별화의 과정과 사회의 힘 및 결합력의 증대와의 사이에 대립관계를 설정한다면 그것은 큰 잘못일 것입니다. 사회의 발전과 개인의 발전은 병행하는 것이며 서로가 필요조건이 되는 것입니다. 사실 우리가 복잡하고 발달한 사회라고 할 때에 그것은 각 개인의 상호의존관계가 진보되고 복잡한 형태 하에서 이루어지고 있는 사회를 말하는 것입니다. 근대국가 사회가 개인성원들의 성격과 사상을 형성하는 힘에 있어서나, 그들 간에 단합성이나 획일성을 이룩해 놓는 힘에 있어서 미개부족 사회보다도 무력하다고 생각한다면 그것은 위험한 일입니다. 국민성을 생물학적 차이라는 관점에서 보는 낡은 개념은 분쇄된 지 오랩니다. 그러나 사회라든가 교육이라든가 하는 국민적 배경의 차이로부터 오는 국민성의 차이라는 것은 부정하기 어렵습니다. 「인간성」이라는 포착하기 어려운 실체는 국가에 따라, 세기에 따라 그 차이가 너무나 크기 때문에 지배적인 사회조건이나 관습에 의하여 형성된 하나의 역사적인 현상이라고 볼 수밖에 없는 것입니다. 가령 미국인, 러시아인, 인도인들 사이에는 많은 차이가 있습니다. 그러나 이러한 차이점 중의 일부, 아마도 가장 중요한 차이점이라고 할 만한 것은 제諸개인간의 사회적 관계, 다시 말하면 사회구성의 양식에 대한 다른 태도라는 형태를 띠고 있기 때문에 미국, 러시아, 인도의 사회 전체의 차이를 연구하는 것이 미국인과 러시아인과 인도인 간의 차이점을 연구하는 최선의 방법이 될 것입니다. 미개인과 마찬가지로 문명인도 실질적으로는 사회에 의하여 형성되는 것이고, 이것은 사회가 그들에 의하여 형성되는 것과 다를 바가 없습니다. 달걀 없이는 암탉이 있을 수 없는 것처럼, 암탉 없이는 달걀도 있을 수 없는 것입니다.

이와 같은 자명한 이치는 서방세계가 방금 빠져나온 비상한 예외적인 시기 때문에 그것이 흐려지지만 않았던들 새삼스럽게 논의할 필요조차 없었을 것입니다. 개인주의 숭배는 근대의 역사적 신화 중에서도 가장 널리 보급된 것입니다. 부르크하르트의 『이탈리아에 있어서의 르네상스 문화*Civilization of the Renaissance in Italy*』의 제2부에는 「개인의 발달」이라는 부제가 붙어 있습니다만, 이 책에 있는 잘 알려진 기술에 의할 것 같으면 개인숭배라는 것은 르네상스로부터 시작되었다는 것입니다. 즉, 그때까지는 「민족, 민중, 당파, 가족, 단체 등의 일원으로서의 자각밖에 없었던」 인간이 이때에 와서 마침내는 「정신적인 개인이 되고 그러한 존재로서의 자각을 가지게 되었다」는 것입니다.

그 후에 이 개인숭배는 자본주의와 프로테스탄티즘의 대두와 결부되고 다시 산업혁명의 시작 및 자유방임주의와도 관련을 맺게 되었습니다. 프랑스혁명에 의하여 선포된 인간과 시민의 권리라는 것은 개인의 권리를 말하는 것이었습니다. 또한 개인주의는 공리주의라는 19세기의 위대한 철학의 토대였습니다. 『타협론*On Compromise*』이라는 몰리John Morley(1838~1923. 영국의 저술가·정치가)의 논지는 빅토리아 시대의 자유주의를 반영한 특색 있는 문헌입니다만, 여기서는 개인주의와 공리주의를 가리켜 「인간의 행복과 복지의 종교」라고 말하고 있습니다. 「억센 개인주의」라는 것이 인간의 진보의 기조였던 것입니다. 이것은 특정한 역사시기의 이데올로기에 대해서는 완전히 타당하고 유효한 분석이 될 수 있겠지요. 그러나 내가 여기서 밝히고 싶은 것은, 근대 세계의 발전에 수반되었던 개인화의 증대라는 것도 전진하는 문명의 통상적인 한 과정에 불과했었다는 점입니다.

사회혁명은 새로운 사회집단을 권력의 자리에 올려놓았습니다. 그것은 언제나 개인들을 통해서 그리고 개인의 발전에 새로운 기회를 제공함으로써 이룩되어 나갔습니다. 자본주의의 초기단계에 있어서도 생산과 분배의 단위는 대부분이 각 개인의 수중에 장악되고 있었기 때문에 새로운 사회질서의 이데올로기도 사회질서에 있어서의 개인의 선도역할이란 것을 크게 강조하였습니다. 그러나 이러한 과정은 그 전체가 역사 발전의 특정단계를 나타내는 하나의 사회적 과정이었기 때문에 개인의 사회에 대한 반역이라든가 사회적 제약으로부터의 개인의 해방이라든가 하는 말로서는 설명될 수 없습니다.

많은 징후가 시사하는 바와도 같이, 이러한 발전과 이데올로기의 중심이었던 서방세계에 있어서도 이상과 같은 역사시기는 종국에 도달했습니다. 새삼스럽게 여기서 소위 매스 데모크라시mass democracy의 대두라든가, 경제적 생산 및 조직이 개인 위주의 형태로부터 점차로 집단위주의 형태로 이행하고 있다든가 하는 점을 강조할 필요는 없을 것 같습니다. 그러나 이 길고 풍요한 시기가 낳아 놓은 이데올로기는 아직도 서구와 영어사용 제국에 있어서는 지배적인 세력을 가지고 있습니다. 우리들은 자유와 평등 사이의 긴장이라든가 개인적인 자유와 사회적인 정의 사이의 긴장이라든가 하는 문제를 추상적인 용어로 이야기하는 동안에 자칫하면 그러한 싸움이 추상적인 관념의 싸움이 아니라는 사실을 잊기 쉽습니다. 그것은 개인 그 자체와 사회 그 자체와의 투쟁이 아니라 사회 속에 있는 개인집단 상호간의 투쟁인 것이며, 각 집단은 자기편에 유리한 사회정책을 추진하고 자기에게 불리한 사회정책을 저지하려고 싸우고 있는 것입니다.

오늘날 개인주의는 하나의 거대한 사회적 조류라는 의미를 이미 상실하고 개인과 사회와의 그릇된 대립이라는 의미를 지니면서 하나의 이해집단의 슬로건으로 떨어져 버렸습니다. 뿐만 아니라 그것이 지니고 있는 성격이 불투명하기 때문에 우리들이 세계의 움직임을 이해하는 데 있어서도 하나의 장애물이 되고 있는 것입니다. 물론 나로서도 개인을 수단으로 보고 사회나 국가를 목적으로 보는 도착적 사고방식에 대한 항의의 뜻에서 하는 개인숭배에 대해서는 아무런 할 말도 없습니다. 그러나 사회 밖에 존립하는 추상적인 개인이라는 개념에 활용하려고 한다면 과거나 현재에 대한 참된 이해에는 도달할 수 없을 것입니다.

여기서 나의 긴 탈선도 겨우 종점에 도달한 것 같습니다. 역사를 상식적으로 생각하는 사람들은, 그것을 여러 개인이 여러 개인에 관한 이야기를 적어 놓은 것이라고 생각합니다. 확실히 이러한 견해는 19세기의 자유주의 역사가들도 받아들여 장려하였고, 본질적으로 틀렸다고도 할 수 없습니다. 그러나 이 견해에는 우리가 좀 더 깊이 검토해야 할 지나치게 단순하고 불충분한 데가 있는 것 같습니다. 역사가의 지식이란 그 사람 혼자만의 개인적인 소유물은 아닙니다. 아마도 허다한 세대에 걸친 여러 나라의 국민들이 그러한 지식의 축적에 참가했을 것입니다. 또한 그 행위가 역사가들이 연구대상이 되고 있는 당사자들도 진공 속에서 행동하는 고립된 개인이 아니라 과거 사회와의 관련 속에서 그 충동에 밀려 행동하고 있는 것입니다. 지난번의 강연에서 나는 역사를 현재에 처한 역사가와 과거의 사실과의 사이의 상호작용의 과정이며 하나의 대화라고 말한 바 있습니다. 지금 나는 방정식의 양쪽에 있는 개인과 사회적 요소와의 비중을 물어보고자 하는 것입니다. 역사가는 어느 정도까지가 단독의 개인이고 어느 정도까지가 자신의 사회 및 시대의 산물이겠습니까. 역사상의 사실은 어디까지가 단독의 개인에 관한 것이고 어디까지가 사회적인 사실이겠습니까.

요컨대 역사가도 하나의 개인입니다. 딴 개인들과 마찬가지로 그 역시 하나의 사회현상이며, 자기가 속해 있는 사회의 산물인 동시에 의식적이건 무의식적이건 그 사회의 대변인입니다. 바로 이러한 자격 하에서 역사가는 역사적 과거의 제諸사실에 접근하는 것입니다. 우리는 가끔 역사과정을 「행진하는 행렬」과 같은 것이라고 말합니다. 이 비유는 대단히 훌륭한 것입니다. 물론 역사가들이 홀로 솟은 암벽 위에서 아래 경치를 내려다보는 독수리나 사열대에 선 중요인물과 같은 위치에 자신을 놓고 생각한다는 위험성이 없는 한에 있어서 말입니다. 이것은 당치도 않은 이야깁니다. 역사가도 행렬의 한구석에 끼어서 터덜터덜 걸어가고 있는 또 하나의 보잘 것 없는 인물에 불과합니다. 게다가 행렬이 굴곡하여 혹은 우로 돌고 혹은 좌로 돌고 때로는 거꾸로 되돌아옴에 따라 행렬 각 부분간의 상대적인 위치도 항상 변해가기 마련입니다. 따라서 가령 1세기 전의 우리들의 증조부들보다도 지금 우리들이 중세에 더 가깝다든가 혹은 단테 시대보다도 우리 쪽이 시이저 시대에 더 가깝다든가 하는 이야기가 그대로 맞아 들어갈 경우도 있을 수 있는 것입니다. 행렬—그와 더불어 역사가도—이 움직여 나감에 따라서 새로운 전망과 새로운 시각은 부단히 나타나게 됩니다. 역사가는 역사의 일부분입니다. 그가 처해 있는 행렬의 지점에 따라 과거에 대한 자신의 시각도 결정되는 것입니다.

이 공리는 역사가가 취급하는 시대가 자신의 시대로부터 멀리 떨어졌다고 해서 그 진실성이 감소되는 것은 아닙니다. 내가 고대사를 연구하고 있을 때에 이 분야의 고전은—아마 지금도 아직 그러할 줄 압니다만—그로트George Grote(1794~1871. 영국의 역사가)의 『그리스사』와 몸젠의 『로마사』였습니다. 개화된 급진적인 은행가로서 1840년대에 저작활동을 한 그로트는 진보적인 정치의식을 가진 신흥 영국 중산계급의 열망을 아테네 민주주의의 이념화된 모습 속에 구현하였습니다. 여기서는 페리클레스는 벤담주의적인 개혁자의 모습으로 그려졌고, 아테네는 자칫 방심한 끝에 하나의 제국을 획득한 것으로 되어 버렸습니다. 그로트는 아테네의 노예제도에 문제를 간과했습니다만, 이것은 저자 자신의 소속집단이 영국에서 새로 발생한 공장노동자계급의 문제와 대결할 수 없었다는 사실을 반영한 것이라고 해도 과히 엉뚱한 이야기는 아닐 것입니다. 독일의 자유주의자였던 몸젠은 1848~1849년의 독일혁명의 암담한 실패와 굴욕으로 깊은 환멸을 맛본 사람이었습니다. 그는 현실정치Realpolitik라는 명칭과 개념이 처음 나타났던 1850년대에 저작활동을 하고 있었습니다만, 당시 몸젠은 정치적 포부의 달성에 패배한 독일 국민이 남긴 혼란을 일소해 줄 강력한 인물이 필요하다는 생각에 사로잡혀 있었습니다. 잘 아는 바와도 같이, 그가 시이저를 이상화한 것도 독일을 멸망으로부터 구해줄 강력한 인물에 대한 이상과 같은 동경의 소산이었던 것이며, 법률가이자 정치가인 키케로Cicero가 무능한 요설가요, 교활무쌍한 무결단無決斷의 인간으로 되어 버린 것도 그가 1848년, 프랑크푸르트의 파울교회의 의회 토의장으로부터 방금 걸어나온 인물처럼 보였기 때문입니다. 따라서 이상과 같은 점을 파악하지 못하고서는 몸젠의 역사의 진가는 인식할 수 없는 것입니다. 만일 어떤 사람이, 그로트의 『그리스사』가 오늘날 우리에게 말해 주고 있는 것은 기원전 5세기의 아테네의 민주주의에 관한 것뿐만이 아니라 이에 못지않게 1840년대의 영국의 철학자 급진주의자들의 사상에 관해서도 말해 주고 있다고 한다든가, 독일의 자유주의자들에 대한 1848년의 의의를 이해하려고 하는 사람은 몸젠의 「로마사」를 기본 서적의 하나로 택해야 한다고 말한다고 해도, 나는 그것을 형편없는 역설이라고는 생각하지 않을 것입니다. 이러한 점이 있다고 해서 위대한 역사저작으로서의 지위가 손상된다는 것은 아닙니다. 뷰리가 그의 취임강연에서 몸젠의 위대성은 그의 「로마사」에 있는 것이 아니라 그의 비문碑文 집성集成과 로마헌법에 대한 업적에 있다고 말한 후, 그것이 통념이 되고 있습니다만, 나로서는 도저히 참을 수 없는 이야기입니다. 이것은 역사를 편찬이라는 레벨로 떨어뜨려버리는 것입니다.

위대한 역사란 분명히 과거에 대한 역사가의 비전이 현재의 제諸문제에 대한 통찰에 의하여 빛을 받을 때에만 씌어지는 것입니다. 몸젠은 공화정 몰락 이후의 시대에까지 로마사의 집필을 계속하지 못했습니다만, 이 점에 대해서 사람들은 왕왕 놀라움을 표시해 왔습니다. 그에게 시간이 없었던 것도 아니고 기회가 없었던 것도 아니고 지식이 없었던 것도 아닙니다. 다만 그가 역사저술을 하고 있었을 당시에는 아직도 독일에서 강력한 인물이 출현하지 못했던 것입니다. 이리하여 만일 강력한 인물이 국면局面을 가로막고 나선다면 어떠한 사태가 벌어질 것인가라는 문제는 그의 활동적인 시기 중에는 현실화되지 못하고 만 것입니다. 몸젠을 고무하여 이 문제를 로마의 무대에 투영케 할 만한 요소가 결여되고 있었던 것이니, 결국 로마제국의 역사는 씌어지지 못한 채 남을 수밖에 없었습니다.

동일한 현상에 대한 실례實例는 현대 역사가들 가운데서도 얼마든지 찾아볼 수 있는 것입니다. 지난 강연에서 나는 G. M. 트레벨리안의 『앤 여왕시대의 잉글랜드』를 저자 자신이 그 속에서 자라난 휘그적 전통의 기념비적 명저로서 찬양한 바 있습니다. 그러면 이번에는 우리들 대다수가 제1차 세계대전 이후의 학계에 등장한 영국 최대의 역사가라고 인정하는 루이스 네이미어 경Sir Lewis Namier(1888~1960)의 당당한 뜻 깊은 업적을 생각해보기로 합시다. 네이미어는 진정한 보수주의자였습니다. 껍질을 벗기면 75퍼센트 정도는 자유주의자의 성분이 발각되고 마는 그런 식의 전형적인 영국의 보수주의가 아니라 백여 년이 지나도록 영국 역사가들 간에서는 유례를 볼 수 없었을 정도의 보수주의자였습니다. 전前세기의 중엽으로부터 1914년에 이르기까지는 영국 역사가의 입장으로서는, 역사적 변화라는 것을 보다 나아져가는 변화로 밖에는, 달리 볼 여지가 거의 없었습니다.

그러나 1920년대에 우리들은 변화라는 것이 장래에 대한 공포와 결부되기 시작한 시기, 변화가 보다 못해지는 것을 의미한다고도 생각될 수 있는 시기—즉 보수적인 사고가 재생하는 시기—로 들어서게 된 것입니다. 액튼의 자유주의처럼 네이미어의 보수주의는 그 힘과 깊이를 대륙적 배경이라는 근원에서 얻고 있었습니다.[30] 또한 피셔 Herbert Albert Laurens Fisher(1865~1940. 영국 역사가)나 토인비와는 달리 네이미어는 19세기의 자유주의 사상에 뿌리를 박고 있었던 것도 아니었기 때문에 이에 대한 향수적인 미련 같은 것에 시달릴 까닭도 없었습니다. 제1차 세계대전이 끝난 후 그리고 이룩하지 못한 평화가 자유주의의 파산을 명시한 후로 이에 대한 반동은 두 가지 형태—즉 사회주의냐 보수주의냐 중의 하나를 취하여 나타날 수밖에 없었습니다. 네이미어는 보수적인 역사가로 등장한 것입니다.

그는 두 개의 연구분야를 택했습니다만 이 선택은 모두가 의의 있는 것이었습니다. 영국사에 있어서는 그는 질서 있고 대체로 변동 없는 사회 속에서 지배계급이 지위와 권력을 합리적인 방법으로 유지해나갈 수 있었던 최후의 시기에 거슬러 올라갔습니다. 네이미어는 역사로부터 정신을 제거해버렸다고 공격한 사람도 있습니다.[31] 이것

30 양차대전 중간기의 영국의 또 한 사람의 탁월한 보수작가인 T. S. 엘리어트 씨에게도 비영국적인 배경이라는 유리한 조건이 있었다는 것은 주목할 만한 일이라고 생각됩니다. 1914년 이전의 영국에서 자라난 사람이라면 누구나 자유주의적 전통의 억제력에서 완전히 벗어날 수는 없었던 것입니다.

31 이 비판은 본래 1953년 8월 28일자 *The Times Liberty Supplement* "The Naimer View of History"라는 익명논설(匿名論說)에 실렸던 것으로서, 거기에는 다음과 같이 되어 있습니다. 「다윈은 우주에서 정신을 제거해 버렸다는 비난을 받았지만, 루이스 경은 여러모로 보아 정치사에 있어서의 다윈이었다.」

은 썩 잘된 말 같지는 않습니다만 이 비평가가 말하고자 한 요점은 알 수 있겠습니다. 죠지 3세George III(1760~1820. 영국 국왕)의 즉위 당시만 해도 정치는 아직도 사상의 열광이라든가 진보의 맹신이라든가 하는 요소에 물들지 않고 있습니다. 이러한 풍조가 세계를 휩쓸게 된 것은 프랑스혁명에서부터이며, 이로 말미암아 자유주의의 승리의 세기가 열려지게 된 것입니다. 사상도 없고 혁명도 없고 자유주의도 없는 시대, 네이미어가 우리들에게 골라 보낸 것은 이와 같은 모든 위험으로부터 아직도 안전했던—물론 길이 안전할 수는 없었습니다만—한 시대의 빛나는 초상화였던 것입니다.

그러나 네이미어가 선택한 제2의 문제도 이에 못지않게 의의있는 것이었습니다. 네이미어는 영국, 프랑스, 러시아 등의 거대한 근대혁명에 대해서는 손도 대지 않고—이들 중 어떤 것에 대해서도 그는 실속있는 글을 쓴 일이 없습니다—그가 택해서 우리들에 보내준 것은 1848년의 유럽혁명에 대한 투철한 연구였습니다. 즉 실패한 혁명, 자유주의에의 부풀어오른 희망의 전 유럽에 걸친 좌절, 무력에 직면했을 때의 사상의 공허성과 군대와 맞섰을 때의 민주주의자들의 공허성을 실연해보인 그 혁명을 말입니다. 네이미어는 이 굴욕적인 실패를 「인텔리의 혁명」이라고 부르면서 정치라는 진지한 일에 사상이 침입한다는 것은 무익하고 위험하다고 하는 교훈을 되풀이 강조하였습니다. 네이미어에 대한 이상과 같은 우리들의 결론은 단지 추론에만 그치는 것은 아닙니다. 왜냐하면 네이미어는 역사철학에 관해서는 아무것도 계통적인 것을 쓴 것이 없습니다만, 2, 3년 전에 발표된 논문 가운데서 언제나 다름없는 명석성과 신랄성을 가지고 다음과 같이 자기 견해를 말하고 있기 때문입니다. 「따라서 사람은 정치적인 상상이나 교리를 가지고 자기 정신의 자유로운 활동을 방해하지 않으면 않을수록, 사고에는 더욱 유익한 것이다.」 그리고 역사로부터 정신을 제거했다는 자신에 대한 공격에 언급하여 부정 안한 채로 다음과 같이 계속하고 있습니다.

> 일부의 정치철학자들은 현재 이 나라에 있어서의 정치에 관한 전반적인 논의가 「따분한 침체」 속에 빠져서 전연 비다시피 되어 있다고들 불평하고 있다. 구체적 문제에 대한 실제적 해결책만이 추구되고 있을 뿐, 양 정당은 다 같이 정강政綱이나 이념을 잊어버리고 있다는 것이다. 그러나 내가 보기에는 이러한 태도는 국민의 보다 높은 성숙도를 나타내는 것으로 여겨지는 것이다. 나로서 바랄 바는 장차에도 이러한 태도가 정치철학의 영향에 의하여 교란되지 말고 오래 계속되어 달라는 것뿐이다.[32]

나로서는 지금 당장 이상의 견해를 가지고 왈가왈부할 생각은 없고, 이에 대해서는 후일의 강연에 미루기로 하겠습니다. 지금의 나의 목적은 두 개의 중요한 진실을 밝히는 데에 있을 뿐입니다. 그것은 첫째로는 역사가가 문제에 접근하는 입장부터를 파악하지 않고서는 그의 연구를 충분히 이해할 수도 없고 평가할 수도 없다는 것이고, 둘째로는 그 입장 자체는 사회적·역사적 배경에 뿌리박고 있다는 사실입니다. 언젠가 마르크스도 말한 것처럼, 교육자 자신이 우선 교육

32 L. Namier, *Personalities and Powers* (1955), pp.5, 7.

을 받아야 한다는 것, 요새말로 한다면 세뇌자의 머리 자체가 우선 세뇌되어 있어야만 한다는 사실을 잊지 마십시오. 역사가는 역사를 쓰기 시작하기 전부터 이미 역사의 산물인 것입니다.

내가 방금 말씀드린 역사가들—그로트와 몸젠, 트레벨리안과 네이미어—은 모두가 말하자면 단일한 사회적 및 정치적인 주형 속에서 형성된 사람들이었기 때문에 초기 저작과 후기 저작 사이에 현저한 견해의 차이가 생긴다는 일도 없었습니다. 그러나 격동기의 역사가들 중에는 그 저작 속에 하나의 사회와 하나의 사회질서가 반영되지 않고 여러 질서의 계기가 반영되고 있는 경우가 있는 것입니다. 내가 아는 한도에 있어서는 그 최선의 예는 위대한 독일의 역사가 마이네케Friedrich Meinecke(1862~1954)라 하겠습니다. 그의 생애와 활동기는 이례적으로 긴 것이었고, 그간에는 조국의 운명에 있어서도 혁명적이고도 파국적인 허다한 변동이 있었습니다. 사실상 우리들은 세 사람의 다른 마이네케를 가지고 있는 셈이며, 그들은 각각 다른 역사 시기의 대변인인 동시에, 그의 3대 저작의 하나하나를 통해서 각각 말하고 있는 것입니다.

1907년에 출간된 『세계시민주의와 민족국가*Weltbürgerthum und Nationalstaat*』의 마이네케는 비스마르크 제국에 있어서의 독일의 민족적 이상의 실현을 확신하고—마찌니 이후의 19세기의 사상가들이 대부분 그랬듯이—민족주의를 세계주의의 최고 형태라고 생각하고 있습니다. 이것은 비스마르크 시대의 색다른 속편이라고 할 수 있는 빌헬름 시대의 산물입니다. 1925년에 출간된 『국가적 이성의 개념*Die Idee der Staatsräson*』의 마이네케는 바이마르 공화국의 분열되고 혼란된 정신상태 속에서 말하고 있습니다. 즉 정치의 세계는 국가적 이성raison d'état과 정치외적인 요소인 도덕과의 사이의 낙착을 볼 수 없는 투쟁무대가 되어 버렸지만, 그러나 궁극에 가서는 도덕이라는 것도 국가의 생명과 안전을 무시할 수 있는 것은 아니라는 것입니다. 마지막으로 그가 나치 세력 때문에 학문적인 영직榮職에서 몰려나고 있었던 1936년에 출간된 『역사주의의 성립*Die Entstehung des Historismus*』의 마이네케는 「존재하는 것은 무엇이나 정당하다」는 주의라고 생각된 역사주의를 거부하고, 역사적 상대와 초이성적超理性的 절대와의 사이를 불안하게 동요하면서 절망을 부르짖고 있습니다. 그 후 마침내 노령의 마이네케는 조국이 1918년보다도 더욱 참담한 군사적 패배 앞에 무너지는 것을 목격하게 되었을 때에 1946년의 『독일의 파국*Die Deutsche Katastrophe*』에서는 역사란 맹목적이고 냉혹한 우연에 의하여 좌우되는 것이라는 믿음 속에 힘없이 빠져 들어가고 말았습니다.[33] 심리학자나 전기작가들 같으면 개인으로서의 마이네케의 발전이라는 면에 흥미를 느꼈겠지요. 그러나 역사가에게 흥미 있는 것은 마이네케가 목전에 당면한 세 개―혹은 네 개―의 시기, 뚜렷한 대조를 이루며 계속되어 나간 이 시기들은 어떠한 모양으로 역사적 과거 속에 반영시키고 있는가라는 점입니다.

혹은 좀 더 가까운 우리나라에서 현저한 예를 들어 보기로 할까요. 우상타파偶像打破적인 1930년대의 영국정계에서는 자유당이 유력

33 이 점에 관해서는 W. 스타그 박사의 마이네케의 발전에 관한 탁월한 분석에 힘입은 바 많습니다. 그의 분석은 *Machiavellism*이라는 표제로 1957년에 출간된 *Die Idee der Staatrāson*의 영역본에 대한 서문 속에 나타나 있습니다. 그러나 스타그 박사는 마이네케의 제3기에 있어서의 초이성적 요소에 대해서는 이를 과장하고 있다는 감을 줍니다.

정당으로서의 지위를 방금 잃고 난 직후의 일입니다만, 당시 버터필드 교수는 『휘그적인 역사해석*The Whig Interpretation of History*』이라는 저서를 내서 그에 마땅한 큰 성공을 거두었습니다. 이 책은 여러 의미에 있어서 심상치 않은 책이었습니다. 그 적지 않은 이유의 하나는 이 책은 약 130 페이지 이상에 걸쳐서 휘그적 해석을 공격하고 있으면서도 (내가 색인의 힘을 빌리지 않고 찾아낸 한에 있어서는) 역사가가 아닌 폭스Fox를 제외하고서는 단 한 사람의 휘그의 이름도 들어 있지 않았고, 휘그가 아닌 액튼을 제외하고서는 단 한 사람의 역사가의 이름도 들어 있지 않기 때문입니다.[34] 그러나 세밀성이나 명확성에 대한 이 책의 결함은 재치에 빛나는 독설로서 메꾸어지고 있습니다. 독자들은 적어도 휘그적 해석이라는 것이 나쁘다는 점에 대해서만은 확실해졌을 것입니다. 그런데 그것이 나쁘다는 이유의 하나는 현재와의 관련 하에서 과거를 연구하기 때문이라는 것입니다. 이 점에 관한 버터필드 교수의 태도는 명백하고 가열苛烈합니다.

> 말하자면 한눈을 현재에 팔면서 과거를 연구한다는 것은 역사에 있어서의 모든 죄와 궤변의 근원인 것이다. ……이것이야말로「비역사적」이라는 말의 본질적인 의미인 것이다.[35]

그로부터 12년의 세월이 흘렀습니다. 우상타파적인 풍조도 물러

34 H.Butterfield, *The Whig Interpretation of History* (1931); 이 책의 p.67에서 저자는「실체 없는 이론」에 대한「건강한 불신」이라는 것을 표명하고 있습니다.
35 H.Butterfield, *The Whig Interpretation of History* (1931), pp.11, 31~2.

갔습니다. 버터필드 교수의 조국은 「말하자면 한눈을 현재에 팔면서」 부단히 과거를 들추어내는 한 사람의 위대한 지도자 밑에서, 휘그적 전통 속에 구현된 입헌적 자유를 수호하기 위하여 싸워야 한다는 명목을 내세운 전쟁에 뛰어들었습니다. 1944년에 출간된 『영국인과 그 역사*The Englishman and His History*』라는 소책 속에서 버터필드 교수는 휘그적 역사해석을 「영국적인」 해석이라고 단정했을 뿐만 아니라 「영국인의 자기역사와의 결합」에 대해서 그리고 「현재와 과거와의 결연」에 대해서 정열적으로 역설하였던 것입니다.[36] 이상과 같은 견해의 역전에 대해서 주의를 청해본 것은 악의의 비판을 하자는 것이 아닙니다. 나의 본의는 제1의 버터필드를 제2의 버터필드를 가지고 반박한다든가 술 취한 버터필드를 맑은 정신의 버터필드와 대결시킨다든가 하는 데에 있는 것도 아닙니다. 나 자신도 잘 알 수 있는 일입니다만 만일 어떤 분이 내가 쓴 전전戰前, 전중戰中, 전후戰後의 저술의 약간을 통독해 주신다면 내가 타인에게서 찾아낸 것에 못지않은 명백한 모순당착점矛盾撞着點을 찾아내 가지고 나를 책한다는 일은 용이할 것이기 때문입니다. 사실 과거 50년간의 천변지리天變地異와도 같은 제諸사건을 겪어 왔으면서도 자기 견해에는 아무런 근본적인 변동도 없었다고 정직하게 주장할 수 있는 역사가가 있다고 해도 과연 내가 그 사람을 부러워할 것인가는 의문스러운 일입니다. 나의 목적은 역사가의 연구가 자기가 그 속에서 일하고 있는 사회를 얼마나 정확하게 반영하는 것인가를 분명히 하자는 데에 있을 뿐입니다. 흐

36 H.Butterfield, *The Englishman and His History* (1944), pp.2, 4~5

름 속에 있는 것은 사건만이 아닙니다. 여러분이 역사책을 집어들 때에는 표지에 적혀 있는 저자명을 찾아본다는 것만으로 서는 충분치 못합니다. 출판시일이나 집필시일도 아울러 유의하셔야 합니다.—경우에 따라서는 그쪽이 더 도움이 될 수도 있으니까 말입니다. 만일 똑같은 강물 속에 사람은 두 번 다시는 들어설 수 없다는 철학자의 말이 옳다면, 한 역사가가 두 책을 쓸 수 없다는 말도 똑같은 이치에서 진실일 것입니다.

잠깐 역사가가 개개인의 문제를 떠나서 역사서술의 주류라고 할 수 있는 분야로 들어가 보면, 역사가가 어느 정도로까지 사회적인 산물인가라는 문제는 더욱 명백해집니다. 19세기에는 영국의 역사가들은 거의 예외 없이 역사과정을 진보의 원리의 구현이라고 생각했습니다. 당시 그들은 급속도의 발전 조건하에 처한 한 사회의 이데올로기를 표명하고 있었던 것입니다.

역사 진행이 우리들의 진로와 일치된다고 생각되던 동안에는 영국의 역사가들에게는 역사는 의의意義 깊은 것이었습니다. 그러나 역사가 다른 방향으로 접어들게 되자 역사의 의의를 신봉한다는 것은 이단異端이 되어 버렸습니다. 제1차 세계대전 이후에 토인비는 직선적 역사관 대신에 순환론—몰락하는 사회의 특유한 이데올로기—을 수립하려고 필사적인 노력을 경주하였습니다.[37] 토인비가 실패한 다음 영국 역사가들의 대부분은 손을 내던지고 역사에는 일반적인 정

37 로마제국의 몰락기에 마르크스 아우렐리우스 황제는 「현재에 일어나고 있는 모든 일들은 과거에도 일어났던 일이고 또한 미래에도 일어날 것이다」라고 생각하여 스스로를 위안했습니다(*To Himself*, x, p.27); 주지하는 바와도 같이 토인비는 이와 같은 생각을 슈펭글러의 *Decline of the West*로부터 얻었습니다.

형定型이란 존재하지 않는다고 선언함으로써 만족해왔습니다. 동일한 취지의 피셔의 진부한 말은[38] 전세기에 있어서의 랑케의 금언에 못지않은 큰 인기를 차지하였습니다. 영국 역사가들이 과거 30년간에 이상과 같은 심경의 변화를 체험하게 된 것도 결국은 자기 자신의 깊은 사색의 결과이고, 각자가 제각기 밤늦게까지 열심히 연구를 거듭한 결과라고 말하는 사람이 있다 해도 그러한 사실 여부를 따질 생각은 조금도 없습니다. 그러나 나로서는 이러한 개인적인 사색이나 밤늦게까지의 공부라는 것도 모두가 하나의 사회적 현상이라는 것, 즉 1914년 이후에 일어난 우리 사회의 성격과 형세의 근본적 변화가 초래한 소산所產 및 표현에 불과하다는 생각을 버리지는 않겠습니다. 한 사회가 어떤 종류의 역사를 쓰고, 어떤 종류의 역사를 쓰지 못하는가 하는 것처럼 그 사회의 성격을 뜻 깊게 암시해 주는 것은 없습니다. 홀랜드의 역사가 게일Pieter Geyl(1887~1966)은 『나폴레옹 시비是非*Napoleon For and Against*』라는 제목 하에 영역된 매력적인 논문에서, 19세기의 프랑스 역사가들이 나폴레옹에게 내린 누차累次의 평가가 동세기를 통해서 변화와 투쟁과정을 거듭해 나간 그 나라의 정치적 국면과 정치사상의 본양상本樣相을 어떻게 반영하고 있는가를 밝혀주고 있습니다. 역사가가 아니더라도 마찬가지겠습니다만 역사가의 사상이란 시간적·공간적인 환경에 의하여 형성되는 것입니다. 액튼은 이런 진리를 십분 이해하고 있었기 때문에 환경으로부터의 도피를 역사 자체 속에서 구했던 것입니다.

---

38 Preface, dated 4 December 1934, to *A History of Europe*.

역사는 타 시대의 부당한 영향뿐만 아니라 우리 자신의 시대의 부당한 영향으로부터의, 그리고 환경의 압제와 우리가 숨쉬는 대기의 압력으로부터의 구제자이어야만 한다.[39]

이것은 역사의 역할에 대한 지나치게 낙관적인 평가라는 인상을 줄 수도 있겠습니다. 그러나 자기는 어디까지나 한 개인이지 사회현상은 아니라고 소리쳐 항의하는 역사가보다는 자기위치를 주도하게 의식하고 있는 역사가일수록 그러한 위치를 초월할 힘을 가지고 있는 것이고, 또한 시대가 다르고 나라가 달라짐에 따라서 사회와 관점이 자기들과 어떻게 달라지는가라는 차이점의 본질을 이해하는데 있어서도 보다 유능하다는 점을 나는 믿어 의심치 않습니다. 사람이 자신의 사회적·역사적 입장을 넘어설 수 있는 능력이란 자기가 그러한 조건 속에 얼마나 깊이 사로 잡혀 있는가를 자각할 수 있는 감수성 여하에 달렸다고 봅니다.

나는 첫 번 강연 때에 역사를 연구하기에 앞서서 우선 역사가를 연구하라는 말을 했습니다. 여기에다 나는 다시 다음과 같은 말을 첨가하고 싶습니다. 「역사가를 연구하기에 앞서서 우선 그의 역사적·사회적 환경을 연구하십시오.」 역사가는 개인인 동시에 역사와 사회의 산물입니다. 따라서 역사를 공부하는 사람은 이러한 이중의 시점하時點下에서 역사가를 보는 눈을 길러야만 하는 것입니다.

그럼 역사가에 대해서는 이만 하기로 하고, 내가 제시했던 방정식

39 Acton, *Lectures on Modern History* (1906), p 33

의 반대쪽—역사상의 사실—을 동일한 문제점에서 다루어 보기로 하겠습니다. 역사가의 연구대상은 개인의 행동이겠습니까, 사회적인 힘의 작용이겠습니까. 여기서 나는 탄탄대로에 들어서는 셈입니다. 이자이아 벌린 경Sir Isaiah Berlin(1909~1997. 영국의 철학자)은 몇 년 전에 『역사적 불가피성*Historical Inevitability*』이라고 제題한 재치 있고 평이한 논문을 발표했습니다.그 주된 논지에 대해서는 후에 본 강연에서 다시 언급하게 되겠습니다. 그는 논문의 서두에 T. S. 엘리어트 씨Mr. T. S. Eliot의 작품에서 따낸 「거대한 비인간적인 힘」이라는 모토를 내걸고 역사에 있어서의 결정적인 요인이 개인에 있는 것이 아니라 「거대한 비인간적인 힘」에 있다고 믿는 사람들을 전권全卷을 통하여 조롱하고 있습니다. 내가 악왕惡王 존 사관史觀, Bad King John theory of history이라고 부르려고 하는 것—역사에 있어서 문제되는 것은 개개인의 성격과 행동이라고 보는 견해는 오랜 내력을 가지고 있습니다. 역사에 있어서의 창조력을 개인적인 천재에게 돌리고 싶어 하는 욕망은 역사적 의식의 원시적 단계의 특징입니다. 고대 그리스인들은 과거의 업적에 그 일의 주동자로 여겨지는 종주격 영웅의 이름을 붙이기를 좋아했습니다. 그리하여 서사시는 호머라는 유랑시인의 업적으로 돌렸고, 법률과 제도는 리쿠르구스Lycurgus나 솔론Solon의 업적으로 돌렸던 것입니다. 똑같은 경향은 르네상스 시대에도 다시 나타났습니다. 고전부흥기인 당시에 인기나 영향력이 훨씬 컸던 인물은 고대의 역사가들보다도 오히려 전기작가이며 도학자인 플루타크Plutarch, A. D(46?~120?. 그리스 출신의 로마의 전기작가) 쪽이었습니다. 더구나 영국에서는 우리들 모두가 말하자면 어머니의 무릎 위에서부터 이런 이론을 배워왔다고 할 수 있지 않겠습니까. 그러나 오늘날 우리들이 볼 때에는 거기에는 무엇인가 유치하고 어린애 같은 요소가 있다는 것을 알 수 있을 것입니다. 사회가 좀 더 단순하고 소수의 저명한 개인들이 국가적인 일들을 처리해나갔다고 생각되던 시대 같으면 이런 이론에도 약간의 타당성은 있었을 것입니다. 우리 시대의 복잡한 사회에 이를 적용한다는 일은 도저히 불가능하며, 19세기에 사회학이라는 새로운 학문이 탄생되었다는 것도 이와 같은 증대되는 복잡성에 대한 하나의 반응이었던 것입니다.

그러나 낡은 전통이란 쉽사리 소멸되지 않는 법입니다. 20세기의 초기에 이르러서도 역사는 「위인들의 전기다」라는 말은 여전히 인기 있는 격언이었습니다. 10년 전만 해도 미국의 한 저명한 역사가는 아마도 그리 심각한 기분으로 한 말은 아니겠습니다만, 그의 동료 역사가들을 역사적 인물을 「사회적인 힘과 경제적인 힘의 허수아비」로 취급하는 「역사적 인물의 대량학살자」라고 비난했습니다.[40] 근래에 와서는 이러한 이론의 신봉자들도 좀 창피스럽다는 기색을 보이고 는 있습니다만, 그래도 그리 힘들여 찾지 않고서도 웨지우드 여사 Cicery Veronica Wedgwood(1910~97. 영국의 역사가)의 저서의 서문 속에서 이 이론의 훌륭한 현대판 선언을 발견할 수 있었습니다:

> 개인으로서의 인간행위는 그들의 집단적인 행위나 계급적인 행위보다도 나에게는 더욱 흥미가 있다. 역사라는 것은 꼭 일정한 경향에 서서만 쓸 수 있다는 것은 아니며, 이것이 더 잘못되었다거나 덜 잘못되

40 *American Historical Review*, lvi, No.1 (January 1951), p.270.

었다거나 하는 것도 아니다. …… 이 책은 …… 그 인물들이 어떻게 느끼고 있었는가, 그리고 자신의 독자적인 판단에 따라서 왜 그러한 행동을 하게 되었는가를 알아보려고 하는 것이다.

이 성명이 뜻하는 바는 명백합니다. 또한 웨지우드 여사가 인기 높은 저술가라는 점으로 봐서 그와 견해를 같이 할 사람들이 많으리라는 것도 틀림없습니다.[41] 가령 로우즈 박사Dr. Rowse가 말하는 바에 의하면, 엘리자베스 체제는 제임스 1세가 그것을 이해할 힘이 없었기 때문에 붕괴되었다는 것이며 17세기의 영국혁명은 스튜어트 왕조의 처음 두 국왕이 우둔했기 때문에 일어난 「우발적인」 사건이라는 것입니다.[42] 제임스 닐 경Sir James Neale(1890~1975. 영국의 역사가)은 로우즈 박사에 비하면 훨씬 엄격한 역사가입니다만 그도 튜더 왕조의 성격을 설명한다는 것보다도 엘리자베스 여왕에 대한 찬미에 더욱 열중하고 있다는 인상을 줄 때가 있습니다. 이자이아 벌린 경 역시 내가 방금 인용한 논문에서, 역사가들이 혹시나 징기스칸이나 히틀러를 악인으로 단죄하는 일을 게을리 하지나 않을까 몹시 걱정하고 있습니다.[43] 악왕惡王 죤 학설이나 선여왕善女王 엘리자베스 학설은 최근

---

41 C. V. Wedgwood, *The King's Peace* (1955), p.17.

42 A. L. Rowse, *The England of Elizabeth* (1950), pp.261~2, 382. 로우즈 박사는 이보다 이전의 한 논문에서는 「부르봉 가문이 1870년 이후의 프랑스에서 왕정을 재건 못한 이유는 바로 헨리 5세가 하찮은 백색기(白色旗) 같은 것에 집착했기 때문이었다고 생각하는 역사가들」을 규탄한 바 있다는 사실을 아울러 첨가해야만 공평할 것 같습니다(*The End of an Epoch*, (1949), p.275): 아마도 그는 이러한 개인중심의 설명을 영국사에 대해서만은 허용하는 모양입니다.

43 I. Berlin, *Historical Inevitability* (1954), p. 42.

에 내려올수록 더욱 성행되고 있습니다. 공산주의의 기원과 성격을 분석하는 것보다는 그것을 「칼 마르크스의 두뇌의 소생」(나는 이 말을 근대의 어떤 증권 브로커의 회람 속에서 주워냈습니다만)이라고 부르는 편이 쉽습니다. 볼셰비키혁명에 대해서도 혁명의 깊은 사회적 제諸요인을 연구하는 것보다는 그것을 니콜라스 2세의 우매나 독일의 금력에 돌리는 편이 용이할 것이고, 금세기의 2차의 세계대전에 있어서도 국제관계의 시스템에 있어서의 어떤 근본적인 붕괴결과를 찾아보는 것보다는 빌헬름 2세나 히틀러의 개인적인 악덕을 찾아본다는 것이 보다 용이할 것입니다.

결국 웨지우드 여사의 성명에는 두 가지 주장이 합쳐져 있는 셈입니다. 제1의 주장은, 개인으로서의 인간행위는 집단이나 계급의 일원으로서의 그들의 행위와는 별개의 것이며 역사가는 정당한 권리를 가지고 그 한 쪽만을 골라서 논할 수 있다는 것입니다. 제2의 주장은, 개인으로서의 인간행위에 대한 연구는 그들의 의식적인 동기를 연구하는 것으로 성립된다는 것입니다.

그 중 제1의 주장에 대해서는 위에서 이미 말씀 드린 바 있기 때문에 다시 여기에 주력할 필요는 없겠습니다. 인간을 개인으로 보는 견해가 인간을 집단의 일원으로 보는 견해보다 덜 잘못되었다거나 많이 잘못되었다거나 하는 것이 아니라, 잘못되고 있는 것은 이미 양자를 명확히 구분하려는 태도에 있는 것입니다. 원래 개인이란 한 사회의 아니 아마도 한 개 이상의 사회의 구성원인 것이며 그 사회를 집단, 계급, 부족, 국민 등의 이름으로 부르건 그 밖의 무엇으로 부르건 그것은 상관없습니다. 옛날 생물학자들은 새장이나, 어항이나, 진열장 등에 들어 있는 새, 짐승, 물고기 등의 종류를 분류하는 것으로만 만족하고, 생물을 그 환경과의 관련 하에서 연구하려고 하지 않았습니다. 아마도 사회과학은 아직도 완전히 이와 같은 원시적 단계에서 벗어난 것 같지는 않습니다. 어떤 사람들은 심리학과 사회학을, 하나는 개인에 관한 과학으로, 하나는 사회에 관한 과학으로 구분하기도 합니다. 그리고 모든 사회문제는 궁극에 가서는 개인적인 인간행동의 분석에 환원할 수 있다고 보는 견해를 「심리주의」라고 불러 왔습니다. 그러나 개인의 사회 환경을 연구할 줄 모르는 심리학자란 결코 큰일은 할 수 없을 것입니다.[44]

인간을 개인으로서 취급하는 것은 전기傳記이고 인간을 전체의 일원으로서 취급하는 것을 역사라고 구분한다는 것도 그럴 듯한 일이겠고, 또한 좋은 전기는 나쁜 역사를 만든다는 생각도 그럴 듯해 보입니다. 언젠가 액튼도 다음과 같은 말을 적은 일이 있습니다.

「인물 개개인에게서 촉발된 관심처럼 역사를 보는 눈에 오류와 불공평을 초래하는 것은 없다.」[45] 그러나 이런 구분도 참된 것은 못됩니다. 그렇다고 해서 G. M. 영George Malcolm Young(1882~1959. 영국 역사가)이 자기 저서 『빅토리아 시대의 잉글랜드*Victorian England*』의 타이틀 페

---

44 현대 심리학자들 역시 이러한 과오에 대한 공격을 면할 수 없었습니다: 「전체적으로 봐서 심리학자들은 개인이라는 것을 움직이고 있는 사회체계 속의 한 단위로서 다루지를 않고 먼저 고정적인 인간이 있어가지고 그들이 사회체계를 형성하는 방향으로 나간다는 식으로 취급해왔다. 이리하여 그들은 자기들이 사용하는 카테고리가 특수한 의미에서 추상적이라는 점을 적절히 파악하지 못했다.」(Professor Talcott Parsons in the introduction to Max Weber, *The Theory of Social and Economic Organization* (1947), p.27). 또한 본서(本書) p.207 이하의 프로이드 관한 부분 참조.

45 *Home and Foreign Review*, January 1863, p.219.

이지에 내걸은 빅토리아 시대의 격언「하인들은 사람 이야기를 하고 신사들은 세상사를 논의한다」[46]라는 말을 던져놓고 도망쳐 버릴 생각은 없습니다. 사실은 전기물 중에도 역사에 대해서 중요한 공헌을 한 작품들이 없는 것은 아닙니다. 내 분야에 있어서도 아이자크 도이챠Isaac Deutscher의 스탈린전과 트로츠키전은 그 두드러진 예라고 하겠습니다. 그러나 이러한 작품을 제외한 전기들은 역사소설과 마찬가지로 문학작품에 속한 것들입니다. 트레바-로퍼 교수는「리튼 스트래치Lytton Strachy에게 있어서는 역사상의 문제란 언제나 오로지 개인의 행동이나 개인의 기행에 관한 문제였다. ……역사적인 제諸문제, 즉 정치나 사회의 문제에 대해서는 답하려고 하지도 않았고 알려고조차도 하지 않았다」[47]라고 말하고 있습니다. 아무에게도 역사를 쓰거나 읽거나 해야 한다는 의무는 없습니다. 또한 역사책이 아니고서도 과거에 관한 훌륭한 책은 얼마든지 쓸 수 있는 것입니다. 그러나 관례상 우리들은「역사」라는 말을 사회 속에 놓인 인간의 과거를 연구하는 과정에 대해서만 쓸 자격이 있다고—본 강연에서도 그런 의미로 쓸 작정입니다만—나는 생각합니다.

---

46 하버트 스펜서는 *The Study of Sociology*, ch. 2. 속에서 이 생각을 가장 장중한 문체로 세밀하게 논술하고 있습니다:「만일 당신이 어떤 사람의 정신적 능력에 대한 개략적인 평가를 내리려면 그 사람의 말 속에 일반적인 사물에 관한 이야기와 개인 신상에 관한 이야기의 비율이 어떻게 되어 있는가—즉 개개사물에 관한 단순한 진상 대신에 인간과 사물에 관한 허다한 경험으로부터 추출된 진리가 어느 정도까지 대치되고 있는가—를 관찰하는 것이 최선의 방법이 된다. 만일 이러한 방법으로 많은 사람들을 측정해 본다면 인간사에 관하여 전기적인 견지 이상의 견지를 가지고 있는 사람이란 극히 희소하다는 사실을 알게 될 것이다.」

47 H. R. Trevor-Roper, *Historical Essays* (1957), p.281.

제2의 주장은, 역사는 개인들이 「자신의 독자적인 판단에 따라 왜 그렇게 행동하게 되었는가」를 탐구 한다는 것인데, 이것은 일견一見 해서도 너무나 묘한 생각입니다. 분별 있는 사람이라면 다 마찬가지겠습니다만 아마도 웨지우드 여사 자신도 자기가 강조하는 바를 실지로 실행에 옮기고 있지는 않겠지요. 만일 그대로 실행한다면 괴상하기 짝이 없는 역사가 나올 것임에 틀림없습니다. 오늘날 누구나 잘 아시다시피 사람들은 언제나 꼭 아니 일반적인 경우에도 자기가 충분히 인식한 동기나 기꺼이 시인한 동기에 의해서만 행동하고 있는 것은 아닙니다. 따라서 무의식적인 동기나 시인 안 하는 동기에 대한 통찰을 배제한다는 것은 한 눈을 억지로 감고 일을 시작하겠다는 것이나 마찬가집니다. 그럼에도 불구하고 일부 사람들에 의하면 역사가는 꼭 이렇게 해야만 한다는 것입니다.

문제는 바로 여기에 있는 것입니다. 만일 여러분이 죤 왕王의 악덕은 탐욕이나 우둔이나 폭군이 되려는 야망에 있었다고 말하고 만족하신다면 여러분은 개인의 선악을 가지고 역사를 이야기하자는 것이며 그것은 어린애들의 역사지식 정도로서도 이해할 수 있는 것입니다. 그렇다고 해서 만일 여러분이 죤 왕은 봉건제후의 득세에 반대하는 기정권익의 도구였다고 말하려고 한다면, 그것은 죤 왕의 악덕에 대한 보다 복잡하고 까다로운 견해를 제기하는 것이기는 합니다만 동시에 역사적 사건은 개인의 의식적인 행위에 의해서 규정되는 것이 아니라 무의식적인 개인 의지를 방향잡아 주는 외부의 전능적인 힘에 의하여 규정된다는 생각을 아울러 주장한다고 보겠습니다.

물론 이것은 넌센스입니다. 내 자신으로서는 신의 섭리, 세계정신,

자명自明한 천명天命, 어마어마한 간판을 내걸은 역사 등, 하여간 제諸 사건의 방향을 인도한다고 생각되어 온 일절의 추상적인 요소를 불신합니다. 나로서 무조건 찬성하고 싶은 것은 마르크스의 다음과 같은 견해입니다.

> 역사가 하는 일이란 아무것도 없다. 한없는 재부財富를 지니는 것도, 전투를 하는 것도 역사 자체는 아니다. 모든 것을 행하고 차지하고 싸우고 하는 것은 인간, 즉 현실의 살아 있는 인간이다.[48]

이 문제에 관해서는 말씀드려야 할 두 가지 점이 있습니다만, 그것은 역사에 관한 추상론과는 전연 무관한 순전한 경험적인 관찰에만 입각한 것입니다. 첫째로 역사는 상당한 정도까지 수數에 관한 문제라는 것입니다. 칼라일Thomas Carlyle(1795~1881. 영국의 평론가·역사가)은 「역사란 위대한 인물들의 전기傳記다」라는 불행한 주장에 대해서 책임져야 할 사람입니다. 그러나 그의 가장 위대한 역사 저작 속에 실린 대표적인 웅변에 귀를 기울여 봅시다.

> 2,500만의 가슴을 무겁게 억누르고 있었던 굶주림, 추위, 가차 없는 억압, 이것이야말로 철학을 즐기는 변호사나 돈 많은 장사꾼이나 지방 귀족들의 금간 허영심이나 적대적인 철학 같은 것보다도 프랑스혁명의 원동력이었던 것이다. 동일한 이치는 국가 여하를 막론하고 이와 같은

48 *Marx-Engels : Gesamtausgabe*, I, iii, p.625.

모든 혁명에 대해서 적용될 수 있을 것이다.[49]

레닌도 말했습니다. 「정치란 대중이 있는 곳에서 시작된다. 수천 명이 아니라 수백만 명이 있는 곳에서 중요성을 지닌 정치가 시작되는 곳은 바로 그러한 곳이다.」[50] 칼라일이나 레닌의 몇 백만이라는 것은 몇 백만의 개인이며 거기에는 비인간적인 요소란 아무것도 없습니다. 이런 문제의 논의에 있어서는 왕왕 익명이라는 요소와 비인간적인 요소가 혼동되곤 합니다. 그러나 우리들이 그들의 이름을 모른다고 해서 사람이 사람 이외의 것으로 된다거나 개인이 개인 이외의 것으로 된다거나 하는 것은 아닙니다. 엘리어트 씨가 말한 「거대한 비인간적인 힘」이란 것도 결국은 여러 개인을 말한 것이며, 좀 더 대담하고 솔직한 클라렌든Edward Hyde: Earl of Clarendon(1609~1674. 영국의 정치가·역사가)은 그런 사람들을 가리켜서 「이름도 없는 너절한 인간들」[51]이라고 말했습니다. 이러한 이름 없는 수백만의 사람들은 많고 적고 간에 무의식적인 행동을 함께 하고 있는 개인들이며, 그들에 의하여 하나의 사회적인 힘이 형성되는 것입니다. 역사가는 평범한 상황 하에서라면 불만을 품은 한 농부나 한 촌락에 관한 일을 알 필요는 없겠지요. 그러나 수천 개의 촌락의 수백만의 농부들이 불만을 품고 있다면 이를 무시할 역사가는 없을 것입니다. 존의 결혼을 방해하고 있는 이유는 같은 이유 때문에 존과 같은 세대의 수천 명의 다른

---

49 *History of the French Revolution*, Ⅲ, iii, ch.1.

50 Lenin, *Selected Works*, vii, p.295.

51 Clarendon, *A Brief View & Survey of the Dangerous & Pernicious Errors to Church & State in Mr. Hobbes' Book entitled Leviathan* (1676), p.320.

사람들도 결혼을 방해받고 있고 결혼률에 실질적인 저하를 초래하고 있지 않는 한 역사가의 관심거리가 될 수는 없습니다. 그러나 반대의 경우라면 그 이유는 역사적으로 중요한 것이 될 것입니다. 또한 큰 움직임이란 것은 소수자로부터 시작되는 법이다라는 상투어를 내놓는다고 해서 당황할 필요는 없습니다. 유력한 운동에는 반드시 소수의 지도자가 있고 다수의 추종자가 있는 것입니다만 이것은 다수자가 운동의 성공에 있어서 긴요하지 않다는 의미는 아닙니다. 역사에 있어서는 수數라는 것이 중요합니다.

나의 두 번째의 관점에 대해서는 이보다도 그 입증이 더 잘 되어 있습니다. 여러 가지로 유파를 달리하는 저술가들도 인간의 개인행동은 왕왕 행동자 자신은 물론 딴 어떤 개인도 의도하지도 않았고 욕구하지도 않았던 결과를 초래하는 수가 있다는 사실에 대해서는 일치된 견해를 표명해 왔습니다. 그리스도 교도들은 개인은 의식적으로는 대개가 자기 자신의 이기적인 목적을 위하여 행동하지만 사실은 신의 목적을 위한 무의식적인 봉사자라고 믿고 있습니다. 만데빌Bernard Mandeville(1670~1733. 네덜란드 출신의 영국작가)의 「개인의 악덕은 사회의 복리」라는 말은 일찍이 이와 같은 착상을 일부러 역설적으로 표현한 것입니다. 애덤 스미스의 보이지 않는 손hidden hand이나 헤겔의 「이성의 간계cunning of reason」라는 것도 자신의 욕망을 충족시키고 있다고 믿고 있는 개인들을 자기를 위하여 봉사시키고 자기 목적을 위하여 부리고 있다는 뜻으로서, 인용할 필요조차 없이 잘 알려진 것입니다. 마르크스는 『경제학 비판*Critique of Political Economy*』 속에서 다음과 같이 말했습니다. 「생산 수단의 사회적 생산에 있어서 인간은 자기 의지로부터 독립된 일정한 불가피한 관계 속에 끌려 들어간다.」 또한 톨스토이는 『전쟁과 평화』 속에서 애덤 스미스를 본떠서 「인간은 의식적으로는 자기를 위해서 살고 있지만 인류의 역사적·보편적인 목적달성을 위한 무의식적인 수단에 불과한 것이다」[52]라고 말하고 있습니다. 이쯤하면 명언집도 길 만큼 길어졌기 때문에 버터필드 교수의 말을 마지막으로 그만 해두기로 하겠습니다. 「역사적 사건에는 무엇인가 아무도 의도하지 않은 방향으로 역사 코스를 잡아 비틀어 놓는 성질이 있다.」[53]

1914년 이전에는 약 100년 동안에 걸쳐서 국부적인 소전쟁 밖에는 없었던 것인데, 그 후로 우리들은 2차의 세계대전을 겪었습니다. 그렇다고 해서 19세기 후반의 75년간에 비하여 20세기 전반에는 전쟁을 원한 개인이 더 많았다거나 평화를 원한 개인이 더 적었다거나 하는 주장은 결코 이러한 현상에 대한 타당한 설명일 수는 없습니다. 마찬가지로 어떤 개인이 1930년의 경제대공황을 일으키려고 했다든가, 원했다든가 하는 이야기도 믿기 어려운 일입니다. 그러나 아무리 각 개인들이 의식적으로는 이와는 전연 동떨어진 목적을 추구하고 있었다 하더라도 이러한 사건이 여러 개인의 행동에 의해서 일어났다는 것은 의심할 수 없습니다. 또한 개인의 의도와 그 행동의 결과와의 불일치를 진단한다는 것은 과거를 대상으로 하는 역사가에게만 국한된 것은 아닙니다. 1917년에 로지Henry Cabot Lodge(1850~1924. 미국의 정치가·저술가)는 우드로우 윌슨Woodrow Wilson에 관하여 다음과

52 L. Tolstoy, *War and Peace*, ix, ch.1.

53 H. Butterfield, *The Englishman and His History* (1944), p.103.

같이 쓰고 있습니다.「그는 참전할 생각은 없다. 그러나 내 생각 같아서는 사건에 밀려나가고 말 것 같다.」[54]「인간의 의도를 기본조건으로 한 설명」[55]이나 행위자 자신이 말한 동기에 대한 설명, 즉 왜「그들은 자신의 독자적인 판단에 따라 그와 같이 행동하게 되었는가」를 토대로 하여 역사를 쓸 수 있다고 주장하는 것은 모든 명백한 사실을 무시하는 것입니다.

역사상의 사실은 확실히 여러 개인에 관한 사실임에는 틀림이 없습니다. 그러나 그것은 개인이 고립해서 행한 행동에 관한 사실도 아니요, 또한 진실한 것이건 상상적인 것이건 개인들이 자기 행동의 동기였다고 생각하는 그러한 동기에 관한 사실도 아닙니다. 그것은 사회 속에 있는 개인들의 상호관계에 관한 사실이며 또한 개인행동으로 하여금 왕왕 행위자 자신의 의도와는 별개의 아니 때로는 반대의 결과까지를 초래하게 하는 사회적인 힘에 관한 사실인 것입니다.

콜링우드의 사관史觀에 관해서는 전번 강연에서도 논한 바 있습니다만 그 중요한 오류의 하나는 역사가들이 해명의 과제로 삼아온 행동의 배후 사상을 바로 행동자 개인의 사상이라고 생각했다는 점에 있습니다. 이것은 그릇된 억측입니다. 역사가에게 맡겨진 일은 행위의 배후에 있는 것을 해명한다는 일입니다만 행위자 개인의 의식적인 사상이나 동기는 이와는 전연 상치될 수도 있는 것입니다.

여기서 잠깐 역사에 있어서의 반역자나 이단자의 역할에 대해서

---

54 B. W. Tuchman, *The Zimmermann Telegram* (N. Y., 1958), p.180.에서 인용.

55 이 말은 I. Berlin, *Historical Inevitability* (1954), p.7.에서 인용했습니다. 이러한 견지에서 역사를 써야 한다는 권고가 여기에 실려져 있다고 여겨집니다.

말씀드려야겠습니다. 만일 사회에 반역하는 개인이라는 흔히 볼 수 있는 모습을 그려놓는다면 그것은 사회와 개인 간의 그릇된 대립을 다시 설정한다는 결과가 되고 맙니다. 어떠한 사회이건 완전히 동질적인 사회라는 것은 없는 법입니다. 모든 사회는 사회적 투쟁의 무대이며, 기존권익에 적대하여 몸을 내던지는 개인이라 할지라도 이를 저지하는 개인에 못지않게 사회의 산물, 사회의 반영인 것입니다. 리챠드 2세나 카더린 대제는 14세기의 영국과 18세기 후의 러시아의 강력한 사회적인 힘을 상징한 사람들입니다만 대농노반란大農奴叛亂의 지도적인 와트 타일러Wat Tyler나 푸가체프Pugachev도 이 점에 있어서는 다를 바가 없습니다. 국왕도 반도叛徒도 다같이 그들의 시대의 국가의 특수조건의 산물인 것입니다. 따라서 와트 타일러나 푸가체프를 사회에 반항하는 개인으로 그려낸다면 그것은 오견誤見이요 지나친 단순화입니다. 만일 그들이 그러한 인간에 불과했다면 그들의 이야기가 역사가들에게 전해졌을 까닭이 없습니다. 그들의 역사상의 역할은 그들을 따른 대중의 힘에 의한 것이며, 그것은 하나의 사회현상이기 때문에 중요한 것이지 그렇지 않다면 아무런 중요성도 없는 것입니다. 혹은 이보다도 좀 더 까다로운 수준에서, 뛰어난 반역자이며 동시에 개인주의자였던 인물을 골라 볼까요. 자기 시대의 사회와 국가에 니체보다도 더 난폭하고 철저하게 반항했다는 인물은 찾아보기 어려울 것입니다. 그러나 니체는 유럽사회의, 아니 특히 독일사회의 순수한 산물이었으며 중국이나 페루 같은 나라에서는 도저히 나타날 수 없는 인물이었습니다. 니체 개인이 표현하고 있었던 사회적인 힘이 얼마나 강하게 유럽적인 것이었는가, 아니 특히 독일적인 것이었는가는 동시대 사람들보다도 그가 죽고 나서 한 세대 뒤에 이르러서 더욱 뚜렷해졌습니다. 그리하여 니체는 자신의 세대보다도 후세 사람들에게 더욱 중요한 인물로 된 것입니다.

역사에 있어서의 반역자의 역할은 어딘가 위인의 역할과 유사한 점이 있습니다. 역사에 대한 위인학설—그 특수한 예의 하나가 선녀왕 엘리자베스학파Good Queen Bess School 같은 것이겠습니다만—은 근래에 와서는 이미 유행에서 뒤떨어져 버리기는 했습니다만, 그래도 이따금씩은 그 못생긴 고개를 쳐들곤 합니다. 제2차 세계대전 이후에 시작된 어떤 통속적인 역사교과서 시리즈의 편집자는 집필자들에게 「중요한 역사문제를 위인전기의 수법으로 파헤쳐 주기를」 권했습니다. 또한 A. J. P. 테일러 씨A. J. P. Taylor(1906~1990. 영국의 역사가)는 그의 논문 가운데서 「유럽의 근대사는 나폴레옹, 비스마르크, 레닌의 3대 거인을 소재로 하여 쓸 수 있다」[56]라고 말했습니다. 물론 좀 더 무게 있는 글을 쓸 때에는 그도 이러한 무모한 계획을 실천에 옮기지는 않았습니다만, 도대체 역사에 있어서의 위인의 역할이란 무엇이겠습니까. 위인도 일개 개인입니다만 탁월한 개인이기 때문에 역시 탁월한 중요성을 지닌 사회현상입니다. 기본은 「비상한 인물에게는 시대가 적합한 것이어야만 한다는 것, 그리고 오늘날 같으면 크롬웰이나 레스Jean Retz(1613~1679. 프랑스의 정치가·성직자)같은 인물들도 존재조차 없었을 것이라는 것은 명백한 진실이다」[57]라고 말했습니다. 마르크스는 『루이 보나파르트의 브류메르 18일*The Eighteen-*

56 A. J. P. Taylor, *From Napoleon to Stalin* (1950), p.74.

57 Gibbon, *Decline and Fall of the Roman Empire*, ch.70.

th Brumaire of Louis Bonaparte』에서 이와는 반대되는 현상을 다음과 같이 진단했습니다. 「프랑스의 계급전쟁은 형편없는 소인배들이 영웅의 탈을 쓰고 뻐기고 다닐 수 있는 환경과 관계를 만들어 냈다.」 만일 비스마르크가 18세기에 태어났더라면—물론 이것은 어리석은 가상입니다. 왜냐하면, 만일 그랬다면 그는 결코 비스마르크가 아니었을 것이니까—그는 독일을 통일하지도 못했을 것이고 위대한 인물도 못되었을 것입니다. 그러나 톨스토이처럼 위인이란 「사건에 이름을 달아 주는 꼬리표」에 불과한 것이라고 내리깔 필요는 없습니다. 물론 위인숭배에는 불길한 의미가 있을 때도 있습니다. 니체의 초인超人도 기분 나쁜 인물이 아닙니까? 히틀러의 경우라든가 소련에 있어서의 「인물숭배」의 무서운 결과 같은 것도 다시 생각해 볼 필요조차 없겠지요. 그러나 나 자신의 목적은 위대성을 깎아내린다는 데에 있지도 않고 「위인이란 거의 예외 없이 악인이다」라는 주장에 동조하고 싶은 생각도 없습니다. 내가 곤란하다고 생각하는 것은, 위인을 역사 밖에 앉혀 놓고서 그들은 위대하기 때문에 자신의 힘을 역사에 강요한다는 식으로 보는 견해입니다. 마치 「요술상자에서 튀어나오는 것처럼 알 수 없는 곳에서 위인이 기적처럼 튀어나와서 역사의 진정한 연속성을 중단한다」[58]고 보는 그런 견해 말입니다. 오늘날에 있어서도 헤겔의 고전적인 기술에는 다시 손을 댈 여지조차 없습니다:

> 한 시대의 위인이란, 시대의 의지를 표현하고, 시대의 의지를 전해주고, 그것을 완성하는 인간을 말한다. 그의 행위는 시대의 정수이자

58 V. G. Childe, *History* (1947), p.43.

본질이다. 그는 곧 자기 시대를 실현하는 것이다.[59]

리비스Frank Raymond Leavis(1895~1978. 영국의 평론가) 박사는 위대한 저술가는 「인간의 자각을 북돋아 준다는 점에서 중요하다」[60]고 말했습니다만 이 말도 어느 정도 비슷한 취지의 이야기라고 하겠습니다. 위대한 인물은 항상 현존하는 세력의 대표자이거나 그렇지 않으면 기존권위에 도전하는 방법을 통하여 그가 그 창조를 돕는 세력의 대표자인 것입니다. 그러나 나폴레옹이나 비스마르크와 같이 기존 세력에 업혀서 위대하게 된 인물들보다는 크롬웰이나 레닌과 같이 자기를 위대하게 만들어 준 세력 그 자체의 형성을 조력한 위인들의 창조력이 보다 높이 평가될 수 있을 것입니다. 또한 우리들은 자기 시대보다도 너무 앞섰기 때문에 그 위대성이 후대에 가서야 겨우 인정받게 된 위인들이 있다는 사실도 잊어서는 안 됩니다. 내가 중요하다고 생각하는 점은, 위인이란 역사적 과정의 산물 내지는 그 사역인使役人이면서도, 동시에 세계의 형세와 인간의 사상을 변화시키는 사회 세력을 대표하고 창조하는 뛰어난 개인을 가리키는 것으로 봐야 한다는 점입니다.

그런 까닭에 역사는 두 가지 어의語義의 어느 쪽으로 보나—역사가가 행하는 연구라는 뜻에서나 역사가가 연구하는 과거의 사실이라는 뜻에서나—하나의 사회적 과정인 것이며, 개인은 사회적 존재로서 이에 관여되고 있는 것입니다. 사회와 개인 간의 가상적인 대립이란

59 *Philosophy of Right* (English transl., 1942), p.295.
60 F. R. Leavis, *The Great Tradition* (1948), p.2.

것은 우리들의 사고를 혼란시키는 함정에 불과합니다. 역사가와 그의 사실과의 상호작용이라는 상호과정은, 나는 그것을 현재와 과거와의 대화라고 말한 바 있습니다만, 추상적인 고립된 개인들 사이의 대화가 아니라 금일의 사회와 지난날의 사회와의 대화인 것입니다.

부르크하르트의 말을 빌린다면, 역사란 「한 시대가 타 시대 속에서 주목할 만한 가치가 있다고 생각한 일들에 관한 기록」[61]인 것입니다. 과거는 현재의 빛에 비쳐졌을 때에만 비로소 이해될 수 있는 것이며 또한 현재도 과거의 조명 속에서만 충분히 이해될 수 있는 것입니다. 인간으로 하여금 과거 사회를 이해시키고 현재 사회에 대한 그의 지배를 증진시킨다는 것이 역사의 이중적 기능인 것입니다.

---

61 J. Burckhardt, *Judgement on History and Historians* (1959), p.158.

3

역사와 과학과 도덕

나는 어렸을 적에 고래가 그 모양과는 달리 물고기가 아니라는 것을 배우고 적지 않은 감명을 받았습니다. 물론 지금에 와서는 이러한 분류의 문제가 별로 대단하게 생각될 리도 없고, 따라서 역사는 과학이 아니라는 다짐을 받는다고 해도 크게 마음이 상할 것 까지는 없습니다. 이것은 영어에만 국한된 특유한 용어상의 문제입니다. 유럽의 기타 언어에 있어서는 과학에 해당하는 말 속에는 어김없이 역사가 포함되어 있습니다. 그러나 영어사용 세계에 있어서는 이 문제는 긴 내력을 지니고 있는 것입니다. 그렇기 때문에 여기서 생기는 논쟁점은 역사의 방법이라는 문제에 대한 알맞은 서론이 될 것입니다.

18세기 말엽이라면 과학이 세계에 관한 인간 지식과 인간 자신의 생리적 속성에 관한 지식에 눈부신 공헌을 한 시기입니다만, 과학은 사회에 대한 인간지식도 증진시킬 수 있을 것인가라는 문제가 제기되기 시작한 것도 바로 그 당시의 일입니다. 그 후로 사회과학의 개념, 그리고 사회과학의 일부인 역사의 개념은 19세기를 통하여 점차로 발전해 나갔고, 자연계의 연구에 적용된 과학의 방법은 인간문제를 연구하는 데에도 적용되기에 이르렀습니다. 이시대의 첫 단계에 있어서의 뉴튼의 전통이 지배적이었습니다. 사회는 자연계와 마찬가지로 기계적인 것으로 간주되었습니다. 1851년에 출판되었던 허버트 스펜서Herbert Spencer의 『사회정학社會靜學, *Social Statics*』이라는 책이름은 아직도 우리들의 머리 속에 남아 있습니다. 버트란드 러셀Bertrand Russell도 이러한 전통 속에서 자라난 사람입니다만 후일 그는 머지않아 「기계수학처럼 정밀한 인간행동의 수학」[62]이 탄생할 것으로 기대하고 있었던 시절을 회고하고 있습니다. 그러하던 때에 다윈은 또 하나의 과학혁명을 일으켰고, 생리학에서 암시를 얻은 사회과학자들은 사회를 하나의 유기체로 생각하기 시작했습니다.

그러나 다윈혁명에 있어서 정말로 중요한 것은 다윈이 라이엘Charles Lyell(1797~1875. 영국의 지질학자)이 지질학에서 이미 시작했던 일을 완성해 가지고 과학 속에 역사를 도입했다는 점에 있습니다. 과학은 이미 정적인 것, 무시간적인 것을 취급하는 것이 되었습니다.[63] 그리하여 과학에 있어서의 진화는 역사에 있어서의 진보를 확증하고 보완해 준 셈입니다. 그러나 내가 첫 번 강연에서 말씀드린 바 있는 역사학의 방법에 관한 귀납적인 견해를 뒤집을 만한 일은 아무것도 일어나지 않았습니다. 즉, 우선 사실을 수집하라, 그리고 나서 이를 해석하라는 방법 말입니다. 이것 역시 과학의 방법이란 것이 문제없이 전제되고 있었던 것입니다. 1903년 1월에 있었던 취임강연의 마지막 말에서 뷰리Bury는, 역사는 「하나의 과학이요, 그 이상의 것도 그 이하의 것도 아니다」라고 말했습니다만, 그 때에 뷰리가 생각하고 있었던 견해도 틀림없이 이상과 같은 것이었습니다. 그러나 뷰

62 B. Russell, *Portraits from Memory* (1958), p.20.

63 브래들리는 그 후 1874년에 무시간적이고 항구적인 것을 다루는 과학을 역사와 구별하고 있습니다(F. H. Bradley, *Collected Essays* (1935), I, p. 36).

리의 취임강연이 있은 뒤 약 50년간에 걸쳐서 이러한 역사관에 대한 강한 반동이 일어났습니다. 콜링우드는 1930년대에 저작활동을 하는 동안 과학 연구의 대상인 자연의 세계와 역사의 세계를 명확히 구분한다는 일에 특별한 열의를 보였습니다. 그러나 역사가들이 당시에 유의하지 못했던 점은 과학 그 자체도 근본적인 혁명을 겪었다는 점입니다. 이런 점으로 보아서는 뷰리의 견해도 물론 다른 이유에서입니다만 우리들이 생각했던 것보다는 훨씬 정당했다고 생각되는 것입니다. 라이엘이 지질학에서 하고 다윈이 생물학에서 한 일은 오늘날 천문학에서도 이루어져서 천문학은 우주가 어떻게 하여 금일의 상태에 이르렀는가를 연구하는 과학이 되었습니다. 현대의 물리학자들도 역시 자기들이 연구하는 것은 사실이 아니라 사건이라는 말을 부단히 강조하고 있는 실정입니다. 오늘날 역사가들이 백 년 전에 비하여 과학의 세계에서 보다 안쾌한 기분을 느낄 수 있다는 데에는 상당한 이유가 있습니다.

그러면 우선 법칙이란 대체 무엇인가라는 문제부터 생각해보기로 합시다. 18~19세기를 통해서 과학자들은 자연에 관한 여러 법칙—뉴튼의 운동의 법칙,인력의 법칙, 보일의 법칙, 진화의 법칙 등—이 이미 발견되었고 또한 결정적으로 증명되었다고 생각하고 있었습니다. 그리하여 그들이 할 일은 관찰된 사실을 귀납적으로 처리하여 이와 같은 법칙을 더욱 많이 발견하고 증명한다는 것이라고 생각했습니다. 갈릴레오와 뉴튼 이후로 과학이라는 말은 영광의 구름을 타고 전해져 내려왔습니다. 사회학도들도 의식적이건 무의식적이건 자기들의 연구에 대한 과학적인 지위를 희구하여 과학에 쓰는 용어를 사용하고 자기들도 과학과 동일한 연구방법을 따르고 있다고 믿었습니다. 경제학자들은 그레샴의 법칙, 애덤 스미스의 시장市場의 법칙 등을 가지고 이 분야의 선두를 달리고 있다고 믿었습니다. 버어크Edmund Burke(1729~1797. 영국의 정치가·정치사상가)는 「자연의 법칙이고 따라서 신의 법칙이기도 한 상업의 법칙」[64]의 조력에 호소하였습니다. 맬서스는 인구의 법칙을, 라살(Lasalle)은 임금賃金의 철칙을 제기했고, 마르크스는 자본론의 서문에서 「근대사회의 경제적 운동법칙」을 발견했다고 주장했습니다. 버클Henry Thomas Buckle(1821~1862. 영국 역사가)은 그의 『문명사*History of Civilization*』의 권말에서 인간사의 진행과정은 「규칙성이라는 보편적이고 변함없는 영광스러운 원리에 의하여 관철되고 있다」는 소신을 표명했습니다. 그러나 지금에 와서는 이러한 말투는 거만하고 낡아빠진 인상을 주고 있습니다. 그것은 비단 사회과학자들에게 대해서 뿐만 아니라, 자연과학자들에게 대해서도 거의 마찬가지인 것입니다.

뷰리의 취임강연이 있었던 바로 전년前年에 프랑스의 수학자 앙리 푸앙카레Henri Poincare는 『과학과 가설*La Science et l'hy-pothése*』이라는 조그마한 책을 내놓았는데, 이 책은 과학적 사고에 대한 하나의 혁명을 일으켜 놓았습니다. 푸앙카레의 주요논지는 다음과 같은 것이었습니다. 즉, 과학자들이 언명하는 공리公理라는 것은 그것이 단순한 정의, 즉 용어상의 약속의 위장에 불과한 것이 아닌 다음에는 앞으로의 사

64 *Thoughts and Details on Scarcity* (1795) in *The Works of Edmund Bruke* (1846), iv, p.270.; 버어크는 「빈민들에게 그러한 생활품을 얼마동안 주지 않아야 한다는 것은 신의에 합당한 일이니까, 정부라 한들 부자들이라 한들 그것을 제공해 줄 권한은 있을 수 없다」고 추론하고 있습니다.

고를 결정시키고 조직하기 위하여 만들어낸 가설이라는 것이며, 따라서 그것은 검증되고 논박을 받을 위치에 놓여 있다는 것입니다. 오늘날에 와서는 이러한 것 전부는 상식과도 같은 것으로 되어 버렸습니다. 「나는 가설을 안 만든다」라는 뉴튼의 장담도 지금은 공허하게 들릴 뿐입니다. 물론 과학자들은 사회과학자들까지도 아직도, 때에 따라서는 법칙에 대해서 운운 안하는 것은 아닙니다. 그러나 이것은 말하자면 옛 정 때문이고, 18~19세기의 과학자들이 전반적으로 믿고 있었던 그러한 의미 하에서 법칙의 존재를 믿는 사람이란 아무도 없습니다. 과학자들의 발견이나 새로운 지식의 획득도 정밀한 포괄적인 제諸법칙을 확립함으로써 이룩되는 것이 아니라 새로운 연구분야를 열어 줄 여러 가설을 설정함으로써 이룩된다는 것은 이미 인정된 사실입니다. 미국의 두 과학자가 과학적 방법에 대하여 쓴 표준적인 교과서에는 과학적 방법은 본질적으로 순환적인 것이라고 쓰여져 있습니다:

> 우리들은 경험적 자료, 즉 「사실」이라고 간주될 수 있는 것의 힘을 빌려서 원리에 대한 증거를 얻고, 다음으로는 이 원리를 토대로 하여 경험적 자료를 선택하고 분석하고 해석한다.[65]

「순환적」이라는 말보다는 「상호적」이라는 말이 보다 적절했을 뻔했습니다. 왜냐하면 그 결과는 다시 동일한 장소에 되돌아가는 것이

65 M. R. Cohen and E. Nagel, *Introduction to Logic and Scientific Method* (1934), p.596.

아니라 원리와 사실, 이론과 실제 사이의 상호작용 과정을 통해서 새로운 발견을 향해 전진하는 것이기 때문입니다. 여하한 사고이건 관찰에 토대를 둔 어느 정도의 전제를 허용 안 할 수는 없습니다. 과학적인 사고도 이러한 전제 위에서 비로소 가능한 것입니다만, 이 전제는 다시 사고 자체의 조명하에서 수정되어 나갈 위치에 놓여 있는 것입니다. 이상과 같은 가설은 일정한 관련하에서나 일정한 목적을 위해서는 충분히 유효할 수 있겠지요. 그러나 그 밖의 경우에 있어서는 무효한 것이 되어 버리는 것입니다. 유효성의 표준은 어떤 경우에 있어서나 경험적인 것으로써 그러한 가설이 새로운 통찰을 증진시키고 우리들의 지식을 증대하는 데에 실지로 유효한가 못한가에 달린 것입니다. 최근에 러더퍼드Ernst Rutherford(1871~1937. 영국의 원자물리학자)의 방법을 그의 가장 뛰어난 제자, 동료학자들 중의 한 사람이 다음과 같이 기술하였습니다.

> 그는 핵현상이 어떻게 작용하는가를 알고자 하는 억제할 수 없는 충동을 가지고 있었는데, 그것은 마치 사람들이 부엌에서 하는 일을 설명하는 것처럼 설명할 수 있는 그런 성질의 지식이었다. 내가 믿는 바로서는, 그는 일정한 기본적 법칙을 사용하는 고전적인 이론방식 하에서 설명을 구하지는 않았다. 무엇이 일어나고 있는가를 알고 있는 한 그는 만족이었다.[66]

---

66 Sir Charles Ellis in *Trinity Review* (Cambridge, Lent Term, 1960), p.14.

이것은 역사가에게도 그대로 들어맞는 이야기입니다. 그들 역시 기본 법칙을 탐구한다는 것은 단념하고 사물의 동태를 연구하는 것으로만 만족하고 있는 것입니다.

역사가들이 연구과정에서 사용하는 가설의 지위와 과학자들이 사용하는 가설의 지위와의 사이에는 놀라운 유사성이 있다고 생각됩니다. 프로테스탄티즘과 자본주의와의 관계에 대한 막스 베버의 유명한 진단을 예로 들어봅시다. 오늘날 그것을 법칙이라고 부를 사람은 아무도 없을 것입니다. 그러나 예전 같으면 이런 것도 법칙이라고 법석댈 수도 있었을 것입니다. 결국 그것은 하나의 가설입니다. 이 가설은 그것을 계기로 하여 일어난 제諸연구의 진행도상에서 어느 정도의 수정은 받았습니다만, 그래도 상기한 두 운동에 관한 우리들의 이해를 넓혀 주었다는 점에 대해서는 의심할 여지가 없습니다. 혹은 마르크스의 다음과 같은 주장을 들어 볼까요. 「손절구는 우리들에게 봉건 영주의 사회를 부여하고, 증기제분기는 우리들에게 산업자본가의 사회를 부여한다.」[67] 아마도 마르크스는 이것을 법칙이라고 말할 수는 없는 것이며 다만 앞날의 연구와 새로운 이해에의 길을 제시해 주는 유효한 가설에 불과한 것입니다. 이와 같은 가설은 사상의 불가결한 도구입니다. 1900년대 초기의 유명한 독일의 경제학자 베르너 좀바르트Werner Sombart(1863~1941. 독일의 경제학자)는 마르크스주의를 버린 사람들을 엄습하는 「불안감」을 다음과 같이 고백하였습니다.

---

67 *Marx-Engels: Gesamtausgabe*, I, vi, p.179.

지금까지 착잡한 현실 속에서 우리들을 이끌어 준 안쾌한 공식을 잃어버렸을 적에……우리들은 새로운 발판을 발견할 때까지, 즉 수영을 배울 때까지는 사실事實의 대해大海 속에 빠져 들어갈 때와도 같은 기분을 맛보게 된다.[68]

역사에 있어서의 시대 구분에 관한 논쟁도 마찬가지 성질에 속한 문제입니다. 역사에 있어서의 시대 구분이란 사실이 아니라 하나의 필요한 가설 혹은 사상의 도구에 불과합니다. 그것은 역사 해명에 도움이 될 수 있는 한에 있어서만 유효한 것이며 그 유효성도 해석 여하에 달린 것입니다. 중세의 마지막은 언젠가라는 문제에 의견을 달리하는 역사가들은 일정한 사건에 대한 해석에 있어서도 입장을 달리하고 있는 것입니다. 이것은 사실에 관한 문제는 아닙니다만 그렇다고 해서 무의미한 것도 아닙니다. 역사를 지리적 단위로 구분짓는다는 것도 역시 사실은 아니고 하나의 가설입니다. 말하자면 유럽사라는 것은 어떤 조건하에서는 유효 유익한 가설일 수 있겠습니다만 딴 조건하에서는 그릇되고 유해한 것이 될 수도 있는 것입니다. 대부분의 사가들은 러시아를 유럽의 일부로 봅니다만, 어떤 사가들은 기어코 이에 반하여 판단지을 수 있는 것입니다. 여기서 나는 사회과학의 방법에 대한 하나의 포괄적인 선언을 인용해야만 하겠습니다. 그 이유는 그것이 자연과학자로서의 수련을 쌓는 위대한 사회과학자의 발언이기 때문입니다. 죠르쥬 소렐Georges Sorel(1847~1922)은 40대

---

68 W. Sombart, *The Quintessence of Capitalism* (Engl. transl., 1915) p.354

에 이르러서 사회문제에 관한 저작을 시작하기 전까지는 기술자로서 일해 온 사람입니다만, 그는 어떤 상황하에서는 과도한 단순화라는 모험을 무릅쓰고라도 특정한 요소를 분리해 낼 필요가 있다고 강조했습니다.

우리들은 자기의 길을 의식하면서 걸어나가야만 한다. 우리들은 타당해 보이는 부분적인 가설들을 시험해봐야 하며, 발전적인 수정의 여지가 항상 남아 있도록 잠정적인 근사치를 가지고 만족해야만 한다.[69]

이것은 과학자나 액튼과 같은 역사가들이 잘 검증된 사실들을 수집함으로써, 모든 논란점을 일거에 해결할 수 있는 명확한 지식의 일대 체계를 수립할 수 있을 날이 언젠가는 오리라고 기대하고 있었던 19세기와는 거리가 먼 이야기입니다. 오늘날 과학자들과 역사가들이 품고 있는 희망은 보다 온건한 것입니다. 즉 하나의 단편적인 가설로부터 또 하나의 단편적인 가설을 찾아서 점진적으로 전진하며, 해석을 매개로 하여 사실을 추출하고 다음으로는 추출된 사실을 가지고 해석을 테스트한다는 식으로 말입니다. 나로서는 그들이 따르고 있는 이상과 같은 연구방법에 있어서 과학자나 역사가가 본질적으로 다르다고는 생각되지 않습니다. 첫 번 강연 때에 나는 「역사는 결코 사실 그것이 아니라 인정된 판단의 체계」라는 베라클루 Barraclough 교수의 말을 인용한 바 있습니다. 내가 이 강연을 준비하고 있을 때에도 본 대학 출신인 한 물리학자는 BBC 방송을 통해서 과

69 G. Sorel, *Matériaux d'une théorie du prolétariat* (1919), p.7.

학적인 진리란「전문가들에 의해서 널리 인정되어 온 주장이다」라고 정의했습니다.[70] 그렇다고 해서 위에 열거한 정의들이 전적으로 만족스럽다는 것은 아닙니다.—그 이유에 대해서는 객관성의 문제를 말씀드릴 기회에 다시 논급하기로 하겠습니다. 그러나 역사학자와 물리학자가 동일한 문제를 전연 같다고 할 수 있을 정도의 말로 제각기 규정하고 있다는 사실은 놀라운 일입니다.

그러나 주지하는 바와도 같이 유추類推란 부주의한 인간에게는 함정과도 같은 것이기 때문에 나는 다음과 같은 소신을 가진 사람들의 의견을 신중히 고려해볼까 합니다. 즉 그들의 견해에 의하면, 같은 자연과학에서도 수리數理에 관한 과학과 자연계에 관한 과학과의 사이에는 큰 차이가 있으며, 또한 동일한 과학분야 안에서도 각 학문 간에는 큰 차이가 있습니다. 따라서 과학과 역사 사이에는 근본적인 구분이 설정될 수 있다는 것이며, 이와 같은 차이점으로 봐서 역사를—역사 이외의 소위 사회과학들도 마찬가지겠습니다만—과학이라고 부른다는 것은 잘못이라는 것입니다. 이러한 반론—그들 사이에도 설득력의 차이는 있습니다만—을 요약하면 다음과 같을 것입니다. (1) 역사는 전적으로 특수적인 것을 취급하나 과학은 일반적인 것을 취급한다. (2) 역사는 교훈을 가르치는 것은 아니다. (3) 역사는 예견할 수 없다. (4) 역사는 불가피하게 주관적일 수밖에 없다. 왜냐하면 인간이 인간 자신을 관찰하는 것이기 때문에. (5) 역사는 과학과는 달리 종교와 도덕의 문제를 내포한다.

---

70 Dr. J. Ziman in *The Listener*, 18 August, 1960.

그러면 이상의 제諸논점을 하나하나 차례로 검토해보기로 하겠습니다.

첫째로 역사는 특수와 개별을 취급하고, 과학은 일반적인 것과 보편적인 것을 취급한다고 주장되고 있습니다. 이 견해는 원래 아리스토텔레스에서 시작되었다고 말할 수 있습니다. 그는 역사는 개별을 취급하나 시는 일반적 진리를 취급하는 것이기 때문에 시가 역사보다도 「더욱 철학적」이고 「더욱 심오」하다고 언명했습니다.[71] 콜링우드에 이르기까지의[72] 후세의 많은 저술가들도 대체로 이와 비슷한 방법으로 과학과 역사를 구분해왔습니다. 그러나 이것은 하나의 오해에 기인하고 있다고 생각됩니다. 「이 세상에는 명칭 이외에는 보편적인 것이라곤 아무것도 없다. 같은 명칭을 가진 사물도 그 하나하나는 모두가 개별적이고 단일한 것이다」[73]라고 말한 홉스Hobbes의 명언은 의연히 타당합니다. 또한 이것은 자연과학에 있어서도 진실임에 틀림없습니다. 지질학에 있어서도 똑같은 두 개의 지층은 있을 수 없고, 동종의 동물이라 해도 똑같은 두 마리의 동물이 있을 수는 없고, 두 개의 원자도 동일할 수는 없는 것입니다. 동일한 두 역사적 사건이 없다는 것도 이와 다를 것은 없습니다. 그러나 역사적 사건의 특수성에 대한 고집은 일종의 마비적 효과를 지니는 것으로써, 이러한 효과는 버틀러Joseph Butler(1692~1752. 영국의 신학자·성직자) 주교로부터 무어George Edward Moore(1873~1958. 영국의 철학자)가 물려받아서

71 *Poetics*, ch. ix.

72 R. G. Collingwood, *Historical Imagination* (1935), p.5.

73 *Leviathan*, I, iv.

한때는 특히 언어 철학자들이 애용한 바 있는 「모든 사물은 있는 그대로이지 그 이외의 것은 아니다」라는 진부한 말에서도 엿볼 수 있는 것입니다. 만일 여러분들이 이러한 방향으로 나가신다면 얼마 안 가서 열반경涅槃境에 도달하여 거기서는 어떤 일에 대해서나 의미있는 말이라고는 한 마디도 할 수 없게 될 것입니다. 우선 언어를 사용한다는 그 자체부터가 역사가로 하여금 과학자나 마찬가지로 일반화를 불가피하게 만들고 있는 것입니다. 펠로폰네소스 전쟁과 제2차 세계대전은 크게 다른 것이고 또한 양자가 모두 특수합니다. 그러나 역사가들은 양자를 모두 전쟁이라고 부르며 오직 현학적인 인간만이 이에 반대할 것입니다. 기본이 콘스탄티누스 대제의 의한 그리스도교의 공인과 이슬람교의 발생을 둘 다 혁명이라고 기술했을 때에[74] 그는 두 개의 특수 사건을 일반화하고 있었던 것입니다. 현대 역사가들도 그들이 영국, 프랑스, 러시아, 중국 등의 혁명을 논할 때에는 마찬가지 일을 하고 있는 것입니다. 역사가들이 진실로 관심을 가지는 것은 특수한 것이 아니라 특수한 것 속에 있는 일반적인 것입니다. 1920년대에 역사가들 간에는 1914년의 전쟁의 원인에 관한 논의가 벌어지고 있었습니다만, 당시에 있어서는 이 전쟁은 비밀리에 여론의 견제를 받지 않고 활동한 외교관들의 실책에 의한 것이었거나, 그렇지 않으면 세계가 불행하게도 지역적인 주권국가로 갈려져 있었기 때문에 일어났다는 사고思考의 논의가 일반적인 것이었습니다. 그러나 1930년대에 들어와서는 이 전쟁은 몰락기 자본주의의 세계분

74 *The Decline and Fall of the Roman Empire*, ch. xx, ch.50

할의 충동에 밀려나간 제국주의 열강 사이의 적대관계 때문에 일어났다는 사고 하의 논의가 지배적이었습니다. 이상과 같은 논의는 모두가 전쟁의 원인, 적어도 20세기의 조건하에 있어서의 전쟁의 원인에 대한 일반화를 내포하고 있었던 것입니다.

역사가란 언제나 자신의 증거를 시험하기 위해서는 일반화를 이용하는 법입니다. 만일 리챠드 Ⅲ세Richard Ⅲ(재위 1483~1485. 영국 국왕)가 런던탑 속에서 왕자들을 죽였는가에 대한 증거가 불명할 경우에는 역사가들은 왕위를 노릴 유력한 경쟁자를 없애버린다는 것이 그 당시의 지배자들의 습성이었는가—의식적이라기보다는 무의식적으로—자문해 볼 것입니다. 그리고 나서 극히 당연한 이야기입니다만 그의 판단은 이 일반화 여하로 결정될 것입니다.

역사를 읽는 사람 역시 역사를 쓰는 사람과 마찬가지로 일반화의 상습자들입니다. 그들은 역사가들의 관찰 결과를 자기에게 가까운 그 밖의 역사상황에—아마도 자기 자신의 시대에—적용해 보는 것입니다. 나는 칼라일의 『프랑스혁명사』를 읽었을 때에 자신이 칼라일이 내린 소견을 러시아혁명의 특별히 관심이 있는 대목에 적용하면서 일반화하고 있다는 사실을 몇 번이고 의식했던 것입니다. 테러에 관한 대목에서 일례를 든다면, 테러는:

> 공정한 사법이 시행되고 있었던 나라에 있어서는 무서운 일이었지만—그러한 것을 알지 못하고 있었던 나라에 있어서는 그리 부자연스러울 것도 없었다.

보다 더 뜻 깊은 예로서는:

이 시대의 역사가 대부분 히스테릭한 모양으로 서술되었다는 것은 지극히 당연하다고는 하겠으나 불행한 일이다. 과장, 증오, 비탄이 충만되어 있고, 말하자면 전체가 암흑으로 차 있는 것이다.[75]

또 하나를 16세기의 근대 국가의 발전을 논한 부르크하르트의 글 속에서 찾아본다면:

새로 일어난 신흥국가일수록 정지해 있기가 어려운 것이다.—그 첫째 이유는 그러한 나라의 건립자들은 급격한 전진의 습성이 붙어 있기 때문이며 또한 그들의 본질은 현재로나 장차로나 개혁자로서의 면목을 지닐 것이기 때문이다. 두 번째의 이유는 그들이 형성했거나 정복한 제諸세력은 새로운 폭력행위를 통해서만 발휘될 수 있기 때문이다.[76]

일반화와 역사와는 연緣이 멀다는 이야기는 넌센스입니다. 역사는 일반화 위에서만 생장할 수 있습니다. 엘튼Godfrey Elton(1892~1973. 영국 역사가) 씨가 신판 『케임브리지 근대사』 중의 한 책에서 맵시 있게 말하고 있듯이 「역사가를 역사 사실의 수집가와 구별해 주는 것은 일반화입니다.」[77] 아마도 그는 자연과학자를 박물학자나 표본 수집

75 *History of the French Revolution*, I, v. ch.9; III, I. ch.1
76 J. Burckhardt, *Judgements on History and Historians* (1959), p.34.
77 *Cambridge Modern History*. ii (1958), p.20.

자로부터 구별해 주는 것도 이와 같은 일반화라는 말을 첨가할 수도 있었을 것입니다.

그렇다고 해서 일반화라는 것이 개개의 사실을 맞추어 넣을 수 있는 역사의 대체계大體系의 구성을 허용한다고 생각해서는 안 됩니다. 마르크스는 이와 같은 체계를 세웠다거나 믿고 있었다거나 해서 흔히 비난을 받는 사람들 중의 한 사람입니다만 그의 서한 속에서 이 문제를 올바르게 제시해 줄 만한 한 구절을 요약 인용해 보겠습니다:

> 놀랍도록 비슷한 사건도 상이한 역사적 환경 속에서 일어나면 전연 다른 결과를 낳게 된다. 이와 같은 사건의 진행을 각각 따로 연구한 다음에 이를 서로 비교한다면 이 현상을 이해하는 열쇠는 쉽사리 찾아낼 수 있다. 그러나 역사를 초월한다는 것을 최대의 덕으로 삼는 역사철학의 이론이 제공하는 열쇠를 가지고서는 결코 이상과 같은 이해에는 도달할 수 없다.[78]

역사는 특수한 것과 일반적인 것과의 관계를 취급하는 것입니다. 여러분이 역사가인 이상 사실과 해석을 분리시킬 수 없듯이 이 양자도 서로 떼놓을 수는 없는 것이며 또한 양자 중의 하나만을 우위에

---

78 Marx and Engels, *Works* (Russian ed.), xv, p.378. 이 구절이 인용된 편지는 러시아의 잡지 *Otechestvennye Zapiski* 1877년도 판에 실려 있습니다. 포퍼 교수는 역사의 경향 혹은 주조(主潮)는 「보편적 법칙만으로부터 직접 도출될 수 있다」는 신앙, 즉 소위 그가 말하는 「역사주의의 중심오류(中心誤謬)」라는 것과 마르크스와를 관련시키고 있는 것 같습니다 (*The Poverty of Historicism* (1957), p.128~9): 그러나 이것은 마르크스가 분명히 부정한 점입니다.

올려놓을 수도 없는 것입니다.

아마도 여기서 역사학과 사회학의 관계에 대해서 간단히 말씀드리는 편이 좋을 듯합니다. 오늘날 사회학은 상반되는 두 위험—지나친 이론화라는 위험과 경험에 너무 치우친다는 위험—에 직면하고 있습니다. 첫 번 것은 사회 일반에 대한 추상적이고 무의미한 일반화에만 몰두하여 자기상실을 초래한다는 위험성을 말하는 것입니다. 고답적인 추상적인 사회라는 것은 고답적인 추상적인 역사와 마찬가지로 우리들을 현혹시키는 오류인 것입니다. 역사가 기록하는 특수 사건들을 일반화한다는 것이 사회학의 특수한 임무라고 생각하는 사람들 때문에 이 위험성은 더욱 절실해졌습니다. 심지어는 사회학에는 「법칙」이 있다는 점에서 역사학과는 구별된다는 말까지 주장되어온 형편입니다.[79] 또 하나의 위험은 약 30년 전에 칼 만하임Karl Mannheim(1893~1947. 독일 사회학자)이 이미 예견한 것처럼 사회학이 「사회 재조정이라는 일련의 단편적인 기술문제로 분해되어 버린다」[80]는 것입니다만, 오늘날에 와서는 그 위험성은 더욱 현저해지고 있습니다. 사회학은 역사적 사회를 취급하는 것이고 각 사회는 독

---

79 포퍼 교수의 견해도 이런 것이라고 생각됩니다.(*The Open Society*, (2nd ed., 1952), ii, p.322). 불행하게도 그는 사회학적 법칙의 예라는 것을 하나 들고 있습니다. 「사상의 자유와 사상의 교류의 자유가 법적인 제도에 의해서, 그리고 토론의 공개성을 보장하는 제도에 의해서 효과있게 보장되고 있는 곳에서는 과학의 발전이 이루어질 것이다.」 이것은 1942년엔가 1943년에 쓴 것으로서, 서구민주주의가 그 제도적인 조건 때문에 계속해서 과학발달의 선두에 설 것이라는 신념에 의해서 고무되었다는 것이 분명합니다. 그러나 이러한 신념은 소련에 있어서의 발전 때문에 소멸되었거나 결정적으로 약화되어 버렸습니다. 결국 그것은 법칙은커녕 유효한 일반화 정도의 것도 못되었던 것입니다.

80 K. Mannheim, *Ideology and Utopia* (Engl. transl., 1936), p228.

자적인 역사적 경력과 조건에 의하여 형성된 특수한 것입니다. 그러나 계산이라든가 분석이라든가 하는 이른바 「기술적」인 문제에만 자기를 국한시키고 일반화와 해석을 회피한다는 것은 정적靜的인 사회의 무의식인 옹호자가 된다는 것에 불과합니다. 만일 사회학도 풍부한 연구 영역이 되려고 한다면 역사학과 마찬가지로 특수한 것과 일반적인 것과의 관계를 취급해야만 합니다. 뿐만 아니라 그것은 동적인 학문—정지한 사회(이러한 사회는 없는 것이니까)에 대한 연구가 아니라 사회의 변화와 발달에 대한 연구—이 되어야 하겠습니다. 결국 내가 할 말은 역사학이 사회학적인 것으로 되면 될수록, 사회학이 역사적인 것으로 되면 될수록 쌍방을 위해서 더욱 이롭다는 것뿐입니다. 양자 간의 경계선을 넓게 개방하여 상호간의 교류를 크게 펴놓읍시다.

일반화의 문제는 역사의 교훈이라는 나의 제2의 문제와 밀접히 관련되어 있습니다. 일반화라는 문제의 진정한 핵심은 이를 통해서 역사로부터 교훈을 얻으려는 데에 있는 것입니다. 즉 어떤 한 경우의 사건에서 얻어낸 교훈을 딴 대목의 사건에 적용한다는 것입니다. 우리들이 일반화를 할 때에는 의식적이건 무의식적이건 이러한 일을 시도하고 있는 것입니다. 일반화를 거부하고 역사는 특수만을 취급한다고 주장하는 사람들이란 논리적으로 봐서 분명히 역사에서는 아무것도 배울 수 없다는 사람들이라고 하겠습니다. 그러나 사람이 역사로부터 아무것도 배우지 않는다는 것은 우리 목전의 많은 사실과 어긋나는 것입니다.

1919년에 나는 영국 대표단의 하급 단원으로 파리 강화회의에 참석하고 있었습니다. 당시 대표단의 전원은 유럽 최대의 강화회의였던 백 년 전의 비인 회의에서 교훈을 얻을 수 있으리라고 믿고 있었습니다. 그 당시에는 육군성에 근무하고 있었던 캡틴 웹스터Captain Webster라는 사람, 즉 지금의 저명한 역사가 찰스 웹스터Sir Charles Webster 경은 한편의 소론小論을 써 가지고 그러한 교훈이 무엇인가를 우리들에게 말해주었습니다. 그 중 두 가지만은 지금도 내가 기억하고 있습니다. 그 하나는 민족자결의 원칙을 무시하고서 유럽의 새 지도를 만든다는 것은 위험하다는 것입니다. 또 하나는 비밀문서를 휴지통 속에 버리는 것은 위험하며, 버린 휴지들은 타국 대표단의 정보원들이 틀림없이 산다는 것이었습니다. 이러한 역사적 교훈은 복음과도 같이 존중되어 우리들의 행동에 영향을 끼쳤습니다. 이것은 근래의 하잘 것 없는 한 실례에 불과합니다. 그러나 보다 먼 역사 속에서도 그보다 앞선 과거가 남긴 교훈의 영향을 찾아낸다는 일은 어렵지 않습니다. 고대 그리스가 로마에게 큰 충격을 주었다는 사실은 누구나 다 알고 있습니다. 그러나 로마 사람들이 헬라스의 역사로부터 얻은 교훈이나 혹은 얻었다고 생각한 교훈에 대해서 명확한 분석을 해본 역사가가 있었는지 나로서는 아는 바 없습니다. 17, 18, 19세기의 유럽 사람들이 구약성서에서 어떠한 교훈을 끌어냈는가를 조사해도 적지않은 성과를 얻을 수 있을 것입니다. 이런 요소를 제쳐놓고서 영국의 청교도혁명을 충분히 이해한다는 것은 불가능한 일입니다. 또한 선민사상選民思想은 근대의 내셔널리즘의 대두에 있어서도 하나의 중요한 요인이었습니다. 고전 교육의 각인刻印은 19세기 영국의 새로운 지배계급의 머리속에 깊은 흔적을 남겨 놓았습니다. 이미

위에서 본 바와도 같이 그로트는 새로운 민주주의의 모범으로써 아테네를 논하였습니다. 대영제국의 건설자들이 의식적으로나 무의식적으로나 로마제국의 역사로부터 물려받은 광범하고도 중요한 교훈에 대하여 연구한 것이 있다면 한 번 읽어보고 싶습니다. 나 자신의 전문분야에서 본다면, 러시아혁명을 수행한 사람들은 프랑스혁명, 1848년의 혁명, 1871년의 파리 코뮨의 교훈으로부터 깊은 감명을 받고—사로잡혀 있었다고 말해도 괜찮겠지요—있었습니다.

그러나 여기서 나는 역사의 이중적인 성격이 부과하는 조건을 생각하게 됩니다. 역사에서 교훈을 얻는다는 것은 결코 단순한 일방적인 과정은 아닙니다. 과거의 빛에 비추어서 현재를 배운다는 것은 동시에 현재의 빛에 비추어서 과거를 배운다는 것을 의미합니다. 역사의 기능은 과거와 현재간의 상호관계를 통해서 양자에 대한 보다 깊은 이해를 북돋아 주는데 있습니다.

제3의 논점은 역사에 있어서의 예언의 역할이라는 것입니다. 역사는 과학과 달라서 장래를 예견할 수 없기 때문에 그로부터는 아무런 교훈도 얻을 수 없다고들 말합니다. 이 문제에는 수많은 오해가 엉겨져 있습니다. 위에서 본 바와도 같이, 오늘날에 와서는 이미 과학자들도 자연의 법칙이라는 것을 이전처럼 열심히 역설하지는 않게 되었습니다. 우리들이 일상생활 속에서도 영향을 받고 있는 소위 과학적인 법칙이란 것도 사실인즉 하나의 경향성을 이야기하고 있는 것, 말하자면 딴 조건이 동일한 경우에나, 실험실의 조건하에서만 일어나게 될 일들을 이야기함에 불과합니다. 그것들은 구체적인 경우에 무엇이 일어날 것인가를 예언할 능력은 없습니다. 인력의 법칙은 저기 있는 특정된 사과가 땅에 떨어지리라는 것을 보증하지는 않습니다. 누군가가 광주리 속에 받아 넣을지도 모르기 때문입니다. 광선은 직선으로 뻗는다는 광학의 법칙은 특정된 광선이 어떤 방해물 때문에 굴절되거나 분산되지 않으리라는 보증을 주는 것은 아닙니다. 그러나 이것은 이런 법칙이 가치가 없다거나 원리적으로 불확실하다거나 하는 것을 의미하는 것은 아닙니다. 현대 물리학의 이론은 사건 발생의 개연성만을 취급한다고들 말합니다. 오늘날, 과학은 논리상 귀납이 끌어낼 수 있는 것은 개연성이나 합리적인 확신 정도에 불과하다고 다짐하는 쪽으로 더욱 기울어지고 있습니다. 따라서 그 성과를 취급하는 데 있어서도 그것을 일반적인 규칙이라든가 지침 같은 것, 즉 그 유효성이 특정된 행동에 의해서만 시험될 수 있는 그러한 것으로 보려는 태도가 강하게 나타나고 있는 것입니다.

꽁뜨Auguste Comte(1798~1857. 프랑스의 철학자)가 말했듯이 「과학으로부터 예견이 나오고 예견으로부터 행동이 나온다」[81]고 말할 수 있습니다. 역사에 있어서의 예언의 문제를 풀 수 있는 단서는 일반적인 것과 개별적인 것, 보편적인 것과 특수한 것 사이의 차이점에 놓여 있는 것입니다. 역사가에게는 위에서 본 바와도 같이 일반화란 불가피한 것이고 또한 일반화를 통해서 비록 개별적인 예언은 아닐지라도 미래행동을 위한 타당하고도 유용한 일반적인 지침을 마련할 수 있는 것입니다. 그러나 역사가는 특정된 사건에 대한 예언은 할 수 없습니다. 왜냐하면 특정된 것이란 단일한 것이고, 거기에는 우연적

81 *Cours de philosophie positive*, i, p.51.

인 요소가 끼어들기 때문입니다. 이러한 구분은 철학자들을 괴롭힐 것입니다만 일반 사람들에게는 충분히 명백합니다. 만일 어떤 학교에서 두서너 명의 아동들이 홍역에 걸린다면, 여러분들은 홍역이 퍼질 것이라고 단정할 것입니다. 그리고 만일 여러분의 의향에 따라 이것을 예언이라고 부르기로 한다면, 예언은 과거 경험으로부터의 일반화를 토대로 한 것이고 또한 그것은 행동지침으로서 타당하고 유용한 것입니다. 그러나 여러분은 찰스나 메어리가 홍역에 걸릴 것이라는 특정적인 예언은 할 수 없습니다. 역사가도 이와 동일한 과정을 걷고 있는 것입니다. 사람들은 내월來月에 루리타니아Ruritania라는 나라에서 혁명이 일어날 것이라는 예언을 역사가가 할 수 있다고는 기대하지 않습니다. 역사가들이, 일부는 루리타니아의 사태에 대한 개별적인 지식으로부터, 일부는 역사의 연구로부터 끌어내려고 하는 결론은, 루리타니아의 정세는 이러이러하니까 만일 누군가가 일을 일으킨다든가, 정부측에게 손을 써서 이를 저지하지 못한다면 가까운 장래에 혁명이 일어날 가능성이 짙다는 정도의 것입니다. 또한 이상의 결론에는 전망까지도 뒤따를 수 있습니다만 그 전망은 일부는 국민 각층이 취하리라고 생각되는 태도에 관한 딴 여러 혁명으로부터의 유추에 근거를 두고 있는 것입니다. 만일 이런 것을 예언이라고 부를 수 있다면 예언은 그 자체로서는 예언할 도리가 없는 개별적인 제諸사건의 발생을 통해서만 실현될 수 있는 것입니다. 그렇다고 해서 역사에서 끌어낸 미래에 대한 추론이 가치가 없다거나, 그런 것이 행동의 지침으로서나 사건의 추이를 이해하는 열쇠로서 조건부의 타당성도 지니지 못한다거나 하는 의미는 아닙니다. 나로서는 사회과학자나 역사가의 추론이 그 정밀성에 있어서 자연과학자의 추론에 맞설 수 있다고 주장하고 싶지도 않고 혹은 이런 점이 못하다고 해서 그것을 단순히 사회과학의 큰 후진성 때문이라고 주장하고 싶지도 않습니다. 우리가 알고 있는 한, 인간이란 어떤 점으로 보나 가장 복잡한 자연적 존재이고 따라서 인간행동에 대한 연구는 자연과학자들이 직면하는 곤란과는 성질을 달리하는 제諸곤란에 직면하게 될 것입니다. 다만 여기서 내가 밝혀 놓고 싶은 것은, 역사가와 자연과학자들은 그 목적과 방법이 근본적으로는 서로 다른 것이 아니라는 점뿐입니다.

제4의 논점은 역사를 포함한 사회과학과 자연과학을 명확히 구분하는 더 한층 유력한 의론을 제기합니다. 이것은 사회과학에 있어서는 주제와 객체가 동일한 범주에 속해 있고, 또한 서로가 상호작용을 한다는 의론議論입니다. 인간은 자연적 존재물 가운데서도 가장 복잡하고 가변적인 존재일 뿐만 아니라, 인간을 연구할 인류 이외의 독립된 관찰자란 있을 수 없고 그에 대한 연구는 대상자를 제외한 인간들만이 할 수 있게 되어 있습니다. 또한 인간은 생물학의 경우와 같이 자기 자신의 신체적 구조나 신체적 반응만을 연구하는 것으로만 만족하지 않습니다. 사회학자나 경제학자나 역사학자들은 의지가 작용하고 있는 인간행동의 제諸형태를 추궁하고 자기의 연구대상인 인간이 왜 그렇게 행동하려고 했는가를 밝힐 필요가 있습니다. 이리하여 역사학과 사회과학에 있어서만 특유한 관찰자와 피관찰자 사이의 관계가 성립되는 것입니다. 역사가의 모든 관찰 속에는 불가피하게 역사가의 관점이라는 것이 들어가게 마련이고, 역사에는 어디까지나 상대성이 뒤따르게 마련입니다. 칼 만하임의 말에 의하면, 「경험을 가다듬고 수집하고 정리하는 유별類別조차도 관찰자의 사회적 위치에 다라 달라진다」[82]는 것입니다. 그렇다고 해서 사회과학자들의 모든 관찰에는 반드시 그의 편견이 들어간다는 것만이 진리라는 것은 아닙니다. 관찰과정 자체가 관찰대상에게 영향을 주고 변화를 일으킨다는 것 역시 진리인 것입니다. 이상의 현상은 서로 상반되는 두 가지 방식하에서 발생될 수 있습니다.

자기 행동이 분석과 예언의 대상이 되고 있는 당사자들은 결과에 대한 불길한 예언에 의해서 사전 경고를 얻을 수가 있습니다. 따라서 이에 따른 행동의 수정이 가해지게 되고, 설사 그 예언이 아무리 정확한 분석에 의한 것이라 할지라도 결국에 가서는 적중되지 않는다는 일도 생길 수 있는 것입니다. 역사의식이 풍부한 사람들에게 있어서는 역사의 반복이라는 것이 있기 어려운 법인데, 그 이유의 하나는 연극의 등장인물들이 제2차 상연시에는 제1차 상연시의 이야기의 종막을 알고 있어서 그들의 행동이 이 지식의 영향을 받게 되기 때문입니다.[83]

볼셰비키 당원들은 프랑스혁명이 나폴레옹이라는 인물의 등장으로 끝장을 보았다는 사실을 알고 있었기 때문에 자기들의 혁명도 같은 방식으로 끝나지나않을까 두려워했습니다. 그런 까닭에 그들은 자기들의 지도자들 가운데서 나폴레옹을 가장 닮은 트로츠키를 불

82 K. Mannheim, *Ideology and Utopia* (1936), p. 130.

83 저자는 이 논점에 대해서 *The Bolshevik Revolution*, 1917~1923. i (1950) p.42 속에서 평론한 바 있습니다.

신하고, 나폴레옹을 가장 닮지 않은 스탈린을 신임했던 것입니다. 그러나 이러한 과정은 반대 방향으로 작용할 수도 있습니다. 어떤 경제학자가 경제적 현황에 대한 과학적인 분석에 입각하여 다가오고 있는 호경기나 불경기를 예언했다고 합시다. 만일 그가 대권위자이고 그의 의론이 타당한 것이라면 그가 예언을 했다는 그 사실 자체가 예언한 사태의 도래를 돕게 되는 것입니다. 역사적 관찰에 의거하여 전제정치는 단명하다는 확신을 조성하는 정치학자들은 독재자의 타도에 도움을 주게 될 수도 있습니다. 주지하는 바와도 같이 선거에 임한 입후보자들은 자기의 승리를 예언합니다만, 이것은 그러한 예언을 보다 쉽게 실현시키기 위한 의식적인 목적에서 나온 것입니다. 그렇기 때문에 경제학자나 정치학자나 역사가들이 예언을 내릴 때에는 때에 따라서는 그들이 예언의 실현을 촉진하려는 무의식적인 희망에 사로 잡혀 있지나 않나 하는 의심을 받는 것입니다. 이러한 복잡한 관계에 대해서 틀림없이 말씀드릴 수 있다고 생각되는 것은 관찰자와 그 대상과의, 사회과학자와 그 자료와의, 역사가와 그 사실과의 상호관계는 연속적인 것이고 부단히 변화한다는 것입니다. 그리고 이 점이야말로 역사와 사회과학의 두드러진 특징이라고 생각된다는 것입니다.

여기서 나는 일부 물리학자들이 최근에 와서 자연계와 역사 세계와의 현저한 유사성을 암시하는 듯한 어조로 자기 학문을 논하고 있다는 점을 주목해야 할 것 같습니다. 첫째로, 그들의 결과에는 불확실성 혹은 불확정성의 원리가 내포되고 있다는 것입니다. 역사에 있어서의 소위 결정론이라는 것의 본질과 한계에 대해서는 다음 번 강연으로 미루기로 하겠습니다. 그러나 현대 물리학의 불확정성이란 것도 그것이 과연 우주의 본질 자체에 내재한 것인지 혹은 우주에 관한 지금까지의 우리들의 이해력이 부족하다는 증좌에 불과한 것인지 단정할 수는 없습니다만(이 문제는 아직도 논쟁 중에 있습니다) 하여간 물리학에 있어서의 이러한 불확정성과 역사에 대한 우리들의 예언의 능력을 결부시켜 가지고 그 사이에 의미심장한 유사성을 찾아볼 수 있다는 데 대해서는 의혹을 금할 수 없습니다. 몇 년 전에도 일부 광신자들은 우주 내에 자유의지가 작용하고 있다는 증거를 그러한 불확정성 속에서 찾아볼 수 있다고 해서 마찬가지의 의혹을 느꼈던 일이 있었습니다. 둘째로, 현대 물리학에 있어서는 공간적인 거리나 시간적인 간격도 「관찰자」의 운동에 좌우되는 척도를 가지고 있다는 말을 우리들은 듣고 있습니다. 현대 물리학에 있어서는 모든 측정은 「관찰자」와 그 대상 사이에 고정된 관계를 설정할 수 없다는 데서 오는 불가피한 변동을 면할 수 없습니다. 즉 「관찰자」와 그 대상—주체와 객체—은 다 같이 관찰의 최종 결과 속에 들어간다는 것입니다. 이러한 이야기를 조금만 바꾸어 놓으면 역사가와 그의 관찰대상과의 관계에 그대로 적용될 수 있는 것이기는 합니다만, 나로서는 이러한 관계의 본질이 진정한 의미에 있어서 물리학자와 그의 우주와의 관계의 성질과 비슷한 것이라고는 납득할 수 없습니다. 물론 원칙적으로는 나도 역사가의 연구방법과 과학자의 연구방법과의 차이를 넓혀 놓는 것보다는 좁혀 놓고 싶은 생각을 가지고 있습니다만, 그렇다고 해서 불완전한 유사성을 이용해서 이러한 차이점을 감추어 넘기려 한다 해도 소용없는 일입니다.

사회과학자나 역사가들이 연구대상 속에 끼어 들어가게 되는 그 관련성이란 것은 자연과학자들의 경우와는 종류부터 다른 것이고, 주체와 객체간의 관계에서 생기는 문제들도 무한히 복잡한 것입니다. 그러나 이렇게만 말한다고 해서 이 문제가 끝나버리는 것은 아닙니다. 17, 18, 19세기를 통하여 지배적이였던 고전적인 지식이론은 모두가 지각知覺하는 주체와 지각되는 객체와의 사이에 명확한 분립을 전제하고 있었습니다. 그 과정은 어떻게 생각되었든지 간에 철학자들에 의하여 구성된 모델에 있어서는 주체와 객체, 인간과 외계가 서로 갈라지고 떨어져 있는 것으로써 제시되었습니다. 당시는 과학이 탄생하고 발전해나간 위대한 시기이었던 만큼 지식이론도 선구적인 학자들의 관점으로부터 강한 영향을 받고 있었습니다. 인간은 외계와는 정면으로 마주선 위치에 놓여 있었습니다. 그는 다루기 어렵고 적대적인 성질을 지닌 외계와 싸우고 있었던 것입니다. 여기서 다루기 어렵다는 것은 이해하기가 어려웠기 때문이며 적대적인 성질을 지녔다는 것은 지배하기가 어려웠기 때문입니다. 현대 과학의 성공과 더불어 이러한 관점에도 근본적인 수정이 가해졌습니다. 오늘의 과학자들은 자연력을, 싸워야만 할 상대라기보다는 협력하고 자기 목적에 이용해 나갈 대상으로 생각하게 되었습니다. 고전적인 지식이론은 이미 새로운 과학에는 어울릴 수 없게 되었고, 그 중에서도 물리학의 경우는 특히 그러합니다. 지난 50년 동안에 철학자들이 이러한 지식이론을 의심하기 시작하여 지식의 과정은 주체와 객체를 아주 갈라놓는 것이 아니라 어느 정도까지 양자 간의 상호관계와 의존관계를 내포하는 것이라고 인정하게 되었다는 것은 결코 놀라운 일은 아닙니다.

그러나 이것은 사회과학의 입장으로 봐서는 지극히 중요한 일입니다. 첫 번째 강연에서 나는 역사 연구가 전통적인 경험론에 입각한 지식이론과 조화되기 어렵다는 점을 말씀드린 바 있습니다. 여기서 내가 강조하고 싶은 것은, 사회과학은 그 전부가 주체와 객체 사이의 엄격한 분리를 선언하는 어떠한 지식이론과도 양립될 수 없다는 점입니다. 왜냐하면, 사회과학이 포함하는 인간이란 주체인 동시에 객체이고 연구자인 동시에 연구대상이기 때문입니다. 사회학은 일관된 이론체계를 갖춘 학문적 지위를 확립해 보려는 노력 가운데서 극히 당연한 일입니다만, 지식 사회학이라는 부문을 만들어 내놓게 되었습니다. 그러나 이 부문이 아직 이렇다 할 진경進境을 보이지 못하고 있는 것은 아마도 그 주된 원인이 전통적인 지식이론의 울타리 속을 맴도는 것으로써 만족했다는 데에 있지 않나 생각되는 것입니다. 처음에는 현대 물리학의 충격하에서, 오늘날에 와서는 현대 사회과학의 충격하에서 철학자들은 이 울타리 속에서 튀어나오려고 하기 시작했고 피동적인 의식에 여건이 부딪친다는 지식과정의 낡은 당구식撞球式 모델보다도 더 신식의 모델을 구성하기 시작했습니다만, 이것은 사회과학 특히 역사학에 대해서는 하나의 길조입니다. 이것은 상당히 중요한 문제점이기 때문에 후에 역사에 있어서 객관성이란 무엇을 의미하는가를 고찰할 때에 다시 재론하기로 하겠습니다.

마지막으로 남은 만만치 않은 문제를 말씀드릴 차례가 되었습니다. 그것은 역사는 종교와 도덕의 여러 문제와 깊이 관련되어 있기 때문에 과학 일반과는 물론 기타 사회과학과도 다를 수밖에 없지 않겠는가라는 견해에 관한 것입니다. 역사와 종교와의 관계에 대해서는 나 자신의 입장을 밝히는데 필요할 정도의 말로서 그치기로 하겠습니다. 진지한 천문학자라는 것과 신이 우주를 창조하고 지배한다는 것을 믿는다는 것과는 양립될 수 있습니다. 그러나 신이 마음대로 유성의 궤도를 바꾸어 놓고 일식이나 월식을 지연시키고 우주의 운행규칙을 변경시킨다고 믿는다는 것과는 양립될 수 없습니다. 마찬가지 이치로써, 때때로 언급되는 바와도 같이 진지한 역사가란 신이 역사 전체의 행로를 명령하고 그 의미를 부여했다고 믿을 수는 있겠습니다만, 아마레크인들Amalekites의 살육에 끼어든다거나, 요슈아Joshua의 군대를 돕기 위해서 달력을 속여서 낮 시간을 연장한다거나 하는 구약성서식의 신을 믿을 수는 없습니다. 또한 개개의 역사 사실을 설명하기 위해서 신을 끌어댈 수도 없는 것입니다. 다아시 신부는 그의 근저近著에서 이상의 구분을 다음과 같이 시도해보고 있습니다.

> 그것은 신의 섭리였다라는 말을 가지고 역사의 모든 문제에 답한다는 것은 연구하는 사람들이 취할 태도는 아니다. 우리들은 세속사나 인간세계의 드라마에 대해서 그것을 완전히 처리한 다음이 아니고서는 보다 넓은 사고를 끌어들일 자격이 없는 것이다.[84]

그러한 견해가 곤란하다는 것은 종교라는 것을 마치 트럼프의 조

---

84 M. C. D'Arcy, *The Sense of History:Secular and Sacred* (1959), p.164. 폴리비우스는 그보다 앞서서 다음과 같이 말하고 있습니다 : 「사건의 원인을 찾아낼 수 있는 경우에 신을 기대서는 안 된다.」(K. von Fritz, *The Theory of the Mixed Constitution in Antiquity*, (N. Y. 1954), p.390에서 인용)

커처럼 취급해 딴 방법을 가지고서는 해낼 수 없는 아주 중요한 트릭을 쓰기 위해서 남겨둔다고 생각되기 때문입니다. 루터파의 신학자인 칼 바르트Karl Barth(1886~1968. 스위스의 신학자)는 종교적인 역사와 세속적인 역사와의 완전한 분리를 선언하고 후자를 세속권에 위탁한다고 했습니다만 그 편이 보다 훌륭한 태도입니다. 버터필드 교수도 내 이해가 잘못되지 않았다면「기술적인」역사라는 같은 의미의 말을 하고 있습니다. 기술적인 역사란 여러분이나 나나 항상 쓰고 있는, 아니 버터필드 교수 자신이 지금까지 써온 유일한 역사입니다. 그러나 그는 이와 같은 색다른 별칭을 써가지고 우리들로서는 관심을 둘 필요가 없는 밀교적密教的인 혹은 섭리적인 역사를 믿을 권리를 남겨두고 있는 것입니다. 베르디에브Berdyaev나 니이버Niebuhr나 마리땡Maritain 같은 저술가들은 역사의 자율적 지위를 유지한다는 취지에서입니다만 역사의 목적이나 목표는 역사 밖에 있다고 주장합니다. 나의 개인적인 소견으로서는 역사의 통합성이라는 것과 역사의 의미와 중요성을 좌우하는 어떤 초역사적인 힘—그 힘이 선택받은 백성의 신이건, 그리스도교의 신이건, 자연신론자自然神論者들의 보이지 않는 손이건, 헤겔의 세계정신이건 간에—을 믿는다는 것과는 조화되기 어렵다고 여겨지는 것입니다. 본 강연의 목적을 살리기 위해서도 나는 역사가란 자기 문제를 신의 조화력 같은 것에 의지하지 않고 풀어 나가야만 한다는 것, 그리고 역사란 말하자면 조커 없이 노는 트럼프놀이 같은 것이라고 생각하기로 하겠습니다.

역사와 도덕과의 관계는 더욱 복잡한 문제이고, 이 문제에 대한 과거의 논의에는 몇 가지의 애매한 점이 내포되고 있었습니다. 역사가가 자기가 취급하는 역사 인물들의 사생활에 대해서 도덕적 판단을 내릴 필요가 없다는 주장은 오늘날 새삼스럽게 내세울 필요조차 없겠습니다. 역사가와 도덕가와는 입장이 다른 것입니다. 헨리 8세는 불량한 남편이면서도 훌륭한 국왕이었습니다. 그러나 역사가는 헨리 8세의 불량한 남편이라는 자질에 대해서는 그것이 역사적 사건에 영향을 준 한계 내에서만 관심을 가지는 것입니다. 만일 그의 도덕적인 비행이 헨리 2세의 경우처럼 공적인 문제에 거의 볼 만한 영향을 끼치지 않았다면 역사가는 거기에 마음을 쓸 필요는 없습니다. 이것은 악덕에 대해서 뿐만 아니라 미덕에 대해서도 마찬가집니다. 파스퇴르Pasteur나 아인슈타인은 사생활에 있어서는 모범적이라기보다도 성자와 같은 사람들이었다고 합니다. 그러나 설사 그들이 불성실한 남편, 잔인한 아버지, 절조 없는 동료였다고 한들 그들의 역사적 업적이 손상되겠습니까. 역사가들이 중점을 두는 것은 이러한 점입니다. 스탈린은 그의 두 번째 처妻에 대해서 잔인하고 무정했다고 합니다. 그러나 나는 소비에트 문제를 연구하는 역사가의 한 사람으로서 이러한 점에 마음이 팔려 있다고는 생각되지 않습니다. 그렇다고 해서 개인적인 도덕이 중요하지 않다는 의미는 아닙니다. 역사가들은 자기 책속에 나타나는 개인들의 사생활에 도덕적 판단을 내리기 위해서 옆길로 비켜 나설 수는 없다는 것입니다. 그에게는 따로 할 일이 있는 것입니다.

그러나 사적인 행위가 아니라 공적인 행위에 대해서 도덕적 판단을 내린다고 할 때에는 보다 중대한 애매성이 나타나게 됩니다. 역사가에게는 자기가 취급하는 등장인물에 대한 도덕적 판단을 내릴 의

무가 있다는 신앙에는 긴 계보가 있습니다. 그러나 19세기의 영국에서처럼 이러한 신앙이 강했던 일은 없었습니다. 당시의 도덕주의적인 시대풍조와 개인주의에 대한 무제한의 숭상이 다 같이 이를 뒷받쳐 주었기 때문입니다. 로즈베리A. P. P. Rosebery(1847~1929. 영국의 정치가)는 영국인들이 나폴레옹에 대해서 알고 싶어 했던 것은 그가 「선인善人」이었는가 아닌가의 점이었다고 말한 바 있습니다.[85] 액튼은 크레이튼Donald Grant Creighton(1902~1979. 영국의 역사가)에게 보낸 편지 속에서, 「도덕적 규준이 확고하다는 것이야말로 역사의 권위와 위신과 효용의 요결이다」라고 언명하고 역사를 「분쟁의 중재자, 길 잃은 자에 대한 지침, 세속 권력과 종교적 권력에 의하여 저하일로에 처해 있는 도덕적 규준의 선양자宣揚者」[86]로 만들어야 한다고 주장했습니다.—이 견해는 역사적 사실의 객관성과 우월성에 대한 액튼의 거의 신비적이라고도 할 만한 신앙에 토대를 둔 것입니다만, 동시에 이것은 역사가들에게 역사적 사건에 참여하고 있는 개인에 대한 도덕적 판단을 일종의 초역사적인 권력과 역사의 이름 하에서 내릴 의무와 자격을 분명히 부여하고 있는 것입니다. 이상과 같은 태도는 아직도 왕왕 의외로운 형태로 재현하는 것을 보게 됩니다. 토인비 교수는 무솔리니의 1935년 아비시니아 침략을 「고의로 범한 개인적인 죄악」[87]이라고 기술 했으며 이자이아 벌린 경은 위에서 인용한 논문 속에서, 「찰스대제, 나폴레옹, 징기스칸, 히틀러, 스탈린 등을 그들이 행한 학

---

85 Rosebery, *Napoleon : The Last Phase*, p.364.

86 Acton, *Historical Essays and Studies* (1907), p.505.

87 *Survey of International Affairs* (1935), ii, 3.

살행위로 말미암아 단죄하는 것」[88] 이 역사가들의 의무라고 대단한 열을 올리면서 주장하고 있습니다.

이런 견해에 대해서 통박을 가한 것이 노울즈 교수Michael Clive Knowles(1896~1974. 영국의 역사가)였습니다. 그는 취임강연에서 모틀리John Lothlop Motley(1814~1877. 미국의 역사가)의 필립 2세에 대한 공격(만일 악덕치고 그가 범하지 않은 것이 있다면 그것은 인간성이란 악에 있어서조차도 완전에 도달할 수 없다는 이유 때문이다)과 스터브스William Stubbs(1825~1901. 영국의 역사가)의 죤 왕王에 대한 기술(한 인간을 욕되게 할 수 있는 온갖 죄악으로 더럽혀진)을 인용하여 역사가들의 발언 권한 내에 속해 있지 않은 개인에 대한 도덕적 판단의 예로 삼았습니다. 「역사가는 재판관은 아니며 사형선고만을 내리는 가혹한 재판관은 더욱 아니다」[89]라는 것입니다. 그러나 이 점에 관해서는 크로체도 훌륭한 구절을 남기고 있어서 그것을 인용하기로 하겠습니다:

---

88 I. Berlin, *Historical Inevitability*, pp.76~77. 이자이아 경의 태도는 19세기의 완강한 보수적 법률학자 피츠제임스 스티븐의 견해를 생각나게 합니다:이와 같이 형법은 범죄자를 증오한다는 것이 도덕적으로 정당하다는 원리로부터 출발하는 것이다.……바람직한 일은 범죄자가 증오되어야 한다는 것, 그리고 그들에게 가해지는 처벌은 건전한 자연감정을 표시하고 충족시키기 위한 수단이라고 할 수 있는 공적 조문을 가지고 이를 정당화하고 고취할 수 있는 한도까지는 그 증오를 표시하고 정당화하도록 안출(案出)되어야만 한다는 것이다.」(*A History of the Criminal Law of England* (1883), ii, p.81~82. 인용은 L. Radzinowicz, *Sir James Fitzjames Stephen* (1957), p.30.에서) 이상의 견해는 이미 범죄학자들의 광범한 지지를 잃고 있습니다. 그러나 여기에 있어서의 나의 대립점은 그것이 딴 여하한 분야에서 유효하건 역사적 판단에는 적용될 수 없다는 점에 있는 것입니다.

89 D. Knowles, *The Historian and Character* (1955), pp.4~5, 12, 19.

우리들의 법정(법률적인 것이건 도덕적인 것이건)은 살아서 활동하는 위험인물들을 재판하기 위한 현재의 법정이기 때문에, 그밖의 사람들은 이미 자기 시대의 법정에 출두하여 두 번 다시는 유죄나 무죄의 판결을 받을 수 없게 되어 있는데도 불구하고 사람들은 이런 큰 차이를 잊고 그들을 고발한다. 여하한 법정이건 그들의 책임을 물을 수는 없는 것이다. 왜냐하면 그들은 과거의 평온 속에 사는 역사의 주민이어서 그들의 행적에 숨은 정신을 파악하고 이해하려는 판결 이외에는 어떠한 판결도 받을 수 없기 때문이다. …… 역사를 쓴다는 구실 하에 마치 재판관이나 된 것처럼 여기서는 유죄판결을 내리고 저기서는 무죄판결을 내린다는 식으로 법석을 떨면서, 이것이야말로 역사의 직책이라고 생각하는 사람들이 있는데 …… 이런 사람들은 일반적으로 역사적 감각이 결여되어 있다고 인정되는 것이다.[90]

그러나 히틀러나 스탈린—만일 원하신다면 맥카시 상원의원—에게 도덕적 판단을 내린다는 것이 우리들의 직능이 아니라는 주장에 대해서는 혹 이의를 제기할 분이 있을지도 모르겠습니다. 그것은 그들이 우리들 중의 많은 사람들과 동시대의 인물이기 때문이며, 그들의 행위로부터 직·간접으로 피해를 받은 수십만의 사람들이 아직도 살고 있기 때문이며, 또한 분명히 이러한 이유 때문에 우리들로서는 역사가로서 그들에게 접근하기가 곤란하고 또한 그들의 행위에 판결을 내린다는 일을 정당화할 수 있는 역사가와는 별개의 자격을

90 B. Croce, *History as the Story of Liberty* (Engl. transl., 1941), p.47.

포기한다는 일도 용이하지 않기 때문입니다. 이것은 현대 역사가들이 당면하고 있는 하나의 난경難境, 아니 최대의 난경이라고 해도 무방할 것입니다. 그러나 그것은 그렇다고 해도 오늘날 찰스대제나 나폴레옹의 죄를 규탄한다고 해서 누가 어떠한 이득을 거둘 수 있다는 것입니까.

이상으로 역사가가 엄한 재판관이라는 사고는 버리기로 합시다. 그리고 과거의 개인에 대해서가 아니라 사건, 제도, 정책에 대해서 도덕적 판단을 내린다고 하는, 보다 어렵기는 하지만 보다 이득있는 문제로 눈을 돌리기로 합시다. 역사가의 중요한 판단은 이러한 것입니다. 개인에 대한 도덕적인 단죄를 열을 올려 주장하는 사람들은 때로는 무의식중에 집단이나 사회 전체를 위한 구실을 마련할 수가 있습니다. 프랑스의 역사가 르페브르Georges Lefébvre(1864~1959)는 프랑스혁명으로부터 나폴레옹전쟁의 참화와 유혈의 책임을 덜어주기 위해서 그러한 참화와 유혈은 「그 기질이……평화와 온건을 달갑게 받아들일 줄 모르는……한 장군의 독재」에 기인한 것이었다고 하였습니다.[91] 오늘날 독일 사람들은 히틀러의 개인적인 부도덕성에 대한 단죄를 환영하고 있습니다만, 이것은 히틀러를 낳아 놓은 사회에 대한 역사가들의 도덕적 판단의 만족할 만한 대용물인 것입니다. 러시아인, 영국인, 미국인도 스탈린이나 네빌 챔벌레인Neville Chamberlain(1869~1940. 제2차 세계대전 당시의 영국 수상)이나 맥카시에 대한 개인적인 공격에 잘 합세합니다만, 그들 역시 자기들의 집단적

---

91 *Peuples et civilisations*, vol. xiv : *Napoléon*, p.58.

과오에 대한 희생물에 불과한 것입니다.

물론 개인에 대한 도덕적 판단에 있어서 찬미적인 태도를 취한다는 것도 개인에 대한 도덕적인 규탄과 꼭 마찬가지로 그릇되고 유해한 것일 수가 있습니다. 일부 노예 소유주들이 고결한 인사人士였다고 인정하는 것은 노예제도를 비도덕적인 것이라고 단죄하지 않게 하기 위한 구실로서 항상 이용되어 왔습니다. 막스 웨버는 「자본주의가 노동자들과 채무자들을 몰아넣고 있는 주인 없는 노예제」라는 것을 말하면서, 역사가는 도덕적 판단을 제도에 대해서 내릴 것이지 그것을 만든 개인에 대해서 내려서는 안 된다고 주장하고 있습니다만 이것은 정당한 태도입니다.[92] 역사가는 동방전제군주의 개개인에 대한 판결에 참가하지는 않습니다. 그러나 이것은 동방의 전제군주제도와 페리클레스 시대의 아테네의 제도와의 차이에 무관심해야 한다든가, 어느 쪽도 두둔해서는 안 된다든가 하는 것은 아닙니다. 그는 노예 소유주 개인에 대해서는 심판을 내리지 않을 것입니다. 그러나 이로 말미암아 노예 소유제 사회를 단별한다는 일에 지장이 생기는 것은 아닙니다. 이미 본 바와도 같이 역사적 사실이란 어느 정도까지는 해석이라는 것을 전제로 하고 있는 것이며, 역사적 해석은 언제나 도덕적 판단—만일 여러분이 보다 중립적인 어감의 용어를 좋아하신다면—가치판단을 내포하는 것입니다.

그러나 이상은 우리들의 곤란점의 시초에 불과합니다. 역사란 하나의 투쟁과정이어서 그로부터 나타나는 여러 결과는 우리들이 그

92 *Max Webber:Essays in Sociology* (1947), p.58에서 인용.

것을 좋게 판단하건 나쁘게 판단하건 직접 혹은 간접적으로—간접적인 경우보다는 직접적인 경우가 많습니다만—일부 집단이 타 집단을 희생시켜가지고 성취할 것입니다. 결국은 지는 편이 손해를 보는 것입니다. 역사에는 재난이 따라다니게 마련입니다. 모든 위대한 역사 시기에는 승리와 더불어 희생이 있는 법입니다. 이것은 지극히 복잡한 문제입니다. 왜냐하면 우리에게는 한 쪽의 증대된 행복을 타방他方의 희생 앞에 놓고 결산할 수 있는 척도가 없기 때문입니다. 역시 무엇이건 그러한 척도는 만들어지긴 해야 할 문제입니다만 또한 이것은 역사에만 국한된 문제도 아닙니다. 일상생활에 있어서도 보다 적은 악惡을 택해야 한다든가, 장차로는 선善을 초래할 가능성이 있는 악을 골라잡아야 한다든가 하는 불가피한 경우란 우리들이 때에 따라 인정하려는 경우보다도 자주 있는 것입니다. 역사에 있어서는 이 문제가 「진보의 대가」라든가 「혁명의 대상」이라는 제목하에서 논의되곤 합니다. 그러나 이것은 잘못입니다. 베이컨이 「혁신에 대하여」라는 논설집에서 말하고 있듯이, 「관습의 완강한 지속력은 혁신과 같이 난폭한 것」입니다. 특권 없는 사람들 위에 부과되는 보수의 대가는 특권을 박탈당한 사람들 위에 부과되는 혁신의 대가만큼이나 무거운 것입니다. 일자一者의 불행은 타자他者의 행복으로서 정당화될 수 있다는 주장은 모든 정치 속에 깃들어져 있는 것이고, 이것은 똑같이 보수적이기도 하고 급진적이기도 한 명제입니다. 죤슨Samuel Johnson(1709~1784. 영국의 문학자) 박사는 보다 작은 악이라는 폭론暴論을 내세워 가지고 현존하는 불평등의 유지를 정당화한 일이 있습니다.

> 모두가 평등한 상태하에서는 행복한 사람이라고는 없을 것이니까, 차라리 일부 사람들이 불행한 편이 좋다.[93]

그러나 이 문제가 가장 극적인 형태를 띠고 나타나게 되는 것은 격렬한 변혁기입니다. 따라서 이 문제에 대한 역사가들의 태도를 가장 쉽게 연구할 수 있는 것도 이런 시기입니다.

예를 들어, 1780년경에서 1870년경에 걸쳐 일어난 영국의 공업화의 이야기에서 끌어내봅시다. 사실상 모든 역사가들은 산업혁명을 아마도 아무런 이의 없이 하나의 거대한 진보적인 업적으로 취급할 것입니다. 또한 역사가들은 토지로부터 농민들을 쫓아내고 불건강한 공장과 비위생적인 거주에 노동자들을 떼 지어 수용하고 아동노동을 착취한 이야기를 기술할 것입니다. 아마도 그들은 폐단이 생긴 것은 제도의 운용이 잘못되었기 때문이었고, 어떤 고용주들은 딴 사람들보다도 더욱 무자비했다고 말할 것이며, 그러나 일단 이 제도가 확립되고 난 후로는 인도주의적인 양심이 점점 성장하게 되었다는 점을 열을 올려서 강조할 것입니다. 그러나 그들은 아마도 말로 표시는 안할망정 강제와 착취의 제諸방책이 적어도 초기 단계에 있어서는 공업화에 따른 대가代價의 불가피한 부분이었다는 것을 인정할 것입니다. 대가라는 점에 치중해 가지고 차라리 진보의 손길을 멈

---

93 Boswell, *Life of Doctor Johnson*, 1776(Everman ed., ii, p.20). 이것은 솔직하다는 것이 장점입니다 : 부르크하르트(*Judgements on History and Historians*, p.85)는 「대부분이 자기 소유물 이외의 것을 바라지 않았던」 진보의 희생자들의 「묵살된 비탄」에 대해서 눈물 흘리고 있습니다만 대부분이 간직할 것이란 아무것도 없었던 앙시앙 레짐의 희생자들에 대해서는 그 자신 아무 말도 안 하고 있습니다.

추고 공업화를 안했던 편만 못했다고 말한 역사가라는 것은 들어 본 적도 없습니다. 만일 그런 역사가가 있다면 그는 틀림없이 체스터튼 Gilbert Keith Chesterton(1874~1936. 영국의 작가·평론가)이나 밸록크J. H. P. Beloc(1870~1953. 영국의 역사가·작가)의 계열에 속한 사람일 것이고, 지극히 당연한 이야기입니다만 제대로 된 역사가치고 이런 사람을 상대해 줄 사람이란 없을 것입니다.

이상의 예는 나에게는 특별한 흥미가 있습니다. 왜냐하면 멀지 않아서 나는 소비에트 러시아에 대한 나의 역사적 연구에 있어서 농민의 집단화의 문제를 공업화에 따른 대가의 일부분으로써 취급하려고 마음먹고 있기 때문입니다. 그러면서도 나로서 충분히 알 수 있는 일은, 만일 내가 영국의 산업혁명에 대한 역사가들의 모범을 본받아서 한편으로는 집단화에 있어서의 잔인행위와 악폐를 한탄하면서도 그 과정을 바람직하고 필요하기도 한 공업화 정책에 뒤따른 불가피한 대가의 일부분으로써 논한다면 나는 시니시즘과 악행에 관대하다는 비난을 받게 될 것이라는 점입니다. 역사가들은 19세기에 서양제국이 감행한 아시아, 아프리카의 식민지화를 세계 경제에 끼친 그 직접적인 영향만을 봐서가 아니라 이러한 대륙의 후진제민족後進諸民族에 대한 장기적인 결과도 아울러 근거 삼아 가지고 이를 관용하고 있습니다. 결국은 현대의 인도는 영국 지배가 낳아 놓은 자식이라는 것이며, 현대 중국도 19세기의 서구 제국주의에 러시아혁명의 영향을 섞어 놓은 것이라는 이야기가 됩니다. 그러나 중국혁명이 어떠한 영광과 이익을 가져다주었건 불행하게도 서양인 소유의 조약항條約港의 공장이나, 남아프리카의 광산이나, 제1차 세계대전시의 서부전

선에서 노역한 중국 노동자들이 살아남아서 그것을 향수享受하고 있는 것은 아닙니다. 대가를 지불한 사람들이 혜택을 거둔다는 것은 드문 일입니다. 유명한 엥겔스의 화려한 구절은 기분 나쁠 정도로 적절합니다:

> 역사는 모든 여신들 가운데서도 아마도 가장 잔인한 여신일 것이다. 전쟁에서뿐만 아니라 「평화적인」 경제발전에 있어서도 이 여신은 시체의 산을 넘어서 승리의 전차를 몰고 달린다. 불행하게도 너무나도 우둔한 우리 남녀들은 견딜 수 없을 정도의 고난에 시달리지 않고서는 진정한 진보를 위한 용기를 불러일으키려고 하지 않는다.[94]

이반 카라마조프의 유명한 반항적인 제스처는 과장된 오류입니다. 우리들은 사회 속에서 태어났고 역사 속에서 태어났습니다. 우리들에게 받는 것도 자유요, 거부하는 것도 자유인 입장권이 제공될 경우란 있을 수 없습니다. 역사가는 고난이라는 문제에 대해서는 신학자 이상의 결정적인 대답을 가지고 있지 못합니다. 그 역시 결국에 가서는 보다 작은 악과 보다 큰 선이라는 명제 위에 주저앉게 마련입니다.

역사가는 과학자와는 달리 취급하는 자료의 성질상 도덕적 판단의 문제 속에 끌려 들어가게 된다는 사실, 이 사실은 역사가 가치라고 하는 초역사적인 규준의 지배를 받는다는 뜻이 되지는 않을까요. 나는 그렇다고는 생각하지 않습니다. 「선」이나 「악」 혹은 이들을 더

---

94 1893년 2월24일자, Donielson에게의 서한(*Karl Marx and Friedrich Engels : Correspondence* 1846~1895, (1934) p.510.)

욱 복잡하게 발전시킨 추상적인 개념 같은 것이 역사의 영역 밖에 놓여 있다고 가정해 봅시다. 그러나 그렇다고 해도 이러한 추상개념은 수학공식이나 논리학의 공식이 자연과학에서 다 하는 것과 똑같은 역할을 역사적 도덕의 연구분야에서 다 하고 있는 것입니다. 그들은 사고의 불가결한 범주이기는 합니다. 그러나 거기에 특수한 내용이 담겨지기 전에는 아무런 의미도 쓸모도 없는 것입니다. 만일 여러분이 좀 색다른 비유를 좋아하신다면 우리들이 역사나 일상생활에서 적용하고 있는 도덕적인 기준이란 은행수표와도 같은 것이라고 말할 수 있겠습니다. 거기에는 인쇄된 부분과 써넣은 부분이 있습니다. 인쇄된 부분은 자유와 평등, 정의와 민주주의와 같은 추상적인 말로 되어 있습니다. 이런 것은 없어서는 안 될 범주입니다. 그러나 우리들이 얼마만큼의 자유를 누구에게 주려고 하는가, 누구를 우리들과 동등하게 인정하려고 하는가, 그것은 어느 정도까지인가 하는 것을 딴 부분에 적어 넣기 전에는 수표는 아무 가치도 없는 것입니다. 우리들이 그 때 그 때의 경우에 따라 수표의 내용을 기입해 나가는 그러한 방식이야말로 바로 역사의 문제인 것입니다. 즉 추상적인 도덕개념에 특수한 역사적 내용이 담겨져 나가는 과정이 하나의 역사적 과정이란 말입니다. 사실 우리들의 도덕적 판단은 개념적인 틀 속에서 행해지는 것입니다만, 그 개념적인 틀 역시 역사적 산물 이외의 것은 아닙니다. 도덕적 문제에 관해서 오늘날 유행되고 있는 국제적 논쟁의 형태는 자유와 민주주의에 대한 청구권 싸움입니다. 개념 자체는 추상적이고 보편적인 것입니다. 그러나 그 속에 담겨지는 내용은 시간과 장소의 차이에 따라 역사를 통해서 변해 내려왔습니다.

따라서 이러한 개념을 적용한다는 실제적인 문제는 역사적인 조건 하에서 밖에는 이해될 수도 없고 논의될 수도 없습니다. 이에 대해서 약간 통속성이 희박한 예를 들어 보겠습니다. 경제정책의 양부良否를 검토하고 가려내기 위한 객관적이고 흔들릴 수 없는 규준으로서 「경제적 합리성」이라는 개념을 사용하려는 시도가 계속되어 왔습니다. 그러나 이 시도는 대번에 좌절되고 맙니다. 고전 경제학의 법칙 속에서 자라난 이론가들은 원칙적으로 계획이라는 것을 합리적인 경제과정에 대한 일종의 불합리한 침범이라고 비난합니다. 일례를 들면, 계획의 입안자立案者들은 가격정책에 있어서 공급과 수요의 법칙에 따를 것을 거부하기 때문에 계획하에서 이룩된 가격이란 합리적인 근거를 가질 수 없다는 것입니다. 물론 계획자들의 행위가 왕왕 비합리적인 어리석은 것이 될 수 있다는 것은 부인할 수 없습니다. 그러나 그들을 판정할 기준은 고전 경제학의 낡은 「경제적 합리성」일 수는 없습니다. 나 자신으로서는 반대편의 견해, 즉 본질적으로 비합리적이었던 것은 통제도 없고 조직도 없는 자유방임의 경제이고, 계획이란 것은 이런 과정 속에 「경제적 합리성」을 도입하려는 것이다라는 견해에 동조하는 바입니다. 그러나 여기서 내가 강조하고 싶은 단 한 가지 요점은, 추상적인 초역사적인 기준을 세워놓고서 그것에 의하여 역사적 행동을 판가름할 수는 없다는 것입니다. 양편 모두가 이러한 기준 속에 자기들의 역사조건과 원망에 알맞은 특수한 내용을 담아놓고 보게 마련인 것입니다.

이것은 역사적 사건이나 상황에 판정을 내려줄 수 있는 초역사적인 기준이나 표준을 세워놓으려고 하는 사람들에게 대한 진정한 고

발입니다. 그 기준이 신학자들이 신봉하는 신의 권능에서 나온 것이건 계몽철학자들이 신봉하는 정적인 이성이나 자연에서 나온 것이건 그러한 것은 상관할 것 없습니다. 기준을 적용할 때에 결함이 생긴다거나 기준 그 자체에 결점이 있다든가 하는 말도 아닙니다. 그러한 기준을 설정하려는 시도가 비역사적이고, 역사의 본질 그 자체에 어긋난다는 것입니다. 이것은 역사가들이 그 직책상 끊임없이 추궁해야 할 제諸문제에 대해서 도그마틱한 해답을 제공하는 것입니다. 문제에 대한 해답을 사전에 받아들이는 역사가란 눈가림을 하고 일에 착수하자는 것이며, 말하자면 자기 직무를 포기하는 것이나 다름없습니다.

역사란 운동이고, 운동이란 비교를 내포하는 것입니다. 역사가들이 도덕적 판단을 표현할 때에 「선」 혹은 「악」 등의 타협성 없는 결정적인 용어보다는 「진보적」이라든가 「반동적」이라든가 하는 비교하는 성질의 용어를 사용하는 경향이 있는 것은 바로 이러한 이유 때문입니다. 이것은 여러 가지의 사회나 역사현상을 어떤 절대적인 기준과의 관련하에서 규정짓자는 것이 아니라 서로서로의 상호관계하에서 규정하자는 기도인 것입니다. 뿐만 아니라 이러한 절대적이고 초역사적인 가치라고 여겨지고 있는 것들도 이를 일단 검토해 볼 것 같으면 사실상 그 뿌리는 역사에 박혀 있다는 것이 밝혀지게 되는 것입니다. 특수한 가치나 이상이 일정한 시간과 장소에서 나타나게 된다는 것은 장소와 시간이라는 역사적 조건에 의하여 설명될 수 있습니다. 평등, 자유, 정의, 자연법 등의 가상적인 절대자들도 그 실제내용은 시대가 변하고 대륙이 변함에 따라 달라지는 것입니다. 모든 집단은 역사에 뿌리박은 자신의 가치를 가지고 있습니다. 모든 집단은 이질적인 불합당한 가치의 침입에 대해서 자신을 보호하고 있으며, 이러한 것에 대해서는 부르조아적이고 자본주의적이라든가, 비민주적이고 전체주의적이라든가, 혹은 좀 더 조잡한 경우에는 비영국적이고 비미국적이라든가 하는 치욕적인 별명으로 낙인을 찍어 놓는 것입니다. 사회로부터 유리遊離되고 역사로부터 유리된 추상적 기준이나 가치란 추상적인 개인이나 마찬가지로 하나의 환상에 불과한 것입니다. 제대로 된 역사가라는 것은 모든 가치의 역사적인 피제약성被制約性을 가려볼 줄 아는 사람을 말하는 것이지, 자기 자신의 가치에 대해서 역사를 초월한 객관성을 요구하는 사람을 말하는 것은 아닙니다. 우리가 지니고 있는 믿음이나 우리가 설정하는 판단기준이라는 것도 역사의 일부분이기 때문에 역사적인 연구의 대상이라는 점에 있어서는 인간행위의 그 밖의 측면과 조금도 다를 것은 없는 것입니다. 오늘날 전적인 독립성을 주장할 수 있는 과학이란 거의 있을 리 없고, 사회과학의 경우는 특히 그러합니다. 그러나 역사는 외부적인 어떤 사물에 대해서도 근본적인 의존관계를 가지고 있지 않으며 또한 이런 점에 그 밖의 과학자와의 차이점이 놓여 있는 것입니다.

그러면 여기서 역사를 과학 속에 포함시켜야 한다는 주장에 대해서 내가 말하고자 했던 바를 요약하기로 하겠습니다. 과학이란 용어는 이미 지극히도 여러 갈래의 방법과 기술을 사용하고 있는 다기다양多岐多樣한 지식분야를 총칭하는 말이기 때문에 책임은 역사를 과학에 포함시키려는 사람들보다도 오히려 역사를 과학에서 제외하려는 사람들 쪽에서 짊어지게 될 것 같습니다. 역사를 과학에서 제외하자는 논의가 자기들의 선택된 집단으로부터 역사가들을 쫓아내고 싶어하는 과학자들 편에서 나온 것이 아니라, 인문학의 일부문으로서의 역사의 지위를 옹호하기에 급급한 역사가나 철학자들 편에서 나왔다는 것은 의미심장한 사실입니다. 이 논의에는 인문학과 과학 사이의 옛날식 구분에 따른 편견이 반영되어 있습니다만, 이에 의하면 인문학은 지배 계급의 넓은 교양을 말하는 것이고, 과학이란 이들에게 봉사하는 기술자들의 기능을 말한다는 것입니다. 따라서 이런 의미에 있어서의 「인문학」이나 「인문」이라는 말은 그 자체가 낡은 편견의 유물에 불과한 것입니다. 과학과 역사와의 대립이라는 것도 영어 이외의 언어에서는 전연 뜻을 이룰 수 없다는 사실만을 보더라도 이 편견이 얼마나 옹졸한 섬나라 근성에서 나온 것인가를 알 수 있습니다. 역사는 과학이 아니라는 주장에 대해서 내가 주로 반대하는 것은 그것이 이른바 「두 문화」사이의 결렬을 정당화하고 영구화하는 것이기 때문입니다. 그 결렬은 이미 과거에 속한 영국 사회의 계급 구조에 입각한 낡은 편견의 산물인 것입니다. 나로서는 역사가와 지질학자를 갈라놓고 있는 간격이 지질학자와 물리학자를 갈라놓고 있는 간격보다 더 깊다거나 메우기 어렵다고는 믿지 않습니다. 그러나 나의 소견으로서는 이러한 결렬을 메우는 방법은 역사가에게 초보 과학을 가르친다든가 과학자에게 초보 역사를 가르친다든가 하는 것은 아니라고 봅니다. 우리들이 이러한 막다른 골목에 끌려들어가게 된 것은 사고방식의 혼란 때문입니다. 하여간 과학자들 자신은 이런 식의 일은 하지 않습니다. 기사들에게 식물학의 초급 강의를 들으라고 권했다는 이야기는 들어본 적도 없지 않습니까.

내가 말씀드리고자 하는 구제책의 하나는, 우리들의 역사학의 수준을 높인다는 것—감히 말한다면—그것을 보다 과학적인 것으로 만든다는 것, 역사를 연구하는 사람들에 대한 우리들의 요구를 보다 엄격히 한다는 것입니다. 본 대학에서도 교과과목의 하나가 되어 있는 역사 과목은 때로는 고전은 너무 어렵고 과학은 너무 딱딱하다고 생각하는 학생들을 수용하는 잡동사니 주머니처럼 생각되는 경우가 없지 않습니다. 이 강연을 통해서 내가 여러분에게 전하고 싶은 한 감상은, 사학史學이란 고전보다도 훨씬 어렵고 어떠한 과학에도 못지않을 만큼 딱딱한 학과라는 점입니다. 하여간 이상의 구제책은 역사가들 자신부터가 자기가 하고 있는 일에 대한 보다 강한 신념을 가져야 하겠다는 것을 의미합니다. 찰스 스노우Charles Parcy Snow(1905~1980. 영국의 평론가) 경은 이 문제를 취급한 최근의 강연에서, 과학자들의 「성급」한 낙관주의를 소위 말하는 「문학 인텔리」들의 「수군대는 목소리」나 「반사회적 감정」에 대조시키고 있습니다만, 이것은 요점을 찌르고 있는 이야기입니다.[95] 역사가들 중에도—역사가가 아니면서 역사에 관한 것을 쓰는 사람들 중에는 더 많습니다만—이러한 「문학 인텔리」의 부류에 속하는 사람들이 있습니다. 그들은 역사는 과학이 아니라든가, 역사는 무엇일 수 없고 무엇이어서는 안 된다든가, 역사는 무엇을 할 수 없고 해서는 안 된다든가 하는 설명이나 이야기에 너무 바빠서 실제로 역사를 연구하거나 역사의

95 C. P. Snow, *The Two Cultures and the Scientific Revolution* (1959), pp.4~8.

가능성을 살릴 시간 여유조차 못 가질 지경입니다.

과학과 역사의 간격을 메우기 위한 또 하나의 해결방도는, 과학자나 역사가나 그 목적하는 바는 동일하다는 보다 깊은 이해를 촉진한다는 것입니다. 과학사科學史나 과학철학에 대한 새로운 관심이 늘어나고 있는데, 그 중요한 가치도 이러한 점에 있는 것입니다. 과학자, 사회과학자, 역사가는 모두가 동일한 연구의 다른 분야에 종사하고 있는 것입니다. 즉 인간과 그 환경에 관한 연구, 다시 말해서 환경에 대한 인간의 적용과 인간에 대한 환경의 적용을 연구하고 있는 것입니다. 연구의 목적은 동일합니다. 즉 자기 환경에 대한 인간의 이해력과 지배력을 증대시킨다는 것이 그것입니다. 물론 물리학자, 지질학자, 심리학자, 역사가의 전제와 방법은 세부적으로는 큰 차이를 지니고 있습니다. 그렇기 때문에 나로서도 역사가들이 보다 과학적으로 되기 위해서는 더욱 충실하게 자연과학의 방법에 따라야만 한다는 주장을 받아들이는 것은 아닙니다. 그러나 역사가와 자연과학자는 설명을 구하는 근본 목적에 있어서나 문제를 제기하고 이에 답하는 근본 절차에 있어서나 모두 마찬가지라는 것입니다. 역사가도 그 밖의 과학자들과 마찬가지로 「왜냐」라는 의문을 부단히 추궁하는 동물입니다. 다음 강연에서는 역사가가 문제를 제기하고 이에 답해나가는 제諸방법에 대해서 검토해 보기로 하겠습니다.

4

역사에 있어서의 인과관계

우유를 냄비에 넣고 끓이면 끓어 넘습니다. 나는 그것이 왜 그렇게 되는가를 알지 못하며 또한 알아보려고 한 일도 없습니다. 만일 꼭 대답해야만 한다면, 아마 우유에는 끓어 넘는 성질이 있기 때문이라고나 할까요. 그러나 이것은 틀림없는 사실이기는 합니다만, 아무것도 설명했다고는 할 수 없습니다. 결국 이런 경우에 나는 자연과학자는 아닙니다. 이와 마찬가지로 사람들은 과거의 사건에 대해서 그것이 왜 일어났는가를 알려고 하지도 않은 채로 그에 관한 것을 읽을 수도 있고, 심지어는 쓸 수도 있고 혹은 제2차 세계대전은 히틀러가 전쟁을 원했기 때문에 일어났다고 말하고 만족할 수도 있습니다. 이 경우에 있어서도 그것은 틀림없는 일이기는 합니다만, 무엇하나 설명했다고는 할 수 없습니다. 다만 이런 사람들은 자기를 역사를 연구하는 사람, 혹은 역사가라고 자칭하는 실례만은 삼가해주어야 하겠습니다. 역사의 연구는 원인의 연구입니다. 역사가는 내가 첫 번 강연의 마지막 대목에서 말씀드린 것처럼 「왜냐」라는 물음을 부단히 추궁하는 것이며, 해명의 희망이 있는 한 쉴 수는 없는 것입니다. 위대한 역사가—아니 보다 넓은 의미에서는 위대한 사상가—란 새로운 사물에 대해서 혹은 새로운 상황에 처했을 때에 「왜냐」라는 의문을 제기하는 사람을 말합니다.

역사의 개조開祖, 헤로도투스는 자기 저작의 첫 머리에서 그리스인들과 야만인들의 행위에 관한 기억을 보존한다는 것, 「그리고 특히 그들이 서로 왜 싸우게 되었는가의 원인을 밝힌다는 것」이 그의 목적이라고 규정하고 있습니다. 고대세계에는 헤로도투스의 뒤를 이은 제자는 거의 없었습니다. 투키디데스조차도 인과관계에 대한 뚜렷한 관념이 결여되고 있다는 비난을 받아 왔을 정도입니다.[96] 그러나 18세기에 이르러서 근대적인 역사 서술의 기초가 잡혀지기 시작했을 무렵에 몽테스키외는 『로마인들의 위대성과 성쇠의 원인에 대한 고찰』 속에서 「모든 왕조에 작용하여 그 흥기와 유지와 몰락을 초래하는 도덕적 및 물질적 일반 원인이 있다」는 원리와 「발생되는 모든 사건은 이러한 제諸원인에 좌우된다」는 원리를 가지고 자신의 발생점으로 삼았습니다. 그는 수년 후에 『법의 정신』에서도 이상과 같은 관념을 발전시켜서 일반화한 바 있습니다.

즉 「우리들이 이 세상에서 보는 모든 결과는 맹목적인 운명의 산물이다」라고 생각하는 것은 어리석은 일이며, 인간이라고 해서 「특별히 환상적인 세계의 지배 밑에서 사는 것은 아니며」, 그들의 행동도 「사물의 본질」에 입각한 일정한 법칙이나 원리를 따른 다는 것이었습니다.[97] 그로부터 근 200년 동안이나 역사가와 역사철학자들은 역사적 사건의 원인과 이를 지배하는 법칙을 발견하고, 그것을 가지고 인류의 과거 경험을 조직해 본다는 일에 몰두해 왔습니다. 이러한 원인과 법칙은 기계적인 혹은 생물학적인 견지하에서 때로는 형이

---

96 F. M. Cornford, *Thucydides Mythistoricus*, *passim*.

97 *De l'esprit des lois*, Preface and ch.1.

상학적인 것으로, 때로는 경제적인 것으로, 때로는 심리적인 것으로 생각되었습니다. 그러나 역사란 과거의 여러 사건을 원인과 결과라는 정연한 질서하에 정돈함으로써 이루어질 수 있다는 것만은 공인된 학설이었습니다. 볼테르는 백과사전의 역사항목 속에서 「만일 옥수스Oxus와 쟈크사르테스Jaxartes 유역에 있어서의 만족蠻族들의 성쇠교체盛衰交替의 이야기 같은 것을 빼놓고서는 아무런 할 이야기도 없다고 한다면, 그런 것이 우리들에게 무슨 소용이 있겠는가」라고 기술했습니다. 그러나 근래에 이르러 사정은 좀 달라졌습니다. 오늘날에 와서는 전번 강연에서도 말씀드린 바 있는 여러 이유 때문에 역사적 「법칙」이라는 말은 이미 통하지 않게 되었고, 심지어는 「원인」이라는 말조차도 유행에 뒤떨어진 것이 되고 말았습니다. 이에 대한 원인의 일부는 여기서는 언급될 성질이 아닌 일종의 철학적인 애매성에 기인하는 것이며, 또 다른 원인의 일부는 그러한 말이 결정론과 연결되고 있다는 생각에 기인하고 있는 것입니다. 지금 이 자리에서는 후자의 경우를 논의하기로 하겠습니다. 위에서도 말씀드렸습니다만, 일부사람들은 역사를 말할 때에 원인이라는 말을 사용하지 않고 그 대신 「설명」, 「해석」, 「상황의 논리」, 「사건의 내적 논리」(이것은 다이시Albert Venn Dicey(1835~1922. 영국의 법학자)가 시작한 말입니다만) 등의 말을 사용하는가 하면 「왜 그러한 일이 일어났는가」라는 원인 추구의 방향을 배격하고 「그것은 여하히 일어났는가」라는 기능적 방향을 택하기도 합니다. 그러나 이러한 경우에 있어서도 그 일은 왜 일어나게 되었는가라는 문제는 불가피하게 따라다니게 마련이고, 따라서 우리들은 또 다시 「왜냐」라는 문제에 되돌아갈 수밖에는 없는 것입니다. 또 그런가 하면 여러 가지의 원인을 종류에 따라서—기계적 원인, 생물적 원인, 심리적 원인 등으로—구분해 놓고 역사적 원인도 특수한 카테고리의 원인으로 취급하려는 사람들이 있습니다. 물론 이러한 구분 방법에도 어느 정도의 유효성이 없는 것은 아니겠습니다만, 그러나 당면한 목적을 위해서 그들 간의 차이성을 강조하는 것보다는 모든 종류의 원인에 공통된 점을 강조하는 편이 보다 유익할 것입니다. 나 자신의 경우만 해도 역시 「원인」이라는 말은 보통의 의미대로 사용하는 것으로 만족하고, 이상과 같은 특별난 기교 같은 것은 무시해 버리기로 하겠습니다.

그러면 우선 사건의 원인을 구명해야 할 입장에 직면하게 될 때에 역사가들은 실제로 어떠한 일을 하게 되는가를 알아보기로 합시다. 원인이라는 문제에 대한 역사가들의 연구방식의 제1의 특징은 같은 사건에 대해서 보통 몇 가지의 원인을 들게 된다는 점입니다. 경제학자 마샬Marshall은 언젠가 다음과 같은 말을 적은 일이 있습니다. 「우리들은 어느 한 원인의 작용만을 중시하고 이 원인과 껴묻혀서 영향력을 발휘하고 있는 그 밖의 제諸원인을 무시해 버린다는 일만은 여하한 일이 있어도 삼가야만 한다.」[98] 「왜 1917년에 러시아에서 혁명이 일어났는가」라는 문제에 대해서 단 한 가지 원인만을 들어서 답하는 수험생이 있다면 운이 좋아야 D 정도의 성적 밖에는 못 받을 것입니다. 역사가는 많은 원인의 복합체를 취급하는 것입니다. 만일 그가 볼셰비키혁명의 원인을 생각해야 할 입장에 놓인다면 그는 러

98 *Memorials of Alfred Marshall*, ed. A. G. Pigou (1925). p.428.

시아의 계속적인 군사적 패배, 전쟁의 중압하에서의 러시아 경제의 붕괴, 볼셰비키 당원들의 효과적인 선전, 농업문제 처리에 있어서의 차르Tsar 정부의 실패, 가난과 착취에 몰린 프롤레타리아트들의 페트로그라드 공장지대에로의 집중, 타진영他陣營에는 레닌과 같은 결단성을 지닌 인물이 없었다는 사실 등을 열거할 것입니다.—결국 그것은 장기적인 것이건 단기적인 것이건 경제적·사상적·개인적인 제諸원인을 닥치는 대로 모아 놓은 것 같은 것이 되는 것입니다.

그러나 이 문제는 동시에 역사가들의 탐구방법의 제2의 특징을 끌어내줍니다. 만일 우리들의 질문에 답하는 수험생이 러시아혁명에 대한 원인을 한 다스 정도 열거하고 그것으로 끝내고 만다면, 그 학생은 아마도 C 정도의 성적을 받을 수는 있겠지만 B는 어려울 것입니다. 결국「알기는 많이 알지만 상상력이 부족하다」는 것이 시험관들의 평이 되겠지요. 진정한 역사가라면 자기가 작성한 여러 원인의 목록을 앞에 놓고서는, 그것을 질서지어야 하겠다, 제諸원인의 상호관계를 결정할 수 있도록 거기에 상하관계를 설정해야 하겠다, 혹은 (역사가들이 즐겨 쓰는 말투를 따른다면)「결국에 가서는」,「궁극적으로는」어떤 원인과 어떤 종류의 원인을 최종 원인, 즉 모든 원인 중의 원인이라고 보아야 할 것인가를 결정지어야 하겠다는 직업적인 강박감 같은 것을 느끼게 될 것입니다. 이것이 주제에 대한 역사가의 해석이라는 것입니다. 그가 어떠한 원인을 내세우는가에 따라서 어떠한 역사가인가도 알 수 있게 되는 것입니다. 기본Gibbon은 로마제국의 쇠퇴와 몰락의 원인을 야만과 종교의 승리에 돌렸습니다. 19세기의 영국의 휘그 역사가들은 영국의 힘과 번영의 상승을 입헌적인 자유 원리에 구체화된 정치제도의 발달 때문이었다고 보았습니다. 기본이나 19세기의 영국 역사가들은 오늘날에 와서는 모두 구식 냄새가 나는 사람들입니다. 왜냐하면, 그들은 현대 역사가들이 가장 중요시하는 경제적 원인을 소홀히 했기 때문입니다. 모든 역사적 논의라는 것은 우선 원인이라는 문제의 주위를 맴돌게 마련인 것입니다.

앙리 푸앙카레는 지난 강연에서 인용한 저작에서, 과학은 「다양성을 향하여」 그리고 「통합성과 단일성을 향하여」 동시적으로 전진해 나가는 것이고, 이 이중적인 그리고 명백히 모순되는 과정이야말로 지식에 대한 필수적인 조건이라고 지적했습니다.[99] 이 말의 진실성은 역사에 있어서도 마찬가지입니다. 역사가는 그 연구를 넓히고 심화함에 따라서 「왜냐」라는 의문에 대한 해답을 더욱더 많이 축적해 나가는 것입니다. 근래에 있어서의 경제사, 사회사, 문화사, 법제사法制史 등의 분화발전分化發展—정치사의 복잡한 제諸문제에 대한 새로운 통찰이라든가, 심리학과 통계학에 있어서의 새로운 기술 등에 대해서는 새삼스러운 언급이 필요없겠습니다—은 우리들의 해답의 수와 영역을 놀라울 정도로 넓혀 놓았습니다. 버트란드 러셀은 「과학에 있어서의 모든 전진은 최초에 관찰된 조잡한 획일성을 벗어나서 원인과 결과의 보다 큰 분화에로, 그리고 관련되었다고 인정되는 원인의 범위의 부단한 확대에로 우리들을 이끌어 나간다」[100]라고 말했습니다만 이것은 역사학의 상황을 정확하게 표현한 말입니다. 역사가에게는 과거를 이해하겠다는 충동이 있기 때문에 과학자와 마찬가

99 H. Poincaré, *La Science et l'hypothèse* (1902), pp.202~3.

100 B. Russell, *Mysticism and Logic* (1918), p.188.

지로 다양한 해답을 단순화하고 어떤 해답을 다른 해답에 종속시키고, 제諸사건의 혼돈과 특정된 제諸원인의 혼돈 속에 질서와 통합성을 도입한다는 일을 동시에 해야만 하는 것입니다.「하나의 신, 하나의 법, 하나의 원소, 먼 옛날의 하나의 성스러운 사건」[101]이라든가, 헨리 애덤즈Henry Brooks Adams(1838~1918. 미국의 문학자 · 역사가)가 추구한「교화되고자 하는 열망을 일거에 해결지어 줄 수 있는 어떤 위대한 일반화」—이런 것들은 오늘날에 와서는 이미 낡아빠진 헛소리로밖에는 보이지 않습니다. 그러나 역사가가 원인을 다양화하는 동시에 원인을 단순화해 나가는 작업을 해야만 한다는 사실에는 변함이 없습니다. 과학과 마찬가지로 역사도 이러한 이중적인, 분명히 상반되는 과정을 통해서 전진하는 것입니다.

여기서 나로서는 별로 마음이 내키지는 않습니다만, 방향을 바꾸어서 우리들의 길목에 가로놓여져 있는 두 개의 매력적인 함정에 대해서 논해야만 하겠습니다. 그 하나는「역사에 있어서의 필연」이라는 것으로서, 여기에는「헤겔의 간계」라는 표딱지가 붙어있고, 다른 하나는「역사에 있어서의 우연」이라는 것으로서, 여기에는「클레오파트라의 코」라는 표딱지가 붙어 있습니다. 먼저 이러한 문제가 왜 제기되었는가에 대해서 한두 마디 말씀드려야 하겠습니다. 칼 포퍼Karl Popper 교수란 사람은 1930년대에 비엔나에서 과학의 새로운 견지에 관한 대저를 낸 바 있고 (이 책은 근래에「과학적 연구의 논리」라는 제목으로 영역되었습니다), 대전중大戰中에는 보다 대중적인 성

101 *The Education of Henry Adams* (Boston, 1928) p.224.

격의 두 책 『열린 사회와 그 적들』, 『역사주의의 빈곤』[102]을 영어로 출판한 사람입니다. 이 책들은 헤겔에 대한 반발—저자는 헤겔을 플라톤과 더불어 나치즘의 정신적 원조로서 취급하고 있습니다—과, 1930년대의 영국에 있어서의 우익의 지적 풍조였던 다소간 천박한 마르크스주의에 대한 반발에서 나온 강한 감정적인 기분 속에서 집필된 것입니다. 여기에 주된 공격대상이 되고 있는 것은 소위 말하는 헤겔 및 마르크스의 결정론적인 역사철학이라는 것인데, 이들은 「역사주의」라는 욕된 이름하에 일괄 분류되고 있습니다.[103] 1954년에

102 *The Poverty of Historicism*. 이 책이 단행본 체제로 나온 것은 1957년이지만, 거기에 실린 논문들은 원래 1944년과 1945년에 출판되었던 것입니다.

103 나는 명확성이 필요치 않은 한두 군데에서 밖에는 「역사주의」라는 말의 사용을 피해왔습니다. 왜냐하면 제저작(諸著作)이 역사주의라는 용어의 명확한 의미를 구축해 버렸기 때문입니다. 언제나 말의 정의만을 고집한다는 것은 페단틱한 태도입니다. 그러나 자기가 무엇을 말하고 있는가를 알아야 합니다. 포퍼 교수는 역사에 관한 견해로서 자기가 싫어하는 것이라면 무엇이나 쓸어 담아 버리는 잡물주머니처럼 「역사주의」라는 말을 쓰고 있습니다.

그 중에는 나로서 정당하게 여겨지는 것도 있는가 하면, 오늘날 제대로 된 저술가치고 누가 그런 견해를 가지고 있겠는가라고 의심스럽게 생각되는 것들도 있습니다. 포퍼 교수 자신이 시인하고 있는 바와도 같이 (*Poverty of Historicism*, p.3.) 그는 지금까지 어떠한 고명한 「역사주의자」에게서도 볼 수 없었던 「역사주의적」 논의를 고안해내고 있습니다. 그의 저서에서는 역사주의는 역사를 과학과 동일시하는 학설과, 이 양자를 명확히 구분하는 학설과의 쌍방을 모두 포함하고 있습니다. *The Open Society*에서는 예언을 피한 헤겔이 역사주의의 주요창도자로 취급되고 있는가 하면 *The Poverty of Historicism*의 서론에서는 역사주의는 「역사적 예언을 주요 목적으로 삼는 사회과학의 연구태도」라고 말하고 있습니다. 종래에는 「historicism」은 보통 독일어의 「Historismus」의 영역어로서 사용되어 왔습니다. 그런데 포퍼 교수는 「historicism」과 「historism」과를 구별하여, 그렇지 않아도 혼란되어 온 언어 사용법에 새로운 혼란요소를 첨가하고 있는 것입니다. M. C. D'Arcy, *The Sense of History: Secular and Sacred* (1959), p.11에서는 「역사주의」라는 말은 「역사철학과 동일한 것」으로서 사용되고 있습니다.

이자이아 벌린 경은 「역사적 불가피성」에 대한 논문을 발표했습니다. 그는 플라톤에 대한 공격은 피하고 있습니다만 아마도 그것은 옥스퍼드 대학을 떠받쳐온 오랜 지주에 대한 약간의 존경감이 남아 있었던 탓이라고 짐작됩니다.[104] 그러나 그는 포퍼 교수의 비난에 가하여 그에게서는 볼 수 없었던 논의를 펴고 있습니다. 즉 헤겔과 마르크스의 역사주의는 규탄되어야만 하는데, 왜냐하면 그것은 인간행위를 인과적인 관점 하에서 설명함으로써 인간의 자유의지를 부정하고 따라서 찰스대제나 나폴레옹이나 스탈린과 같은 역사상의 인물을 단죄한다는 당연한 의무(이 점에 관해서는 이미 지난 강연에서 말씀드린 바 있습니다)에 대한 역사가들의 도피 태도를 조장한다는 것입니다. 이 점을 내놓고서는 그 밖에 달라진 점이라곤 별로 없습니다. 이자이아 벌린 경이라면 당연한 이야기입니다만 인기있고 널리 읽혀지고 있는 저술가입니다. 하여간 지난 5~6년 동안에 영국이나 미국에서는 역사에 관해서 논문 하나라도 썼다든가, 하다못해 역사책에 대한 제대로 된 서평 하나라도 썼다는 사람이라면 누구나 할 것 없이 헤겔과 마르크스와 결정론에 대해서 잘 안다는 듯한 멸시의 태도를 드러내 보이고 역사에 있어서의 우연의 역할을 간과한 데 대한 어리석음을 지적했던 것입니다. 아마도 이자이아 벌린 경에게 그 제자들의 책임까지를 들씌운다면 그것은 불공평한 이야기가 될 것입니다. 그는 넌센스를 말 할 때에도 그래도 애교있고 매력있는 말투를 쓰기 때문에 참고 들어줄 수가 있습니다. 그러나 그의 제자들이란

---

104 그러나 플라톤을 최초의 파시스트라고 공격하기 시작한 것은 한 옥스퍼드 출신자의 방송강연이 처음이었습니다. R. H. Crossman, *Plato Today* (1937).

넌센스를 되풀이 할 뿐 애교있는 말 한마디 할 줄 모르는 형편입니다. 하여간 통틀어 봐야 새로운 것이란 아무것도 없습니다. 찰스 킹즐리(Charles Kingsley)라고 하면 우리나라의 근대사 흠정강좌近代史欽定講座 담당교수들 가운데서 각별히 뛰어난 사람도 아니겠고, 아마도 헤겔을 읽어본 일도, 마르크스에 대해서 들어본 일도 없으리라고 생각되는 사람입니다만, 그는 1860년의 취임강연에서 인간은 「자기자신의 존재의 제諸법칙을 무너뜨릴 수 있는 신비로운 힘」을 가지고 있다고 말하면서, 그것이 역사에는 여하한 「불가피한 연속성」도 있을 수 없다는 증거라고 하였습니다.[105] 다행히도 우리들은 킹즐리에 대해서는 이미 잊어버렸습니다. 그런데 이미 송장이 된 말 등어리에 채찍질을 하면서 산 말의 외관을 꾸며온 것이 바로 포퍼 교수와 이자이아 벌린 경이었던 것입니다. 이 혼란을 가셔내기 위해서는 약간의 인내가 필요하겠습니다.

그러면 우선 결정론부터 다루어 보기로 하겠습니다만, 이론異論이 없기를 바라면서 결정론이란 것을 다음과 같이 정의해 보기로 하겠습니다. 즉 결정론이란 모든 일에는 하나 혹은 몇 개의 원인이 있고, 원인들 중 하나 혹은 몇 개에 변화가 없는 한 그 일에도 변화가 있을 수 없다는 신념을 말하는 것입니다.[106] 결국 결정론이란 역사의 문제

105 C. Kingsley, *The Limits of Exact Science as Applied to History* (1860), p.22.

106 「결정론(決定論)이란 ……다음과 같은 것을 의미한다. ……즉 데이터가 동일한 경우엔 틀림없이 동일한 사건이 일어나게 마련이고 그와 다른 사건은 일어날 수 없다. 다른 사건이 일어날 수 있다고 생각한다는 것은 데이터가 만일 다를 경우에는 그리 될 것이라는 의미에 불과하다.」(S. W. Alexander in *Essays Presented to Ernst Cassirer*, 1936, p.18).

가 아니라 모든 인간행위에 관한 문제입니다. 행동에 원인이 없고 따라서 행동이 결정지어져 있지 않은 인간이란 지난 강연에서도 말씀드렸습니다만 사회 밖에 존재하는 개인처럼 하나의 추상에 불과합니다. 「인간사에 있어서는 모든 것이 가능하다」[107]라는 포퍼 교수의 주장은 무의미하거나 거짓입니다. 일상생활에 있어서는 아무도 그런 말을 믿지도 않고 믿을 수도 없습니다. 모든 일에는 원인이 있다는 공리는 우리들의 주위에서 진행되는 일들을 이해하기 위한 인간능력의 하나의 전제조건입니다.[108] 카프카Kafka의 소설의 환각적인 성격은 모든 일에 명백한 원인, 확장될 수 있는 원인이 없다는 사실에서 오는 것입니다. 이것은 인격의 전적인 붕괴를 가져오게 되는 것입니다. 왜냐하면 인격이란 사건에는 원인이 있다는 전제, 그리고 이러한 원인의 많은 것은 확실하게 가려질 수도 있고, 그렇기 때문에 인간의 마음속에는 행동의 지침으로 삼을 수 있는 과거와 현재의 연관이 닿는 원형이 형성될 수 있다는 전제를 바탕으로 하는 것이기 때문입니다. 인간행동은 원칙적으로 확실히 분별할 수 있는 원인에 의하여 결정된다는 전제 없이는 일상생활은 불가능할 것입니다. 옛날에는 자연현상을 지배하는 것은 바로 신의이기 때문에 자연현상의 원인을 탐구하는 것은 신을 모독하는 것이라고 생각한 사람들이 있었습니

107 K. R. Popper, *The Open Society* (2nd ed., 1952), ii, p.197.

108 「인과법칙은 세계가 우리들에게 강요하는 것이 아니라 아마도 우리에게 있어서는 자신을 세계에 적응시키기 위한 가장 편리한 방법일 것이다.」 (J. Rueff, *From the Physical to the Social Sciences*, Baltimore, 1929, p.52). 포퍼 교수 자신도 (*The Logic of Scientific Enquiry*, p.248.) 인과관계를 믿는다는 것은 「극히 정당한 방법론상의 법칙을 형이상학으로 실존시하는 것」이라고 말하고 있습니다.

다. 이자이아 벌린 경은 인간행동은 인간의 의지에 의하여 지배된다는 이유 때문에 인간행동의 원인을 설명하려는 것을 반대합니다만, 이것 역시 동일한 사고방식에 속하는 것입니다. 또한 이것은 오늘날의 사회과학이 아마도 이상과 같은 논의가 자연과학의 연구를 가로막고 있었을 당시의 자연과학의 수준 밖에는 못가고 있다는 사실을 말하는 것이라고도 하겠습니다.

그러면 실지로 일상생활에 있어서는 우리들은 이 문제를 어떻게 처리하고 있는가를 생각해 보기로 하겠습니다. 여러분은 매일매일 일을 시작할 무렵에 스미스를 만나게 됩니다. 그럴 때마다 일기日氣나 대학 형편에 대해서 친절한 그러나 의미는 별로 없는 말로서 그에게 인사할 것입니다. 스미스 역시 일기나 일, 형편 등에 대해서 의미는 없으나 친절한 말로써 대답할 것입니다. 그러나 어느 날 아침, 스미스의 인사 대답이 심상한 태도가 아니라 여러분의 용모나 성격에 대한 지독한 욕설을 퍼부었다고 합시다. 그럴 경우에 여러분은 알 수 없다는 표정을 지으면서, 이것이야말로 스미스의 의지가 자유롭다는 확실한 증거로구나, 인간사에 있어서는 모든 일이 가능하다는 확실한 증거로구나 라고 하시겠습니까? 아마 그렇지는 않을 겁니다. 오히려 여러분은 이 비슷한 말을 하게 되겠지요. 「가엾은 스미스! 이 친구의 아버지는 정신병원에서 돌아가셨지.」「가엾은 스미스! 마누라와 또 싸웠구나.」 말하자면 여러분은 여기에는 반드시 무슨 원인이 있을 것이라고 굳게 믿고서 스미스의 분명히 원인 없어 보이는 행동에 대한 원인진단을 내려 보려고 하실 겁니다. 그러나 내가 걱정하는 것은, 여러분이 그러한 일을 하셔서 이자이아 벌린 경의 격노를 사게 되지나 않을까 하는 점입니다. 즉 당신은 스미스의 행동을 인과적因果的으로 설명함으로써 헤겔과 마르크스의 결정론적인 억설을 맹목적으로 받아들였고, 결국 스미스를 비열한 인간이라고 비난할 의무를 저버렸다는 점을 그는 대단히 못마땅하게 생각할 것이기 때문입니다. 그러나 일상생활에서 이러한 견해를 취할 사람이란 있을 리 만무하고, 결정론이냐 도덕적 책임이냐 라는 것이 크게 문제된다고 생각할 사람도 없습니다. 자유의지와 결정론에 관한 논리적 딜레마는 실제 생활에서는 일어나는 것이 아닙니다. 인간행동의 어떤 것은 자유롭고, 어떤 것은 결정되어 있다는 것은 아닙니다. 사실은 모든 인간 행동이 그것을 보는 견지에 따라서 자유롭기도 하고 결정되어 있기도 한 것입니다. 여기에 있어서도 실제적인 문제는 또 한 번 달라집니다. 스미스의 행위에는 하나나 혹은 몇 개의 원인이 있었습니다. 그러나 그것이 어떠한 외부적 강제에 의해서 일어난 것이 아니라 자기 자신의 인격적 강제에 의해서 일어난 것이니만큼, 그에게는 도덕적 책임이 있었습니다. 왜냐하면, 정상적인 성인은 자기 자신의 인격에 대해서 책임을 진다는 것이 사회생활의 하나의 전제 조건이기 때문입니다. 이상의 특정된 경우에 있어서 그에게 책임이 있다고 보건 말건 그것은 여러분의 실천적인 판단의 문제입니다. 그러나 여러분이 스미스에게 책임을 물었다고 해도 그것은 여러분이 그의 행동에는 아무런 원인도 없다고 인정한다는 것과는 다른 것입니다. 원인과 도덕적 책임과는 다른 카테고리에 속한 것입니다. 근래에 본 대학에는 범죄학에 관한 연구소와 강좌가 신설되었습니다. 그러나 아무리 범죄의 원인을 연구하는 분들이라고 해도 범죄에는 도덕적 책임이라는 것이 있을 수 없다고 생각할 사람은 없으리라고 확신합니다.

그러면 역사가의 경우는 어떠할까요. 역사가들도 일반 사람들과 마찬가지로 인간행위에는 원칙적으로 밝혀낼 수 있는 원인이 있다고 믿고 있습니다. 만일 이러한 전제가 성립되지 않는다면, 일상생활과 마찬가지로 역사도 불가능하게 될 것입니다. 이와 같은 원인을 연구한다는 것이 바로 역사가의 특수한 직능입니다. 역사가가 인간행동의 결정된 측면에 대한 특별한 관심을 가지게 된다는 것은 아마도 이 때문이 아닌가 생각되는 것입니다. 그렇다고 해서 역사가가 자유의지를 거부한다는 것은 아닙니다. 다만 자의에 의한 행동에는 원인이 없다고 하는 당치도 않은 가설을 거부한다는 것뿐입니다. 뿐만 아니라 불가피성이라는 문제도 역사가에게는 큰 골칫거리가 되지는 않습니다. 딴 사람들과 마찬가지로 역사가들도 때로는 과장된 말을 써서, 어떤 사건을 「불가피」했다고 표현하기도 합니다만 그것은 여러 요인의 결합관계가 사람들로 하여금 그러한 사건을 기대하게 할 만큼 압도적으로 강했다는 것을 뜻함에 불과합니다. 최근에 나 자신의 역사책 속에 이 불쾌한 말이 없는가를 조사해 봤습니다만, 결국 나 자신에게 대해서도 완전한 건강증명서는 줄 수 없습니다. 가령 어떤 대목에서 나는 1917년 혁명 후에 볼셰비키와 그리스정교회와의 충돌은 「불가피」 했다고 쓰고 있는 것입니다. 물론 「가능성이 지극히 컸다」라고 썼던 편이 보다 현명했겠지요. 그러나 이러한 정정訂正에는 약간의 페단틱한 냄새가 풍기지 않을까요. 사실 역사가란 사건이 실제로 일어나기 전가지 그것이 불가피하다고는 생각 안하는 법입니다. 역사가들은 선택은 자유라는 가정에 서서 이야기의 주인공들이

택할 수 있었던 다른 코스에 대해서도 논의할 때가 많습니다. 그러나 결국에 가서는 왜 딴 코스는 취하지 않고 특정된 코스를 취하게 되었는가를 설명한다는 정당한 태도에서 빗나가지는 않습니다. 역사에 있어서는 어떤 일이건 그것이 다른 결과를 초래하려면 선행되는 원인 자체부터가 달랐어야만 했다는 정칙적定則的인 의미에서가 아니라면 불가피한 일이라곤 없는 것입니다. 역사가인 이상 나 자신만 하더라도「필연적인」,「불가피한」,「빠져 나갈 수 없는」,「모면할 길 없는」 정도의 말까지도 일체 쓰지 않고 일을 헤나갈 용의는 충분히 되어 있습니다. 그렇게 되면 인생은 보다 단조로운 것이 되겠지요. 그러나 이런 말은 시인이나 형이상학자에게 맡겨놓기로 합시다. 불가피성에 대한 이상과 같은 공격은 그야말로 무익하고 무의미하기 짝이 없는 것입니다만 근래에 와서 그 기세는 더욱 대단한 열기를 띠고 나타났습니다. 그렇다면 그 배후에는 어떠한 동기가 숨어 있는가, 이를 찾아내봐야 하겠다는 생각이 들게 됩니다. 내 생각 같아서는 그 원천을 미련학파未練學派, might-hare-been school라고나 이름지을까 합니다만, 그것은 사상적인 것이라기보다는 오히려 감정적인 성질의 것입니다. 또한 그것은 거의 전적으로 현대사現代史에만 관련되어 있습니다. 지난 학기의 일입니다만, 나는 본 케임브리지 대학에서「러시아혁명은 불가피하였는가」라는 제목이 붙은 강연회의 광고를 본 일이 있습니다. 나로서는 그 강연회의 의도가 전혀 진지한 것이었다는 점은 의심치 않습니다. 그러나 만일 여러분이「장미전쟁은 불가피하였는가」라는 강연회의 광고를 보신다면 대번에 이것은 무슨 농담이 아닌가 하고 생각하실 겁니다. 노르만 콘퀘스트Norman Conqest나 미국의 독립전쟁에 대해서 기술할 때에 역사가는 사실에 있어서 그러한 일들이 일어날 수밖에 없었다는 태도로, 그리고 무엇이 일어났고 왜 일어났는가를 그대로 설명한다는 것만이 역사가의 직무라는 태도로 써나갑니다. 그렇다고 해서 그를 결정론자라고 비난한다든가, 윌리암 정복왕征服王이나 미국의 반도叛徒들이 패배했을지도 모를 그 밖의 가능성을 논하지 않았다고 해서 비난할 사람은 없습니다. 나 역시—역사가로서 유일타당한 방법을 택해서—이상과 똑같은 방법으로 1917년의 러시아혁명을 기술하고 있습니다만, 그럼에도 불구하고 우연히 된 일을 그렇게 될 수밖에는 없었다는 투로 암시적인 서술을 하고 있다든가, 일어났을지도 모를 그 밖의 모든 일들을 검토하지 못했다든가 하는 비평가들의 규탄을 받고 있는 것입니다. 스톨리핀 P. A. Stolypin(1862~1911. 러시아의 정치가, 1906년 이후 수상으로서 자유주의 정책을 쓰다가 암살됨.)이 농업개혁을 완수할 만한 시간이 있었다고 가정해 보라, 러시아가 참전을 안했다고 가정해 보라, 그랬더라면 혁명은 안 일어났을 것이다. 또는 케렌스키 정부가 성공했었다고 가정해 보라, 혁명의 주도권을 쥔 것이 볼셰비키가 아니라 멘셰비키나 사회혁명당이었다고 가정하여 보라는 등등의 이야기들이 있습니다. 이러한 가정은 이론상으로는 생각해 볼 수도 있는 일이겠고 또한 사람이란 언제나 역사상의 과거에 대한 가상을 즐거운 이야기 거리로 삼을 수도 있는 것입니다. 그러나 이것은 결정론과는 아무런 관련도 없습니다. 결정론자로서 대답할 수 있는 것은, 이러한 일들이 일어났으려면 원인도 달랐어야만 했다는 것뿐입니다. 뿐만 아니라 그러한 가정들은 역사와도 아무런 관련이 없습니다. 문제는 오늘날 노르만 콘퀘

스트나 미국의 독립의 결과를 뒤집어엎겠다든가, 이러한 사건을 열렬히 항의할 사람은 아무도 없다는 점, 그리고 역사가들이 이러한 사건을 완결된 장으로 취급한다는 데 대해서 반대할 사람도 있을 수 없다는 점에 있는 것입니다. 그러나 직접 혹은 간접적으로 볼셰비키의 승리로 피해를 입었거나 앞으로의 먼 결과에 대해서 아직도 공포를 품고 있는 많은 사람들로서는 볼셰비키 혁명에 대한 자기들의 항의를 기록하고 싶어하는 것입니다. 따라서 그들이 역사를 읽을 때에는 일어났을지도 모를 온갖 기분 좋은 일들을 제멋대로 공상도 해보게 되고 역사가들이 무엇이 일어났는가, 왜 그러한 기분 좋은 일들은 꿈으로 밖에는 실현될 수 없었었는가를 담담하게 설명해 나가는 데 대해서도 화를 내는 일이 생기게 되는 것입니다. 현대사의 두통거리는 사람들이 선택의 여지가 모두 남아 있었던 때를 기억하고 있기 때문에, 그러한 여지가 기정사실에 의하여 모두 끝나버렸다고 보는 역사가들의 태도를 받아들이기 곤란하다고 여긴다는 점에 있습니다. 이것은 순전히 감정적이고 비역사적인 반동입니다. 그리고 이것이야말로 소위 말하는 「역사적 불가피성」의 학설에 대한 최근의 반대운동을 가장 크게 조장해 온 것입니다. 우리들은 이러한 함정에서 빠져나와야 하겠고, 또한 다시는 여기에 걸려들지 않아야만 하겠습니다.

공격의 또 하나의 근원이 되고 있는 것은 클레오파트라의 코라는 유명한 난문입니다. 이것은 역사라는 것의 대부분이 우연의 집합체이고 우연의 일치에 의하여 좌우될 뿐만 아니라, 전연 돌연적인 원인의 소치라고 밖에는 볼 수 없는 사건의 연속이라는 이론입니다. 이에 의하면 악티움 해전의 결과도 역사가들이 일반적으로 주장하는

류類의 원인에 의한 것이 아니라 안토니가 클레오파트라에게 빠져 버렸기 때문이라는 이야기가 됩니다. 바자젯트Bajazet I(1347~1403. 터키의 황제)가 통증 때문에 중앙 유럽에의 진격을 중지하였을 때에 기본Gibbon은 「일개인의 단 한 개의 힘줄에 통증이 생겼다는 일이 여러 국민들의 불행을 막아줄 수도 있고 지연시킬 수도 있다」라고 말했습니다.[109] 1920년 가을에 그리스 왕 알렉산더는 자기가 총애하던 원숭이에게 물려서 죽었습니다. 이 불상사는 연달은 사건을 일으키게 되어, 윈스톤 처칠 경은 「원숭이가 물었다는 것 때문에 25만 명의 사람들이 목숨을 잃었다」[110]고 말하였습니다. 또한 1923년 가을, 트로츠키는 지노비에프Zinoviev, 카메네프Kamenev, 스탈린 등과 다투고 있었던 중대한 시기에 오리 사냥을 하다가 열이 나서 활동을 못하게 된 일이 있었습니다만, 이에 대한 트로츠키의 말을 들어 봅시다. 「혁명이나 전쟁을 예견한다는 일은 가능하다. 그러나 가을철 산오리 사냥의 결과를 예견한다는 일은 불가능하다.」[111] 우선 여기서 우리가 밝혀 두어야 할 일은, 이 문제가 결정론의 문제와는 아무런 관련도 없다는 점입니다. 안토니가 클레오파트라에게 빠졌다는 일, 바자젯트의 통증, 트로츠키의 몸살 등은 그 밖의 딴 일들과 꼭 마찬가지로 인과적으로 결정된 일들이었습니다. 만일 안토니가 빠져 들어갔다는 데에는 아무런 원인도 없었다고 한다면, 그것은 클레오파트라의 미색에 대한 공연한 실례가 될 것입니다. 여성의 아름다움과 남성이 매혹

---

109 *The Decline and Fall of the Roman Empire*, ch.54.

110 W. Churchill, *The World Crisis: The Aftermath* (1929), p.386.

111 L. Trotsky, *My Life* (Engl. transl., 1930), p.425.

된다는 것과의 관련성은 일상생활에 있어서 언제나 볼 수 있는 가장 정상적인 인과연쇄因果連鎖의 하나입니다. 역사에 있어서 우연이라고 말하는 것은 역사가들의 중심 구명대상이 되고 있는 인과연쇄를 중단하면서—말하자면 그것과 충돌하면서—또 하나의 인과연쇄가 나타날 때에 그것을 가리켜 말하는 것입니다. 뷰리Bury의 「두 개의 독립된 인과연쇄의 충돌」[112]이라는 말은 지당한 말입니다. 이자이아 벌린 경은 「역사적 불가피성」이라는 논문의 서두에서 「우연사관偶然史觀」이라는 버나드 버렌슨Bernhard Berenson(1865~1959. 리투아니아 출신의 미술평론가)의 논문을 찬사와 더불어 인용하고 있습니다만, 그는 이상과 같은 의미의 우연이라는 것과 인과적 필연성이 없다는 것과를 혼동하고 있는 사람들 중의 하나입니다. 그러나 이러한 혼동은 고사하고라도 여기에는 정말로 중요한 문제가 있는 것입니다. 즉 그것은 우리가 다루는 인과연쇄가 자신의 견해로서는 이와는 아무런 관련도 없는 딴 인과연쇄에 의해서 언제든지 단절될 수도 있고 빗나갈 수도 있는 것이라면 역사에 있어서의 원인과 결과의 일관된 연속성은 어떻게 발견될 수 있을 것이며 또한 그 속에서 어떠한 의미를 찾아볼 수 있겠는가라는 문제입니다.

여기서 우선 잠깐 발을 멈추고 역사에 있어서의 우연의 역할이란 것이 최근에 와서 왜 그렇게도 널리 강조되게 되었는지 그 기원부터 살펴보기로 합시다. 폴리비우스Polybius(B. C. 205?~?125. 그리스 출신의 로마 역사가)는 아마도 이 문제를 계통적인 방식으로 다루어 본 최

112 이 문제에 대한 뷰리의 논점은 *The Idea of Progress* (1920) pp.303~4를 참조.

초의 역사가가 아닌가 여겨집니다만, 그 이유를 재빠르게 캐낸 것은 기본이었습니다. 즉 그는 「그리스인들은 나라가 쇠퇴해서 한 속주의 지위에 떨어졌을 때에 로마의 승리를 공화국의 장점 때문이라고 보지 않고 그 행운 때문이라고 보았다」[113]고 말했습니다. 타키투스Tacitus 또한 국가의 쇠퇴기에 처했던 역사가입니다만, 그 역시 우연에 관한 장황한 견해에 골몰했던 또 하나의 고대 역사가입니다. 영국에서도 20세기에 들어서면서부터 불안과 공포의 분위기가 짙어져갔고, 다시 1914년 이후에는 그것이 뚜렷한 형태를 취하게 되었습니다만, 영국의 저자들이 역사에 있어서의 우연의 중요성을 다시금 강조하고 나선 것도 바로 이러한 불안과 공포분위기의 증대시기였습니다. 긴 휴식기를 벗어나서 제일 먼저 이러한 어조의 말을 시작한 영국 역사가는 뷰리였다고 생각됩니다. 그는 『역사에 있어서의 다윈이즘*Darwinism*』이라는 1909년의 논문에서 「우연의 일치라는 요소」에 주의를 환기시키면서 그것이 「사회 진화에 있어서의 제諸사건을 결정짓는 주요인을 이룬다」라고 하였고, 다시 이 문제에 대해서 1916년에는 『클레오파트라의 코』[114]라는 독립된 논문을 쓰고 있습니다. H. A. L. 피셔도 앞에서 인용한 문장 속에서 역사에 있어서의 「우연한

---

113 *The Decline and Fall of the Roman Empire*, ch. xxxviii. 그리스인들이 로마인들에게 정복당한 후, 패자가 즐겨하는 위안인 역사적 「과거가상(過去假想)」이라는 게임 속에 빠져들어 갔다는 것은 흥미있는 일입니다. 즉, 그들은 만일 알렉산더 대왕이 조사(早死)하지 않았더라면 「그는 서방을 정복했을 것이고 로마도 그리스 왕에게 신종(臣從)했을 것이다」라고 자문자답했던 것입니다.(K. von Fritz. *The Theory of the Mixed Constitution in Antiquity* (N. Y., 1954), p.395).

114 두 논문은 다음 책에 재수록되어 있습니다. J. B. Bury, *Selected Essays* (1930); 뷰리의 견해에 대한 콜링우드의 평은 *The Idea of History*, pp.148~150을 참조.

일과 예견될 수 없는 일의 역할」[115]을 인정하도록 독자에게 간청하고 있습니다만, 이것 역시 제1차 세계대전 이후의 자유주의의 꿈이 깨어지고 난 환멸을 반영한 것이라고 하겠습니다. 역사를 우연의 연속이라고 보는 이론이 우리나라에서 인기를 얻게 된 것은, 실존은—사르트르의 유명한 「존재存在와 무無」를 인용한다면—「원인도 없고, 이유도 없고, 필요도 없다」라고 강조하는 철학자들의 일파가 프랑스에서 득세하게 된 시기에 해당합니다. 위에서도 인용했습니다만 독일에서는 노대사가老大史家 마이네케가 생애의 마지막 고비에 접어들면서 역사에 있어서의 우연의 역할에 깊이 감동되었습니다. 그는 이에 대해서 충분한 유의를 하지 않았다고 해서 랑케를 공격하였고, 제2차 세계대전 후에는 과거 40년간의 독일의 불행을 황제의 허영, 바이마르 공화국의 대통령에 힌덴부르크가 당선된 일, 히틀러의 광적인 성격 등등의 일련의 우연적인 일들의 소산이라고 보았습니다. 이것은 조국의 불행 앞에 압도된 위대한 역사가의 정신적인 파산을 말해 주는 것입니다.[116] 역사적 사건이 융성과정에 처해 있는 것이 아니라 퇴락과정을 거듭하고 있는 집단이나 국민에게 있어서는 역사의

115 토인비는 피셔의 말을 *A Study of History*, v, p.414에서 인용하였습니다만, 그것은 완전히 이해가 잘못되어 있다는 것을 알 수 있습니다. 토인비는 그 말을 「기회의 전능을 믿는 근대 서구의 신앙」의 산물이라고 보고 그러한 신앙이 자유방임주의를 탄생시켰다고 말합니다. 그러나 자유방임주의의 이론가들이 믿고 있었던 것은 기회가 아니라 다양한 인간활동에 은혜로운 규칙성을 담아 주는 보이지 않는 손이었던 것입니다. 뿐만 아니라 피셔의 의견은 자유방임적인 자유주의의 산물이 아니라 1920년대와 1930년대에 걸친 그 붕괴에 따른 산물이었던 것입니다.

116 이에 관련된 구절들은 W. Stark가 *Machiavellism*, pp.xxxv~xxxvi에 붙인 마이네케에 대한 서론 속에 인용되고 있습니다.

기회나 우연의 역할을 강조하는 이론이 우세한 법입니다. 시험의 결과란 결국 제비 뽑는 것이나 마찬가지가 아니냐라는 생각은 열등생들에게 인기가 있는 것이 아니겠습니까.

그러나 신앙의 출처를 들추어냈다고 해서 그것을 처리해 버렸다고는 할 수 없습니다. 우리들에게는 아직도 클레오파트라의 코라는 것이 역사 내용 속에서 어떠한 구실을 하고 있는가를 밝혀내는 일이 남아 있는 것입니다. 역사의 법칙을 이러한 요소의 침입으로부터 막아보려고 했던 최초의 인물은 분명히 몽테스키외였습니다. 그는 로마인들의 위대성과 몰락을 다룬 저작 속에서 「만일 전투의 우연한 결과와도 같은 하나의 특수 원인이 한 국가를 멸망시켰다고 한다면, 거기에는 단 한 번의 전투로 말미암아 국가의 몰락이 초래될 만한 일반적인 원인이 있었던 것이다」라고 적고 있습니다. 마르크스주의자들도 역시 이 문제에 대해서는 상당한 곤란을 겪고 있습니다. 마르크스는 이에 대해서 꼭 한 번 밖에는 쓴 일이 없습니다만, 그것도 편지 속에서였습니다.

> 만일 우연의 여지가 없었다고 하면 세계역사란 대단히 신비스러운 성격을 띠게 될 것이다. 물론 우연이란 것도 전반적인 발전 경향의 한 부분이 되는 것이고 결국에 가서는 딴 형태의 우연에 의해서 상살相殺되게 마련인 것이다. 그러나 역사 진행의 지속은 「우연」에 의하여 좌우될 수 있는 것이고, 이러한 우연 속에는 운동의 시발을 이루는 선구적 인물의 우연적인 성격이 포함된다.[117]

---

117 Marx and Engels, *Works* (Russian ed.) xxvi, p.108

이상과 같이 마르크스는 세 가지 관점에서 역사에 있어서의 우연을 옹호하고 있습니다. 즉 첫째로는, 우연이란 극히 중요한 것은 아니라는 것입니다. 왜냐하면, 그것은 역사진행의 지속은 초래할 수는 있으나 그것을 근본적으로 변경시킬 수는 없다는 점이 암시되고 있기 때문입니다. 둘째로는, 하나의 우연은 딴 우연에 의해서 상살되는 것이기 때문에 결국에 가서는 말소되어 버리고 만다는 것입니다. 셋째로는, 우연은 특히 인물의 성격 속에 뚜렷이 예증된다는 것입니다.[118] 트로츠키는 다음과 같은 기막힌 비유를 들어서 우연히 상쇄되고 말소된다는 이론을 재강조 하고 있습니다.

> 역사의 전 과정이란 역사법칙이 우연을 통해서 굴절하는 것이다. 생물학적 용어를 빌린다면 역사법칙은 우연의 자연도태를 통해서 실현된다고도 말할 수 있다.[119]

솔직히 말해서 나에게는 이상과 같은 이론은 불만족스럽고 납득이 가지 않습니다. 오늘날 역사에 있어서의 우연의 역할이라는 것은 그것을 중요시하려고 하는 사람들에 의해서 엄청나게 과장되고 있습니다. 확실히 우연이라는 것이 있다는 것만은 사실입니다. 그러나 역사 진행에 지속을 초래할 뿐, 그것을 변형시킬 수는 없다는 것은 말재주를 부리는 데에 불과합니다. 나로서는 우연한 사건—말하자면

---

118 톨스토이는 *War and Peace*, Epilogue i.에서 「기회」나 「천재」라는 말을 궁극적인 원인을 이해할 수 없는 인간의 무능을 나타내는 말과 같은 것이라고 보았습니다.

119 L. Trotsky, *My Life* (1930), p.422.

레닌이 45세에 조사早死했다는 일 같은 것—이 다른 어떤 우연사에 의해서 자동적으로 상살되어서 역사 진행의 밸런스가 다시 회복된다는 식으로 믿어야 할 아무런 근거도 찾아볼 수 없습니다.

이에 못지않게 부당한 견해는 역사에 있어서의 우연을 우리들의 무지의 증거로 본다는 것, 즉—우연이란 우리들이 이해할 수 없는 사물에 대한 별명에 불과하다—고 보는 견해입니다.[120] 확실히 이러한 일이 이따금씩 일어나기는 합니다. 가령 유성遊星이란 이름은 물론 떠돌아다니는 별이라는 뜻에서 온 이름입니다만, 그것은 그러한 별들의 운동의 규칙성이 이해되지 못하고 그저 제멋대로 떠돌아다닌다고 생각되고 있던 시대에 생긴 것입니다. 어떤 일을 운이 나빴다고 기술해버리는 것은 그 원인을 캐낸다는 귀찮은 의무를 면하려고 할 때 즐겨 쓰는 방법입니다. 만일 어떤 사람이 역사는 우연의 연속이라고 나에게 말한다면, 나로서는 그 사람을 지적으로 태만한 사람이 아니면 지적인 활동력이 약한 사람이라고 보기가 일쑤입니다. 제대로 된 역사가라면, 지금까지 우연사로서 취급되어 오던 사건도 그것이 결코 우연한 것이 아니라 보다 대국적인 견지에서는 합리적으로 설명될 수도 있고 적절한 의의를 부여할 수도 있다고 지적한다는 경우를 흔히 체험하는 것입니다. 그러나 이렇게 말한다고 해도 그것으로써 우리들의 문제에 대한 충분한 답변이 될 수는 없습니다. 우연이란 단순히 우리가 이해 못하는 일만을 가리키는 것은 아닙니다. 내가 믿는 바로서

120 톨스토이도 같은 견해를 가지고 있었습니다:｣우리들은 비합리적인 사건, 즉 그 합리성을 우리가 이해 못하는 사건을 설명하기 위해서는 숙명론에 빠져들어가지 않을 수 없다.｣(*War and Peace*, Bk. IX, ch. i). 또한 주(註) 118의 인용구 참조.

는 역사에 있어서의 우연이라는 문제의 해결은 전연 다른 사고방식 속에서 찾아봐야 하는 것입니다. 이미 지난 이야기에서 말씀 드린 바와도 같이 역사라는 것은 역사가가 사실을 선택 정리해 가지고 역사적 사실로 만듦으로서 시작되는 것입니다. 여하한 사실이건 모두가 역사적 사실이라는 것은 아닙니다. 그러나 역사적 사실과 비역사적 사실의 구분은 엄격한 것도 아니요, 불변한 것도 아닙니다. 즉, 어떤 사실이건 일단 그 적합성과 중요성이 인정되기만 하면 역사적 사실의 지위로 승격하게 되는 것입니다. 우리들은 역사가들이 원인을 취급하는 마당에 있어서도 다분히 유사한 절차가 작용한다는 것을 알 수 있습니다. 역사가의 원인에 대한 관계는 역사가의 사실에 대한 관계와 마찬가지로 이중의 상호적인 성격을 지니고 있는 것입니다. 원인은 역사 과정에 대한 그의 해석을 결정하는 동시에 그의 해석은 원인의 선택과 정리를 결정합니다. 제諸원인의 상하관계, 하나 혹은 한 묶음의 원인이 그 밖의 원인에 대해서 지니는 상대적 의의, 이러한 것이 역사가의 해석의 핵심을 이루는 것입니다. 뿐만 아니라 이것이 역사에 있어서의 우연이라는 문제를 푸는 단서를 제공하게 되는 것입니다. 클레오파트라의 코의 모양, 바자겟트의 통증, 알렉산더 대왕을 죽게 한 원숭이의 교상咬傷, 레닌의 사망—이러한 일들은 역사 진행에 변화를 초래한 우연이었습니다. 이러한 일들을 전연 은폐한다거나 어느 모로 보나 아무런 영향도 없는 일이었다고 꾸며대려고 해도 소용없는 일입니다. 그렇다고 해도 우연적인 것인 이상 이 사건들을 역사의 합리적 해석이나, 역사가가 인정하는 중요요인의 계열 속에 집어넣을 수는 없는 것입니다. 포퍼 교수와 벌린 교수—내가 이 사람들을 또 한번 끄집어내는 것은 그들이 이 학파의 대표적인 인물로서 가장 탁월하고 많은 독자층을 가진 사람들이기 때문입니다—는 역사가가 역사 과정에서 의미를 찾고 그로부터 결론을 끌어내려고 하는 것은 결국은 「경험 전체」를 하나의 균형잡힌 체계의 지위에 떨어뜨리려는 기도에 불과하며, 그러나 이러한 기도는 역사에 있어서의 우연의 출현으로 실패로 돌아갈 수밖에 없다고 보고 있습니다. 그러나 정신나간 역사가가 아닌 다음에도 아무도 「경험 전체」를 포괄한다는 식의 환상적인 일을 하려 들지는 않을 것입니다. 그는 자기가 선택한 역사분야나 역사측면에 관해서도 사실의 미미한 단편 밖에는 포섭하지 못하는 것입니다. 역사가의 세계란 과학자의 세계와 같은 현실세계를 사진 찍어 놓은 것 같은 것이 아니라, 많고 적고 간에 현실세계를 이해하고 정복해 나가는 데 도움을 줄 수 있는 작업상의 모델과 같은 것입니다. 역사가는 과거의 경험, 즉 자기가 입수할 수 있는 한에 있는 과거의 경험으로부터 합리적인 설명과 해석에 적합하다고 인정되는 부분을 골라내가지고 그로부터 행동지침으로서 유용한 결론을 도출해 내는 것입니다. 최근에 한 인기있는 저술가는 과학의 업적을 이야기하면서 인간의 정신과정을 다음과 같이 알뜰하게 표현했습니다. 즉 인간정신은 관찰된 사실을 모아놓은 잡물주머니를 이리저리 뒤져서, 그 중에서 「부적절한」 것은 버리고 「적절한」 것만을 골라내가지고 이어붙이고 모양을 만들어서, 마침내는 지식이라고 하는 논리적이고도 합리적인 바느질을 완성하게 된다는 것입니다.[121] 주관주의가 지

121 L. Paul, *The Annihilation of Man* (1944), p.147.

나치다는 위험성을 약간만 제한하고 본다면 이 말은 역사가들의 정신활동의 양상을 묘사한 말로서 받아들일 수 있겠습니다.

이상과 같은 절차는 철학자들은 물론 역사가들의 일부에게까지도 당황과 충격을 초래할 것입니다. 그러나 일상생활의 실무에만 힘쓰고 있는 보통 사람들에게는 조금도 색다른 것이라곤 없습니다. 이에 대한 실례를 들어 설명하기로 합시다. 죤즈는 파티에서 술을 보통 양보다 과음하고 돌아오던 길이었습니다. 브레이크가 시원치 않은 차를 몰고, 앞이 도무지 안 보이는 브라인드 코너에 이르렀을 때에 모퉁이 가게에서 담배를 사려고 길을 건너던 로빈슨을 치어 죽이고 말았습니다. 혼란이 가신 뒤에 우리는—가령 경찰서 같은 데에—모여서 이 사고의 원인을 조사하게 되었습니다. 이 일은 운전하는 사람이 반쯤 취한 상태에 있었기 때문에 일어났을까요—이 경우라면 형사사건이 되겠지요. 그렇지 않으면 시원치 않은 브레이크 때문이었을까요—이 경우라면 불과 일주일 전에 그 차를 정비한 수리점에 대해서 어떠한 조처가 있어야 하겠지요. 혹은 브라인드 코너 때문이었을까요—이 경우라면 도로 주관 당국을 불러서 주의를 환기시켜야만 하겠지요. 마침 우리들이 이러한 실제적인 문제를 논의하고 있었을 때에 두 사람의 명사名士—그들의 이름을 밝히지 않겠습니다—가 실내에 뛰어 들어와 가지고, 만일 그날 밤 로빈슨이 담배를 떨어뜨리지 않았던들 길목을 건너지도 않았을 것이고 치어 죽지도 않았을 것이며, 따라서 로빈슨의 담배에 대한 욕망이야말로 그의 사인이고, 이 원인을 무시한 조사란 모두가 시간의 낭비이며 그로부터 나온 결론도 모두가 무의미하고 무익할 뿐이라고 당당한 능변으로 조리있게 이야기하기 시작했다고 합시다. 도대체 우리들은 어떻게 할 것입니까. 우리들은 될 수 있는 대로 빨리 이 거침없이 흐르는 웅변을 가로막고 정중한 태도로 그러나 단호하게 두 사람의 방문자를 도어로 밀어낼 것이며 수위에게 어떠한 일이 있어도 그들을 다시 들여서는 안 된다는 지시를 준 다음에 다시 조사를 계속할 것입니다. 그러나 이 방해자들에게 우리들은 무슨 답변을 줄 수 있을까요. 물론 로빈슨은 끽연자이었기 때문에 죽었다는 것은 사실입니다. 역사에 있어서의 기회와 우연을 신봉하는 사람들이 말하는 것은 철두철미 진실하고 철두철미 논리적입니다. 거기에는 『경이의 세계에 간 앨리스*Alice in Wonderland*』라든가 『거울 속의 세계*Through the Looking Glass*』에서 찾아 볼 수 있는 것과도 같은 빈틈없는 논리가 담겨져 있습니다. 물론 나로서도 옥스퍼드풍의 학식의 원숙된 모범이라고도 할 수 있는 이러한 작품들을 찬양하는 마음에 있어서 남에게 뒤질 생각은 없습니다만, 이와는 방식을 달리하는 나 자신의 논리를 다른 곳에 간직하고 싶습니다. 도지슨Charles Lutwidge Dodgson(1832~1898. Lewis Carroll의 본명, 옥스퍼드 출신의 영국의 수학자 겸 작가) 류의 방식은 역사의 방식은 아닌 것입니다.

결국 역사란 역사적 의의라는 견지 하에서의 선택 과정인 것입니다. 탈코트 파아슨의 말을 다시 한 번 빌려본다면, 역사는 현실에 대한 인식적 자세에 있어서의 선택체계라는 데에만 그치는 것이 아니라 동시에 인과적 자세에 있어서의 선택체계라고 할 수 있겠습니다. 역사가가 사실의 무한한 대해大海로부터 자기 목적에 대해서 의의를 가지는 사실들을 골라내는 것과 마찬가지로 그는 다수의 인과연쇄 가운데서 역사적으로 의의있는 것들을, 아니 그것들만을 빼내는 것입니다. 여기서 역사적 의의에 대한 규준이 되는 것은 자신의 합리적인 설명과 해석의 원형 속에 인과연쇄를 맞추어 넣는 역사가의 능력이라고 하겠습니다. 이 이외의 인과연쇄가 우연적인 것으로서 배제될 수밖에 없다는 것은 원인과 결과와의 관계가 틀리다는 이유에서가 아니라, 인과연쇄 그 자체가 적절치 못하다는 이유 때문입니다. 그것은 역사가에게는 아무런 소용도 없는 것입니다. 합리적 해석에 맞아들지도 않고, 과거나 현재에 대해서 하등의 의미도 없는 것이기 때문입니다. 클레오파트라의 코, 바자젯트의 통증, 알렉산더의 원숭이의 교상咬傷, 레닌의 조사早死, 로빈슨의 끽연 등이 어떠한 결과를 초래했다는 것은 틀림없습니다. 그러나 장군이 아름다운 여왕에게 반했기 때문에 싸움에 진다든가, 대왕이 사랑하는 원숭이를 기르기 때문이 전쟁이 일어난다든가, 사람들이 담배를 피우기 때문에 길에서 치여 죽는다든가 하는 이야기는 일반적인 명제로서는 통할 수 없습니다. 반대로 만일 여러분이 보통 사람에게 로빈슨이 치여 죽은 것이 운전하는 사람이 술에 취해 있었기 때문이라든가, 브레이크가 고장이 났기 때문이라든가라고 말한다면 그 사람은 이것을 완전히 납득이 갈 수 있는 합리적인 설명이라고 생각하겠지요. 그가 더 잘라 말하기를 원한다면, 로빈슨의 진정한 사인은 바로 이상과 같은 것이었지 그가 담배를 피우고 싶어했기 때문은 아니었다라고까지 잘라 말할 수도 있을 것입니다. 이와 마찬가지로 만일 여러분이 역사를 공부하는 학생에게 1920년대의 소련 내부에서 일어났던 알력은 공업화의 진도나, 농민으로 하여금 도시 인구를 부양하기 위한 식량증산에 힘쓰도록 하기 위한 최선의 방법에 관한 논쟁 때문이었다든가, 혹은 적대 지도자들 간의 개인적 야심에 기인했던 것이라고 하신다면 그는 이러한 것이야말로 기타 역사 상황에도 적용할 수 있다는 의미에서, 합리적이고도 역사적으로 의의있는 설명이라고 생각할 것입니다. 그리고 레닌의 조사早死라는 우연사偶然死가 아니라, 바로 이상과 같은 것이야말로 「진정한 원인」이라고 생각할 것입니다. 뿐만 아니라 그가 이와 같은 사물을 깊이 숙고하는 성품의 사람이라면 한 걸음 더 나아가서 「합리적인 것은 현실적이고, 현실적인 것은 합리적이다」라는 헤겔의 『법률철학』 서론에 나오는 흔히 인용되고 흔히 오해되는 격언도 되새겨 볼 것입니다.

여기서 잠시 로빈슨의 사인에 관한 이야기로 되돌아가 보기로 하겠습니다. 우리들은 쉽사리 어떤 원인들을 합리적이고 「진정眞正」하며 딴 원인들은 비합리적이고 우연적인 것이라고 인정할 수 있습니다. 그러나 이러한 구분은 어떤 규준에 의해서 이루어진 것일까요. 사고능력이란 보통 어떤 목적을 위해서 사용되는 것입니다. 인텔리들은 때로는 심심풀이로 사고할 수도 있고 사고한다고 스스로 생각할 수도 있습니다. 그러나 넓게 이야기해서, 인간의 사고란 어떤 목적을 위한 것입니다. 따라서 우리들이 어떤 설명은 합리적이라고 보고 어떤 설명은 합리적인 것이 못된다고 보았다는 것은, 다시 말해서 어떤 목적을 위한 유용한 설명과 그렇지 못한 설명과를 갈라놓는 일을 했다고 봐야 하겠습니다. 우리가 다루고 있는 이상의 경우에 있어서는 운전수의 음주습성을 단속한다든가, 브레이크에 대한 보다 엄격한 검사를 한다든가, 도로의 배치를 개량한다든가 하는 것은 교통사고에 의한 사망률의 저하라는 목적에 유효하리라고 생각한다는 것은 조리에 닿는 이야기일 수가 있습니다. 그러나 사람들의 끽연을 억제함으로서 교통사고에 따른 사망률을 저하시킬 수 있다고 생각한다는 것은 넌센스에 불과했던 것입니다. 바로 이 점이 구분 규준이었던 것입니다. 그리고 동일한 것은 역사에 있어서의 원인에 대한 우리들의 태도에도 적용될 수 있습니다. 여기서도 우리들은 합리적인 원인과 우연적인 원인과를 구별하는 것입니다. 전자는 타국他國과 타시대他時代, 타조건他條件에 항상 적용이 가능하기 때문에 유익한 일반화를 도출하고 또한 그로부터 교훈을 얻을 수도 있습니다. 그것은 우리들의 이해력을 넓히고 심화해 주는 목적에 이바지하는 것입니다.[122] 우연적 원인은 일반화될 수가 없습니다. 그것은 말 그대로 특수한 것이기 때문에 교훈을 줄 수도 없고 결론을 얻을 수도 없습니다. 그러나 여기서 나는 또 하나의 논점을 끄집어내야 하겠습니다. 역사에 있어서 인과의 문제를 다루어 나가는데 열쇠의 역할을 다해주는 것은 틀림없이 목적이라는 개념입니다. 그런데 이 목적 개념은 불가피하게 가치판단을 내포하는 것입니다. 전번 강연에서도 말씀드린 바와도 같이 역사에 있어서의 해석은 언제나 가치판단과 떼놓을 수 없는 것이고, 인과관계는 해석에서 떼놓을 수 없는 것입니

122 포퍼 교수도 이 문제에서 잠깐 발목을 잡히고는 있습니다만, 그것을 이해하지는 못하고 있습니다. 그는 「근본적으로는 동일한 레벨의 시사성(示唆性)과 자의성(恣意性)을 지니는(이 두 낱말이 정확히 무엇을 의미하는가는 고사하고) 다수의 해석이 있을 수 있다」고 가정하고 나서, 다시 다음과 같은 삽입구를 덧붙이고 있습니다. 「그들 중 일부는 다산성에 의하여 구별될 수 있다.—이 다산성이라는 것은 어느 정도 중요한 점이다.」(*The Poverty of Historicism*, p.151). 그러나 그것은 어느 정도 중요한 점이 아니라 바로 그 점이야말로 요점인 것이며, 「역사주의」도 (그 말의 일부 의미에 있어서는) 결코 빈곤한 것이 아니라는 사실을 입증하는 것입니다.

다. 마이네케—1920년대의 그 위대한 마이네케—의 말 속에는 다음과 같은 구절이 있습니다. 「가치관념과 떨어져 가지고서는 역사 속에서 인과관계를 추구할 수가 없다 ……인과관계를 추구하는 배후에는 직접적으로나 간접적으로나 항상 가치의 추구가 뒤따르고 있는 것이다.」[123] 이 말은 내가 전에 말씀드린 바 있는 역사의 이중적인 상호작용—현재의 빛 속에서 과거에의 이해를 깊이하고 과거의 빛 속에서 현재에의 이해를 깊이한다는—을 상기시킬 것입니다. 안토니가 클레오파트라의 코에 반했다는 등속의, 이 이중적 목적에 대해서 아무런 효용도 없는 사물들이란, 역사가의 입장에서 본다면 죽어버린, 쓸모없는 것입니다.

여기에 이르고 보니 내가 지금까지 여러분들 앞에 숨겨온 하잘것없는 트릭을 털어놓을 때가 온 것 같습니다. 아마도 여러분은 이미 이러한 트릭을 쉽사리 간파했겠습니다만, 그것이 여러 경우에 있어서 내가 해야 할 말을 줄여주고 간략하게 해주고 했기 때문에 간편화에의 편리한 방편으로 관용하셨으리라고 짐작됩니다. 나는 지금까지 「과거와 현재」라는 편리한 말을 계속해서 사용해왔습니다. 그러나 우리들이 다 아는 바와도 같이 현재란 것은 과거와 미래와를 갈라놓는 가공적인 선이라는 개념적 존재에 불과합니다. 현재를 논할 때에 나는 이미 현재와는 다른 시간적인 차원을 몰래 침입시키고 있는 것입니다. 과거도 미래도 모두가 동일한 시간선상의 일부분이기 때문에 과거에의 관심과 미래에의 관심이 서로 연결되고 있다는 것은

---

123 *Kausalitäten und Werte in der Geschichte* (1928). F. Stern, *Varieties of History* (1957), pp.268, 273에 번역되어 있음.

알기 쉬운 이치라고 생각됩니다. 전사시대前史時代와 역사시대歷史時代와의 구분선은 사람들이 현재에만 산다는 단계를 넘어서서 자기들의 과거와 미래에 대한 의식적인 관심을 가지게 되었을 때에 넘어지게 됩니다. 역사는 전통의 계승과 더불어 시작되며, 전통이란 과거의 습관과 교훈을 미래에 전달함을 뜻하는 것입니다. 과거의 기록이 보존되기 시작한 것도 미래세대의 복지를 위해서였습니다. 네덜란드의 사가 하위징가Johan Huizinga(1872~1945)는 「역사적 사고란 언제나 목적론적인 것이다.」[124]라고 적은 바 있습니다. 찰스 스노우 경은 최근에 러더포드에 관해서 「모든 과학자들과 마찬가지로……그는 그 의미에 대해서는 별로 생각하고 있지 않으면서도 미래라는 것을 뼈 속 깊이 느끼고 있었다」[125]라고 말했습니다. 훌륭한 역사가들 역시, 그것에 대해서 생각을 하건 말건 미래라는 것을 뼈 속 깊이 느끼는 사람들입니다. 역사가는 「왜냐」라고 묻는 동시에 「어디로」라고 묻는 법입니다.

124 J. Huizinga. *Varieties of History*, ed. F. Stern (1957), p.293에 번역되어 있음.
125 *The Baldwin Age*, ed. John Raymond (1960), p.246.

5
진보로서의 역사

30년 전에 포위크Frederick Maurice Powicke(1879~1963. 영국의 역사가) 교수는 옥스퍼드 대학의 근대사 흠정강좌欽定講座 담당교수로서 취임강연을 했습니다만, 그 한 구절을 인용하면서 이야기를 시작해 보기로 하겠습니다:

> 역사를 해석하겠다는 열망은 너무나 뿌리깊은 것이기 때문에 과거에 대한 어떠한 건설적인 견해를 가지고 있지 않으면, 신비주의나 시니시즘에 빠져 들어가게 된다.[126]

「신비주의」란 나의 소견으로서는, 역사의 의미가 역사 외부의 어디엔가, 말하자면 신학이나 내세관의 영역 같은 데에 있다고 보는 견해를 말한다고 하겠습니다만—베르쟈에프, 니이버, 토인비 같은 저술가들의 견해가 바로 이러한 것이 아닌가 생각됩니다.[127] 「시니시즘」으로 말하면, 지금까지 몇 번이고 그 예를 들은 바 있습니다만, 역사에는 의미가 없고, 혹은 옳고 그르고 간에 이것저것 다 같은 여러

---

126 F. Powicke, *Modern Historians and the Study of History* (1955), p.174.

127 토인비가 의기양양해서 주장한 것처럼 「역사는 신학이 되어 버리는 것입니다.」 (*Civilization or Trial*, 1948. 서문)

의미가 있으며, 혹은 아무런 의미나 마음대로 골라서 갖다 붙일 수가 있다는 등의 견해를 말한다고 하겠습니다. 이 두 견해는 아마도 오늘날 가장 인기있는 사관일 것입니다. 그러나 나로서는 이 양자를 절대로 받아들일 수 없습니다. 그렇게 하고 보면 결국 우리들에게 「과거에 대한 어떠한 건설적인 견해」라고 하는 좀 이상하기는 합니다만 암시적인 말이 남게 됩니다. 포위크 교수가 이 말을 사용하면서 심중에 무엇을 생각하고 있었는가를 알아볼 도리가 없기 때문에 나는 나대로의 해석을 붙여보기로 하겠습니다.

아시아의 고대 문명도 마찬가지입니다만 그리스와 로마의 고전문명은 근본적으로 비역사적인 것이었습니다. 위에서 본 바와도 같이 헤로도투스는 역사의 원조라고는 합니다만 후계자가 거의 없었고, 전반적으로 볼 때에 고전시대의 고대 작가들이란 과거나 미래에 대해서도 별로 관심을 두지 않았습니다. 투키디데스도 자기가 서술한 사건이 일어나기 전까지는 중요한 일이라곤 일어난 일이 없었다고 믿었고, 또한 앞으로도 중요한 일은 일어날 것 같지 않다고 믿었습니다. 루크레티우스Lucretius(B. C. 96?~55. 로마의 철학시인)는 미래에 대한 사람들의 무관심을 과거에 대한 그들의 무관심으로부터 끌어내가지고 다음과 같이 말했습니다:

> 우리가 출생하기 이전의 과거의 영원한 시간이 우리에게 아무런 관계도 없다는 사실을 생각해 보라. 이것이 자연이 우리들의 사후의 미래 시간을 우리에게 명시해 주는 거울인 것이다.[128]

128 *De Rerum Natura*, iii, pp.992~5

찬란한 미래에 대한 시적인 비전은 과거의 황금시대에로의 복귀라는 비전의 형태를 취했습니다—이것은 역사 과정을 자연의 과정에다 비겨본 순환관循環觀입니다. 역사는 어딘가를 향해서 가는 것이 아니었습니다. 왜냐하면 과거에 대한 감각도 없었고 마찬가지로 미래에 대한 감각도 없었기 때문입니다. 목가牧歌 제4편에서는 황금시대에의 복귀라는 고전적인 양상을 보여주고 있습니다만 그래도 버질Virgil 한 사람만이 에네이드Aeneid에서 순환적인 사고를 꿰뚫고 나가려는 기백을 잠깐이나마 보여주고 있습니다. 「나 끝없는 지배를 넘겨주었노라」라는 말은 가장 비고전적인 사상이며, 이로 말미암아 후에 버질은 반 그리스도교적인 예언자로서 인정받게 되었습니다.

역사 과정이 향해 나가는 목표를 설정함으로써 전연 새로운 요소—목적론적 사관—를 도입한 것은 유대인들이었으며, 다음에는 그리스도 교도들이었습니다. 이리하여 역사는 의미와 목적을 지니게 되었습니다만 그 대신 현세적인 성격을 상실했습니다. 역사의 목표에 도달한다는 것은 다시 말해서 역사의 종말을 의미합니다. 역사 그 자체가 호신론護神論이 된 것입니다. 중세의 사관史觀은 이러한 것이었습니다. 르네상스는 인간 중심의 세계와 이성의 우위라는 고전적인 관점을 회복하였습니다. 그러나 고전적인 비관적 미래관은 이를 버리고 그 대신 유태적·그리스도교적 전통에 유래한 낙관적 미래관을 받아들였습니다. 이리하여 기왕에는 적대적인 유해한 것으로 여겨졌던 시간이 이때에 와서는 친근하고 창조적인 것으로 되었습니다. 「흐르는 날과 더불어 망하지 아니할 것이 무엇이냐」라는 호라티우스의 말을 「진리는 시간의 말이다」라는 베이컨의 말과 대조해 보십시오. 그 후 근대적 역사 서술의 창시자라고 할 수 있는 계몽시대의 합리주의자들은 유태적·그리스도교적인 목적론을 답습함과 아울러 그 목표를 현세화했습니다. 그리하여 그들은 역사과정 그 자체의 합리적 성격을 회복할 수가 있었던 것입니다. 역사는 지상에 있어서의 인간지위의 완성이라는 목표를 향한 진보라는 것으로 되었습니다. 기본은 계몽시대의 최대의 사가입니다만, 「세계의 각 시대는 인류의 참다운 부와 행복, 지식과 덕조차 증대시켜 왔고, 지금도 증대시키고 있다는 유쾌한 결론」[129]이라는 말을 자기 저작의 주제에 어긋남에도 불구하고 주저없이 적어 넣었던 것입니다. 진보의 신앙이 절정에까지 도달한 것은 영국의 번영과 힘과 자신이 최고조에 달했던 시기였습니다. 그리고 영국의 저술가와 사가들은 이 신앙의 가장 열렬한 심취자들이었습니다. 이러한 현상은 설명할 것도 없이 주지되고 있는 사실입니다. 그렇기 때문에 진보에 대한 신앙이 최근에 이르기까지 얼마나 우리 모두의 사고의 전제가 되어 왔는가를 밝히기 위해서는 한두 대목의 인용만으로서도 족하리라고 생각됩니다. 이미 제1회 강연에서 인용한 바 있습니다만, 액튼은 『케임브리지 근대사』의 계획에 관한 1896년의 보고서에서, 역사는 「진보하는 과학」이라고 했고, 그 제1권의 서론에서는 「우리들은 인간 세계의 진보라는 것

129 Gibbon, *The Decline and Fall of the Roman Empire*, ch. xxxviii, 이러한 탈선이 나타난 것은 서로마제국의 몰락 대목에서였습니다. 어떤 비평가는 *The Times Literary Supplement*, 18 November 1960에서 이 구절을 끄집어 내 가지고, 기본이 정말로 그런 뜻에서 말했던 것일까라는 의문을 제기하고 있습니다. 물론 그랬음에 틀림없습니다. 저자의 견해라는 것은 그가 쓰고 있는 시대보다도 그가 살고 있는 시대를 반영하는 법입니다. 이 진리는 20세기 중엽의 자신의 회의주의(懷疑主義)를 18세기 후엽의 저자에게 전가하려는 이상의 비평가에 의하여 명시되고 있습니다.

을 역사서술의 토대를 이루는 과학적인 가설로서 전제하지 않을 수 없다」고 말하고 있습니다. 또한 1910년에 출간된 최종권에서는 담피어William Cecil Dampier(1867~1952. 영국의 과학사가科學史家)—이 분은 나의 대학시절에 칼리지의 튜터였습니다만—는 「자연적 자원에 대한 인간의 힘과 인류의 복지를 위한 그 지적 이용방법은 장래에 있어 무한히 발달할 것으로 본다」[130]라고 믿어 의심치 않았습니다. 내가 말씀드리고자 하는 이야기의 성질상, 우선 내 자신만 해도 이러한 분위기 속에서 교육받고 자랐다는 점, 그리고 나보다도 15년쯤 연장자인 버트란드 러셀의 「나는 빅토리아 시대의 낙관주의가 한창 무르익었을 당시에 자라났고 ……아직도—나에게는 그 당시의 안쾌했던 어딘가 희망에 찬 기분이 남아 있다」[131]는 말에 전적으로 찬성이라는 점을 미리 인정해 두는 편이 좋을 것 같습니다.

1920년에 뷰리Bury는 『진보의 개념』이라는 책을 썼습니다만, 그 때만 해도 이미 황막한 분위기는 지배적이었습니다. 그는 이에 대한 책임을 당시의 세류世流에 따라 「러시아에 현재의 공포정치를 세워 놓은 공론가들」에게 돌리고 있습니다만, 그러면서도 아직은 진보를 「서양 문명을 살리고 지배하는 관념」이라고 기술하였습니다.[132] 그러나 그 후로는 이러한 어조의 이야기는 자취를 감추어 버렸습니다. 러시아의 니콜라스 1세Nicholas I(1796~1855)는 「진보」라는 말을 금하라는 금령을 내렸다고 합니다만 오늘날에 와서는 서구의, 아니 미국의

---

130 *The Cambridge Modern History: Its Origin, Authorship and Production* (1907), p.13; The Cambridge Modern History, i (1902), p.4;xii (1910), p.791.

131 B. Russell, *Portraits From Memory* (1956), p. 17.

132 J. B. Bury, *The Idea of Progress* (1920), pp.vii~viii.

철학자나 역사가들까지도 뒤늦게나마 그에게 찬의를 표하게 되었습니다. 진보의 가설은 논파論破되었습니다. 서구의 몰락은 너무나 일상적인 용어가 되었기 때문에 인용기호조차 필요없을 정도가 되었습니다. 그러나 떠들썩한 소음들을 제쳐놓고 볼 때에 도대체 무엇이 일어났다는 것입니까? 이러한 새 여론은 누가 만들어낸 것입니까? 나는 좀 전에 버트란드 러셀의 다음과 같은 말을 우연히 읽고서 충격을 받았습니다만, 이것은 내가 아는 한 강한 계급의식을 노출한 그의 유일한 말이 아닌가 여겨집니다. 「대체로 봐서 오늘날의 세계에는 백년 전에 비해서 자유가 퍽 적다.」[133] 나로서는 자유를 측정하는 척도를 가지고 있는 것도 아니고, 또한 소수의 감소된 자유와 다수의 증대된 자유와를 어떻게 결산지어야 할지도 알 수 없습니다. 그러나 측정의 규준은 어떻게 되었든 간에 나로서는 버트란드 러셀의 말은 그야말로 엉망이라고 할 수밖에 없습니다. 오히려 나로서는 A. J. P. 테일러(A. J. P. Taylor)가 때에 따라 우리에게 들려준 옥스퍼드의 대학생활에 관한 재미있는 단상의 한 토막에 더 매력을 느낍니다. 그의 말에 의하면, 문명의 몰락에 관한 모든 논의는 「옛날에는 대학교수들이 식모를 부렸지만 지금은 자기가 뒷설겆이를 한다는 것을 의미함에 불과하다」는 것입니다.[134] 아프리카에서 백인의 우월성이 상실되었다는 사실은 영제국옹호론자英帝國擁護論者, 아프리카나 공화당원共和黨員, 금광주金鑛株나 동광주銅鑛株에 투자한 사람들에게는 근심거리겠지만, 그 밖의 사람들에게는 진보라고 여겨질 것입니다. 나로

133 B. Russell, *Portraits From Memory* (1956), p.124.

134 *The Observer*, 21 June 1959.

서는 이 진보라는 문제에 있어서 1950년대의 의견이라고 해서 그것이 1890년대의 의견보다 왜 실제로 옳다고 봐야 하는지, 영어사용세계의 의견이 왜 러시아, 아시아, 아프리카의 의견보다 옳아야 하는지, 중산지식층의 의견이 맥밀란Macmillan 씨에 의하면 지금까지는 이렇게 살아본 일은 없었다는 가두의 서민들의 의견보다 왜 옳아야만 하는지 근거를 찾아볼 수 없습니다. 그러면 우리들이 과연 진보의 시대에 살고 있는가라는 문제에 대한 판단은 잠시 보류해 놓고, 진보의 개념에는 무엇이 내포되어 있는가, 그 배후에는 어떠한 견제가 놓여 있는가, 또한 그러한 전제를 어느 정도까지 수긍할 수 없는 것인가를 좀 더 엄밀히 검토해 보기로 합시다.

첫째로, 진보와 진화에 관한 여러 혼란점들부터 깨끗이 정리해 놓고 싶습니다. 계몽시대의 사상가들은 두 가지의 분명히 양립될 수 없는 견해를 믿고 있었습니다. 그들은 자연계에 있어서의 인간의 위치를 확인할 것을 원했고 그 때문에 자연의 법칙과 역사의 법칙은 동일시되었습니다. 뿐만 아니라, 그들은 진보를 믿었습니다. 그러나 자연을 진보하는 것으로서 그리고 하나의 목표를 향해서 부단히 전진하는 것으로서 취급할 근거는 어디에 있었겠습니까. 헤겔은 역사는 진보하는 것으로서, 자연은 진보 안하는 것으로서 확연히 구분한다는 태도를 가지고서 이 곤란점을 맞이했습니다. 진화를 진보와 동일시하는 다윈의 혁명이 일어나 가지고서야 이러한 모든 난문제難問題는 해결되었다고 생각되었습니다. 결국 자연도 역사와 마찬가지로 진보한다는 결과가 나온 셈입니다. 그러나 이것은 진보의 근원인 생물학적 유전과 역사에 있어서의 진보의 근원인 사회적 획득과를 혼동함으로써 보다 중대한 오해를 터놓게 된 것입니다. 이 구별은 자명自明, 주지周知의 것입니다. 유럽인의 어린 아기를 중국인 가정에다 맡겨 보십시오. 이 애의 피부는 희지만 중국말을 하는 사람으로 커갈 것입니다. 피부색은 생물학적인 유전이고, 언어는 인간의 두뇌활동을 매개로 하여 전승되는 사회적 획득물입니다. 유전에 의한 진화는 몇 천년이라든가, 몇 백만년을 단위로 해서만 측정될 수 있는 것으로써, 유사 이래로 인간에게는 아직도 이렇다 할 생물학적인 변화는 일어나고 있지 않습니다. 그러나 획득에 의한 진보는 세대를 단위로 하여 측정될 수 있는 것입니다. 이성적 존재로서의 인간의 본질은 과거의 여러 세대의 경험을 추적함으로써 자기의 가능성을 발전시켜 나간다는 점에 있습니다. 현대인이라 해도 5000년 전의 조상들보다 큰 뇌수腦髓를 가지고 있다거나 보다 큰 선천적 사고능력을 가지고 있는 것은 아니라고 합니다. 그러나 그의 사고의 효능은 그 동안의 여러 세대의 경험을 배우고 그것을 자기 경험과 결부시킴으로 해서 몇 배나 커졌습니다. 획득형질의 전승이라는 것을 생물학자들은 부정합니다만, 이것이야말로 사회적 진보의 기초가 되는 것입니다. 역사는 획득된 기량이 세대에서 세대에 전승되는 것을 통해서 이루어지는 진보를 말하는 것입니다.

둘째로, 우리들은 진보에 일정한 시작이 있다거나 마지막이 있다는 생각을 가져서는 안 되겠습니다. 약 50년 전에 비해서 그 인기가 떨어지기는 했습니다만 기원전 3000년대에 나일강 유역에서 처음으로 문명이 창안되었다고 믿는 사람들이 있습니다. 이것은 창세의 연대를 기원전 4004년으로 잡은 연대기와도 마찬가지로 믿을 수 없는 것입니다. 문명의 탄생이라는 것은 진보의 가설을 위한 하나의 출발점으로 잡아볼 수는 있겠습니다만, 문명이란 결코 발명된 것은 아니며, 때때로 극적인 비약이 수반되었다고 여겨지는 무한히 점진적인 발전과정인 것입니다. 진보—혹은 문명—가 언제 시작되었는가라는 문제에 구애될 필요는 없습니다. 그러나 진보에 일정한 종말이 있다는 가설은 이보다도 더 큰 착오를 초래 하였습니다. 헤겔은 프러시아 왕국을 가지고 진보의 종결점으로 보았기 때문에 비난을 받아 왔습니다만 그것은 정당한 비난이었습니다.—이것은 분명히 예언은 불가능하다는 자기 견해에 맞지 않는 무리한 해석의 결과였습니다. 그러나 헤겔의 탈선에 한 술 더 뜬 것은 빅토리아 시대의 명사 아놀드 오브 러그비Arnold of Rugby(Thomas Arnold)(1795~1842. 영국의 교육자·역사가)였습니다. 그는 옥스퍼드의 근대사 흠정강좌 담당교수로서의 1841년의 취임강연에서 근대사를 이미 인류 역사의 최종단계로 생각한다는 다음과 같은 말을 했던 것입니다.「근대사는, 시간이 꽉 차서 앞으로는 미래 역사도 없다는 듯한 인상을 주고 있다.」[135] 프롤레타리아혁명에 의하여 계급없는 사회라는 궁극적인 목적이 달성되리라는 마르크스의 예언은 이런 것들에 비해서 논리적으로나 도덕적으로나 비난될 점이 적다고는 볼 수 있겠습니다. 그러나 역사의 마지막을 가정한다는 것은 역사가보다도 신학자에게나 어울릴 종말관적終末觀的인 냄새를 풍기고 있으며, 역사의 외부에 목표를 설정한다는 과오를 되풀이하게 되는 것입니다. 확실히 명확한 끝이라는 것은 사람의 마음에 매력적일 수 있는 것이고, 이에 비하여 역사의 행진을 자유를

135 T. Arnold, *An Inaugural Lecture on the Study of Modern History* (1841), p.38.

향한 끝없는 진보라고 본 액튼의 비전은 차고 막막한 감을 줍니다. 그러나 역사가가 진보의 가설을 지켜야만 할 것이라면, 그는 진보를 하나의 과정, 즉 연속되는 각 시대의 요구와 조건이 제각기 독특한 내용을 부여하는 그러한 과정으로서 다루어나갈 용의가 되어 있어야 한다고 생각합니다. 그리고 이것이야말로 역사는 단순한 진보의 기록이 아니라 「진보하는 과학」이며, 아니 이보다도 좀 더 다른 말이 좋겠다면 역사는 그 두 어의語義—하나는 사건의 코스로서, 또 하나는 이러한 사건의 기록으로서—의 어느 것에 있어서나 진보적인 것이다라고 말한 액튼의 주장의 진의인 것입니다. 역사에 있어서의 자유의 진전에 대한 액튼의 서술을 다시 한 번 생각해 봅시다:

> 변화만 빨랐고 진보는 늦었던 과거 4백년간에 걸쳐서, 자유가 보존되고 지켜지고 넓혀지고 마침내는 이해되기에 이르렀던 것은 폭력과 끊임없는 악惡의 지배에 항거하기 위하여 하는 수 없이 취해졌던 약자들의 집단적 노력에 의한 것이다.[136]

액튼은 사건의 코스로서의 역사를 자유에로의 진보라고 생각했고, 이러한 사건의 기록으로서의 역사를 자유의 이해를 향한 진보라고 생각하였습니다. 물론 이 두 과정은 병행되어 왔습니다.[137] 철학자 브래들리Francis Herbert Bradley(1846~1924. 영국의 철학자)는 진화의 유추가 한창

136 Acton, *Lectures on Modern History* (1906), p.51.

137 K. Mannheim, *Ideology and Utopia* (Engl., transl., 1936), p.236에서 인간의 「역사를 형성해 나가는 의지」를 「역사를 이해하는 능력」과 결부시키고 있습니다.

성행되고 있던 시대의 집필활동을 한 사람입니다만 「종교적 신앙에 있어서는 진화의 목적이라는 것은 …… 이미 진화되어 버린 것으로 나타난다.」[138]라고 말한바 있습니다. 그러나 역사가에게 있어서는 진보의 종국은 이미 진화된 것일 수는 없습니다. 그것은 아직도 한없이 먼 곳에 있는 것이고, 그에 대한 지표는 우리들의 전진도상前進途上에서 비로소 시야에 들어오는 것입니다. 그렇다고 해서 그 중요성이 감소되는 것은 아닙니다. 나침반은 귀중한 그야말로 불가결한 길잡이입니다. 그러나 그것은 행로가 그려진 지도와 같은 것은 아닙니다. 역사의 내용도 우리들의 경험을 통하지 않고서는 실현될 수 없는 것입니다.

나의 제3의 논점은, 적어도 정상적인 사람이라면 아무도 역전이나 이탈, 중단이 없이 일직선으로만 전진해 나온 진보라는 것을 믿은 일은 없었다는 것, 따라서 가장 급각도의 역전이라 해도 반드시 진보에 대한 믿음에 치명적인 것이라고는 할 수 없다는 점입니다. 진보의 시기가 있듯이, 확실히 퇴보의 시기라는 것도 있는 법입니다. 뿐만 아니라 후퇴 후의 전진이 같은 지점에서 같은 방향을 따라 뒤돌아온다고 생각한다는 것도 경솔한 일입니다. 헤겔이나 마르크스가 말하는 네 개 혹은 세 개의 문명, 토인비의 21개의 문명의 흥기, 쇠퇴, 몰락을 경과하는 생명체와도 같은 주기를 지니고 있다는 이론—이러한 도식圖式은 그 자체로서는 무의미한 것입니다. 그러나 이러한 도식은 문명을 전진시키는데 필요한 노력이 한 지역에서 사멸되고 나면 후에 딴 지역에서 다시 나타나고, 결국 우리가 역사 속

138 F. H. Bradley, *Ethical Studies* (1876), p.293.

에서 볼 수 있는 진보란 모두가 시간에 있어서나 장소에 있어서나 결코 연속적인 것은 아니라고 하는 주목할 만한 사실을 시사하고 있습니다. 사실 내가 만일 역사 법칙이라는 것을 만들어 내겠다고 애써 본다면, 어떤 시기에 문명의 발전을 위해서 지도적인 역할을 담당한 집단—계급, 국가, 대륙, 문명이라고 해도 마찬가지입니다만—은 다음 시기에는 같은 역할을 담당하지는 못할 것이라는 취지의 것을 만들게 될 것입니다. 왜냐하면 그 집단에는 전시기前時期의 전통과 이해와 이데올로기가 깊이 물들어 있기 때문에 다음 시기의 요구조건에 적응하기가 어렵다는 당연한 이유가 있기 때문입니다.[139] 따라서 한 집단에게는 몰락의 시대로 보이는 것이 딴 집단에게 있어서는 새로운 전진의 시작이라고 보이는 일이 극히 흔하게 있을 수 있는 것입니다. 진보란 모두에게 평등하고 동시적인 것을 의미하는 것은 아니며, 또한 그렇게 될 수도 없는 노릇입니다. 요즈음의 몰락 예언가들이나, 역사의 의미를 부정하고 진보의 사멸을 단정하는 회의론자들의 대부분이 수 세대에 걸쳐서 문명의 전진에 눈부신 지도적 역할을 담당해 온 지역이나 사회 계급에 속해 있다는 일은 의미심장한 사실입니다. 과거에는 자기 집단이 다 해온 역할을 지금은 타집단他集團이 가로맡게 되었다는 말을 듣고 그들이 기분 좋을 까닭은 없습니다. 자기들을 그렇게도 비열하게 농락한 역사가 뜻 깊은 합리

139 이러한 상황의 진단에 관해서는 R. S. Lynd, *Knowledged of What?* (N. Y., 1939), p.88을 참조.「우리 문화에 있어서는 나이 든 사람들은 아직 활력과 힘이 있었던 과거에 순응하는 반면에 하나의 위협으로서 저항한다는 태도를 흔히 취한다. 상대적으로 힘을 잃어가고 붕괴 과정에 처한 난숙기의 문화 전체는 그 주방위(主方位)를 잃어버린 황금시대에다 두고 목전의 흘러가는 시간은 우물우물 연명해 나간다고 볼 수 있다.」

적인 과정일 수 없다는 것은 분명한 일입니다. 그러나 만일 우리가 진보의 가설을 간직해야만 할 것이라면 연속의 중단이라는 조건은 받아들여야만 할 것입니다.

마지막으로, 우리들은 역사적 행위라는 관점에서 볼 때에 진보의 본질적 내용은 무엇이겠는가라는 문제에 당도하게 되었습니다. 가령 시민적인 권리를 전 국민에게 확대시키자, 형사소송절차를 개혁하자, 인종 혹은 부富의 불평등을 제거하자, 이런 일을 위해서 투쟁하는 사람들은 바로 그 일 자체의 실현을 의도하는 것이지 진보를 달성하겠다거나 어떤 역사 「법칙」이나 진보의 「가설」을 실현하겠다거나 하는 의식을 가지고 있는 것은 아닙니다. 그들의 행위에 진보의 가설을 적용해서 그 행위를 진보라고 해석하는 것은 역사가인 것입니다. 그렇다고 해서 이로 말미암아 진보의 개념이 효용없는 것이 된다는 것은 아닙니다. 이자이아 벌린 경은 「진보와 반동이라는 말은 크게 남용되어 오기는 했지만 결코 공허한 개념은 아니다」[140]라고 말했습니다만 이 점에 관해서는 나도 그와 견해를 같이 한다는 것을 기쁘게 생각합니다. 인간은 조상들의 경험에서 이익을 얻을 수 있다는 것(언제나 꼭 이익을 얻는다는 것은 아닙니다만), 그리고 역사에 있어서의 진보란 자연계에 있어서의 진화와는 달리 습득된 자산을 토대로 한다는 것, 이것은 역사의 한 전제입니다. 이 자산에는 물질적인 재력뿐만 아니라 자신의 환경을 지배하고, 변형하고 이용하기 위한 능력도 포함되어 있습니다. 사실 이 두 요소는 긴밀한 상호관련과 상

---

140 *Foreign Affairs*, xxviii, No.3 (June 1950), p.382.

호작용의 관계하에 있는 것입니다. 마르크스는 인간의 노동을 전구조全構造의 토대로 잡고 있습니다만, 만일 「노동」이라는 말에 충분히 넓은 의미만 부여한다면 이 공식도 용납될 수 있겠지요. 그러나 아무리 자원이 축적된다고 해도 만일 거기에 기술과 사회에 대한 지식과 경험, 그리고 넓은 의미에 있어서의 인간의 환경에 대한 지배력의 증대라는 요소가 수반되지 않는다면 무슨 소용이 있겠습니까. 오늘날 물자적 자원과 과학지식의 축적이라는 면에서 진보가 보이고 있다는 사실, 그리고 기술적인 의미의 환경에 대한 지배력이 증대되고 있다는 사실을 의심할 사람은 거의 없을 것입니다. 그러나 의문시되고 있는 점은 20세기에 들어서 우리들의 사회 질서의 형성에 과연 어떠한 진보가 이룩되었는가, 국내적 혹은 국제적인 사회환경의 지배에 어떠한 진보를 볼 수 있었는가, 오히려 뚜렷한 퇴보조차 있었던 것이 아닌가라는 문제입니다. 사회적 존재로서의 인간의 진화는 기술의 발달에 비해서 결정적으로 뒤늦어지고 있는 것은 아닐까요.

이상과 같은 의문을 조장할 만한 징조는 확연합니다. 그러나 나로서는 이것을 결코 옳은 생각이라고 수긍할 수는 없습니다. 역사에는 많은 전환점이 있었습니다. 지도적 역할이나 주도권이 그럴 때마다 한 집단이나 지역으로부터 타집단, 타지역으로 넘어갔습니다. 근대 국가가 일어나고 중심세력이 지중해에서 유럽으로 넘어가던 시기나 프랑스혁명의 시기 등은 근대에 있어서의 그 현저한 예였습니다. 이러한 시기는 항상 난폭한 동란기였고 세력쟁탈의 시기였습니다. 낡은 권위는 약화되고, 낡은 경계는 사라지고, 야심과 원한과의 격렬한 충돌 속에서 새로운 질서가 탄생하였습니다. 여기서 내가 말씀드리려고 하는 것은, 우리가 바로 이런 시기를 통과하고 있다는 사실입니다. 사회조직의 제諸문제에 관한 우리들의 이해력이나 이러한 이해력에 의거하여 사회를 조직하려는 선의가 감퇴되었다는 말은 나로서는 전연 잘못된 것이라고 생각합니다. 아니 오히려 크게 증대되었다고 단언해도 무방하겠지요. 문제는 우리들의 능력이 감소되었다거나 덕성이 저하되었다거나 하는 데에 있는 것은 아닙니다. 우리가 살고 있는 이 시대가, 대륙과 국가와 계급간의 세력균형이 변동되고 있는 투쟁과 동란의 시대이기 때문에 이상과 같은 능력이나 자질에 가해지는 부담이 엄청나게 증대되고, 그 유효성이 제한, 좌절되어서 볼 만한 성과를 거둘 수 없다는 데에 문제가 있는 것입니다. 과거 50년간에 서방 세계에서 볼 수 있었던 진보의 신봉에 대한 도전력을 결코 과소평가할 생각은 없습니다만, 나로서는 아직도 역사에 있어서의 진보가 끝났다고는 믿지 않습니다. 그러나 만일 여러분이 나에게 진보의 내용이 무엇인가를 꼭 말하라고 추궁하신다면, 이에 대답할 수 있는 것은 대략 다음과 같은 것이 될 것이라고 생각됩니다. 19세기의 사상가들은 흔히 역사의 진보에는 확실한, 명백히 규정할 수 있는 목표가 있다는 생각을 자명한 이치로 삼아 왔습니다만, 이러한 관념이 부당하고 무용한 것이라는 데 대해서는 이미 밝혀진 바 있습니다. 진보를 믿는 것은 결코 어떠한 자동적인 불가피한 과정을 믿는다는 것이 아니라 인간 능력의 계속적인 발전을 믿는다는 것을 뜻하는 것입니다. 진보라는 것은 추상적인 말입니다. 인류가 추구하는 구체적 목적은 역사진행의 과정 속에서 그때그때마다 나타나는 것이지 역사의 외부에 어떤 출처를 가지고 있는 것은 아닙니다. 나는 인간의 완성이라든가, 장차에 도래할 지상의 파라다이스라든가 하는 데 대해서는 아무런 신앙도 가지고 있지 않음을 솔직히 언명합니다. 이러한 정도까지는 지상에서는 완성이라는 것이 실현될 수 없다고 주장하는 신학자나 신비주의자들과 의견을 같이할 수 있습니다. 그러나 나는 전진과정에 있어서만 비로소 규정될 수 있고 그 유효성도 달성과정에 있어서만 비로소 증명될 수 있는 그러한 목표를 향한 무한한 진보—즉 필요성이나 상정想定에 따른 한계점이라는 제약을 벗어난 진보—의 가능성이라는 것만으로서 만족하기로 하겠습니다. 도대체 이러한 진보관념이 없다면 사회가 어떻게 지속될 수 있겠습니까? 문명사회라는 것은 모두가 미래 세대를 위한 희생을 현존 세대에게 강조하는 법입니다. 이러한 희생을 미래의 보다 나은 세계라는 명목으로 합리화하는 것은 이를 신의神意라는 명목하에 합리화하는 태도와 대조되는 세속적인 합리화라고 하겠습니다. 뷰리의 말에 「후세를 위한 의무라는 원리는 진보의 관념의 직접적인 소산이다」[141]라는 대목이 있습니다. 이러한 의무에 무슨 변명이 필요하겠습니까? 그러나 만일 필요하다고 한들 이 외의 딴 방도가 있을 것 같지는 않습니다.

여기서 우리들은 역사에 있어서의 객관성이라는 유명한 난문제難問題 속으로 끌려들어가게 되었습니다. 우선 객관성이라는 말 자체부터가 오해되기가 쉽고 가정을 토대로 한 것입니다. 이미 지난 강연에서 말씀드린 바와도 같이 사회과학—역사를 포함한—은 주체와 객관

---

141 J. B. Bury, *The Idea of Progress* (1920), p. ix.

을 따로 떼어놓고 관찰자와 관찰 대상과의 사이에 엄격한 분리를 강요하는 것과 같은 지식이론과는 조화될 수 없는 것입니다. 우리에게는 양자 간의 상호관계와 상호작용의 복잡한 과정을 정당하게 다루어 나갈 새로운 모델이 필요합니다. 역사 사실은 완전히 객관적일 수는 없습니다. 왜냐하면 그것은 역사가가 인정하는 의의意義 여하에 의해서만 역사상의 사실이 되는 것이기 때문입니다. 역사에 있어서의 객관성—만일 우리들이 이 편의적인 말을 계속 사용하기로 한다면—이란 사실의 객관성일 수는 없는 것이고, 단지 관계의 객관성, 즉 사실과 해석과의 사이의, 과거와 현재와 미래와의 사이의 관계의 객관성에 불과한 것입니다. 역사의 외부에 독립된 절대적인 가치기준을 세워 놓고, 그것을 가지고 역사적 사건을 판정하려는 태도를 나는 비역사적이라고 배격한 바 있습니다만, 지금 그 이유에 다시 되돌아갈 필요는 없겠지요. 그러나 절대적 진리라는 개념 역시 역사의 세계에는 부적합한 것이고, 아마도 과학의 세계에 있어서도 마찬가지일 것입니다. 역사 이야기 치고 그것이 절대적으로 진실이라든가 절대적으로 허위라든가 하는 식으로 판정될 수 있는 것이란 지극히 단순한 부류의 것에만 국한되고 있는 것입니다. 좀 더 복잡한 수준에 올라가서, 가령 어떤 역사가가 선인先人들이 내린 판단을 논박하는 경우를 들어 본다면, 그는 보통 그것을 절대적으로 허위라고 비난하는 것이 아니라, 부적당하다든가, 일방적이라든가 오해점이 있다든가, 혹은 그 후의 증거로 말미암아 뒤떨어졌다거나 불합리한 것이 되어버린 관점의 소산이라든가 하는 식으로 이야기하는 법입니다. 러시아혁명을 니콜라스 2세의 우둔이나 레닌의 천재 때문에 일어났다고 한다면,

그것은 전연 부당한—전적인 오단誤斷이라고 할 만큼 부당한—말이 될 것입니다. 그러나 이것조차도 절대적으로 허위라고는 할 수 없습니다. 역사가는 이런 종류의 절대는 취급하지 않는 법입니다.

로빈슨의 죽음이라는 불행한 사건으로 다시 되돌아가 봅시다. 그 사건에 대한 우리들의 조사의 객관성은 사실을 정확하게 입수한다는 점에 달려 있었던 것이 아니라—이러한 점에 문제될 것은 없었습니다—우리들에게 관심이 있었던 참된 혹은 의미있는 사실과 무시할 수 있었던 우연적인 사실과를 구별한다는 점에 달려 있었던 것입니다. 우리들은 이러한 구분이 용이하게 내려질 수 있다는 것을 알 수 있었습니다. 왜냐하면 중요성에 대한 기준이나 테스트, 말하자면 우리가 말하는 객관성의 토대는 명확한 것이었으며, 그것은 이 경우에 있어서의 목적, 즉 교통사고에 의한 사망률을 감소시킨다는 목적에 관련된 것이었기 때문입니다. 그러나 교통사고에 의한 사상자를 감소시킨다고 하는 단순하고 일정한 목적만을 지닌 조사관에 비해 볼 때에 역사가는 덜 행복한 인간입니다. 역사가도 역시 해석解釋 과업에 있어서는 의의있는 것과 우발적인 것과를 구분하기 위한 중요성의 기준—이것은 동시에 객관성에 대한 기준입니다만—이 필요한 것이고, 그도 역시 이러한 기준을 해당되는 목적에 대한 관련성에서만 찾아낼 수 있는 것입니다. 그러나 그것은 불가피하게 진화도상進化途上에 있는 목적일 수밖에 없습니다. 왜냐하면 과거에 대한 진화적 해석이라는 것은 역사의 불가피한 기능이기 때문입니다. 변화는 언제나 고정된, 변경될 수 없는 방식으로 설명되어야만 한다는 인습적인 억측은 역사가의 경험과는 상치되는 것입니다. 버터필드 교수는

「역사가에게 있어서는 유일한 절대자는 변화다」[142]라고 말했습니다. 물론 이 말은 역사가들이 따라가지 않아도 될 어떤 영역을 자신에게만은 보유하고 있다는 암시를 풍기고는 있습니다만, 역사에 있어서의 절대자는 우리가 출발해온 과거 속에 있는 어떤 것도 아니요, 현재 속에 있는 어떤 것도 아닙니다. 왜냐하면 현재의 모든 사고는 상대적인 것일 수밖에는 없기 때문입니다. 그것은 아직도 완성되지 않은 생성도상生成途上에 있는 어떤 것이며, 우리가 전진해 나가는 미래 속에 있는 어떤 것, 우리가 그것을 향해서 전진해 나감에 따라서 비로소 모양을 취하기 시작하는 것, 또한 전진도상에 있는 우리들이 그 조명하에서만 과거에 대한 해석을 점차로 형성해 나갈 수 있는 그러한 어떤 것입니다. 이것은 역사의 의미는 최후의 심판의 날에야 밝혀진다는 종교적 신화의 배후에 담겨진 현세적 진리입니다. 우리들의 기준은 어제나 오늘이나 영원히 변함이 없다는 정적인 의미하에서 절대자는 아닙니다. 이러한 절대자는 역사의 본질과 양립될 수 없는 것입니다. 그러나 과거를 해석한다는 면에 있어서는 그것은 절대적인 것입니다. 그것은 어떤 해석이건 옳고 그른 것이 없다거나 여하한 해석이건 그것이 나타난 때와 장소에 놓고 보면 모두 정당하거나 하는 상대론적 견해를 배격하고 우리들의 과거에 대한 해석을 궁극적

142 H. Butterfield, *The Whig Interpretation of History* (1931), p.58. 이를 A. von Martin, *The Sociology of the Renaissance* (Engl. transl., 1945), p. i에 있는 더욱 치밀한 기술과 비교해 보십시오. 「타성과 운동, 정(靜)과 동(動), 이러한 기본 카테고리에 의하여 역사의 사회학적 연구가 시작된다. ……역사는 다만 상대적인 의미에서 밖에는 타성이라는 것을 알지 못한다. 타성과 변화의 어느 쪽이 우선적인가가 결정적인 문제일 것이다.」역사에 있어서 실제적인 절대적인 요소는 변화이고, 타성은 주관적이고 상대적인 요소이다.

으로 판가름해 줄 규준을 마련해 줍니다. 이러한 역사에 있어서의 방향감각이 있기 때문에 비로소 우리들은 과거의 제諸사건을 정리하고 해석한다는 일을—이것은 역사가의 일입니다—할 수가 있고, 미래를 내다보면서 오늘날의 인간의 에너지를 해방하고 조직한다는 일을—이것은 정치가, 경제학자, 사회개혁가의 일입니다—할 수 있는 것입니다. 그러나 이 과정 그 자체는 언제나 진보하는 것이고 동적인 것입니다. 우리들이 전진함에 따라 부단히 수정되고 부단히 진화되어 나갈 수밖에 없는 것입니다.

헤겔은 절대자에게 세계정신이라는 신비적인 외의外衣를 입혔고, 역사 코스를 미래 속에 투사하지 않고 현재 속에서 끝내게 한다는 중대한 오류를 범하고 말았습니다. 그는 과거에 대해서는 연속적인 진화과정을 인정하면서도 미래에 대해서는 부당하게도 이를 거부했습니다. 헤겔 이후에 역사의 본질에 대해서 가장 깊이 성찰한 사람들은 역사 속에서 과거와 미래의 종합이라는 면을 찾아냈습니다. 토크빌De Tocqueville(1805~1859. 프랑스의 역사가·정치가)은 당시의 신학적인 경향에서 완전히 벗어나지도 못했고 절대자에게 지나치게 좁은 의미를 부여하고 있기는 합니다만, 역시 이 문제의 핵심을 찌르고 있습니다. 그는 평등의 발전이라는 것을 보편적인 영원한 현상이라고 말하고 나서 다시 다음과 같이 말했습니다:

> 만일 우리 시대 사람들이 평등의 점차적인 그리고 진보적인 발전이라는 것이 동시에 역사의 과거요 미래라는 것을 깨달을 수 있게 된다면, 이 한 가지 발견만으로도 그 발전에는 주님의 뜻이라고 하는 신성

한 성격이 부여될 수 있을 것이다.[143]

아직도 완결되지 않은 이 주제를 놓고서는 역사의 중요한 일장一章이라도 쓸 수 있겠습니다. 마르크스는 헤겔의 경향을 어느 정도 물려받았기 때문에 자기 학설의 뿌리를 과거 역사 속에 다져 박는 데에만 주력했습니다만, 역시 그 주제의 성질상 계급없는 사회라는 절대자를 미래 속에 투사投射했습니다. 뷰리도 진보의 관념은 「과거와 미래의 예언과의 종합을 내포하는 이론이다」[144]라는 좀 어색하기는 합니다만 분명히 같은 의도의 말을 하고 있습니다. 네이미어Namier는 고의로 역설적인 표현을 써서—그의 설명은 풍부한 예증을 구사하면서 보통 이런 투로 시작됩니다만—역사가는 「과거를 상상하고 미래를 기억한다」[145]라고 말했습니다. 미래만이 과거를 해석할 열쇠를 제공할 수 있습니다. 그리고 이러한 의미에 있어서만 우리들은 역사에 있어서의 궁극적 객관성이라는 것을 말할 수 있습니다. 과거가 미래를 조명하고 미래가 과거를 조명한다는 것은 역사의 합리화인 동시에 역사의 설명입니다.

보통 우리들은 어떤 역사가를 객관적이라고 칭찬하기도 하고 혹은 한 역사가를 딴 역사가보다 객관적이라고 말하기도 합니다만, 대체 이것은 무엇을 의미하는 것이겠습니까? 분명 그것은 단지 사실을 올바르게 입수한다는 뜻이 아니라 올바른 사실을 선택한다, 혹은 다

---

143 A. de Tocqueville, Preface to *Democracy in America* 서문.

144 J. B. Bury, The Idea of Progress (1920), p.5.

145 L. B. Namier, *Conflicts* (1942), p.70.

시 말해서 올바른 의미 기준을 적용한다는 뜻이겠습니다. 우리가 어떤 역사가를 객관적이라고 할 때에는, 여기에는 두 가지의 의미가 있다고 생각됩니다. 우선 그것은 그 역사가가 자신의 사회적·역사적 위치에서 오는 제한된 시야를 넘어설 능력이 있다는 것을 의미합니다.—이러한 능력은 지난 강연에서도 말씀드린 바와 같이 그 일부를 자기가 어느 정도까지 그러한 위치에 말려들어가 있는가를 인식할 수 있는 능력, 즉 말하자면 완전한 객관성이란 있을 수 없다는 사실을 인식할 수 있는 능력에 달린 것입니다. 둘째로는 그 역사가는 자신의 비결을 미래에 투사할 수 있는 능력이 있고, 따라서 그 안목이 전적으로 목전의 자기 위치에만 국한되어 있는 역사가들보다는 과거에 대한 더욱 깊고 더욱 영속적인 통찰력을 가질 수 있다는 것을 의미합니다. 오늘날 「완전한 역사」가 가능하리라고 전망한 액튼의 자신에 뇌동雷同할 역사가는 아무도 없을 것입니다. 그러나 역사가들 가운데서도 일부 사람들은 딴 사람들보다도 영속성이 있는, 그리고 보다 많은 완전성과 객관성을 지닌 역사를 쓰고 있는 것입니다. 이런 사람들은 과거와 미래에 대한 장기적 시력이라고나 할 수 있는 것을 지닌 사람들입니다. 과거를 취급하는 역사가들도 미래에 대한 이해에 접근해야만 비로소 객관성에 접근할 수 있는 것입니다.

나는 지난 강연에서 역사를 과거와 현재와의 대화라고 말씀드렸습니다만, 오히려 역사는 과거의 제諸사건과 점차적으로 우리들 앞에 출현하게 될 미래의 제諸목적과의 대화라고 말씀드렸어야 했을 것입니다. 과거에 대한 역사가의 해석도, 의의있는 것과 적절한 것의 선택도, 새로운 목표가 점차적으로 출현함에 따라서 진화되어 나가는 것입니다. 가장 간단한 예를 들어본다면, 입헌적 자유와 정치적 권리를 보장해 줄 기구라는 것이 주된 목표라고 생각되던 시대에는 역사가들은 과거를 헌정적憲政的 및 정치적政治的인 견지에서 해석했습니다. 그러나 경제적 및 사회적인 목적이 헌정적 및 정치적 목적에 대치되기 시작했을 때에는 역사가들은 과거의 경제적·사회적 해석에 착수했던 것입니다. 이러한 과정에 있어서도 회의론자들은 새로운 해석이 낡은 해석보다 나을 것이 무엇인가, 시대에 따라서는 다 같이 정당한 것이 아니겠는가라는 주장을 그럴 듯하게 내세울는지도 모릅니다. 그러나 정치적 및 입헌적인 목적을 중시하는 태도보다는 경제적 및 사회적 목적을 중시하는 태도가 인류발전에 있어서의 보다 넓고 보다 진보된 단계를 반영하는 것이기 때문에 경제적 및 사회적인 역사 해석은 정치에만 매달려 있는 역사 해석보다는 역사의 보다 앞선 단계를 반영하는 것이라고 할 수 있습니다. 낡은 해석이 거부된다는 것이 아니라 새로운 해석에 의하여 포섭되고 대치된다는 것입니다. 역사 서술을 진보하는 과학이라고 하는 이유는 그것이 발전해 나가는 제諸사건의 진전에 대해서 부단히 넓혀지고 깊어지는 통찰을 마련해 나가려고 하기 때문입니다. 이것이 「과거에 대한 건설적인 견지」를 가져야 한다는 말에 대한 나의 해석인 것입니다. 근대적인 역사 서술은 과거 2세기 동안에 걸쳐서 진보에 대한 이상과 같은 이중의 신앙 속에서 자라나온 것이며, 또한 그것 없이는 존립이 불가능한 것입니다. 왜냐하면, 역사 서술에 의미의 규준을 제공하고 참된 것과 우연적인 것을 구분하는 표준을 제공해 주는 것이 바로 이러한 신앙이기 때문입니다. 괴테는 생애의 마지막에 가까운 대화 속에서 이 난

문을 좀 난폭하게나마 다음과 같이 해결해 놓았습니다:

> 몰락에 처한 시대에는 모든 경향은 주관적인 것이 된다. 그러나 반대로 모든 일이 새 시대를 향해서 결실해 나가는 시대에는 모든 경향은 객관적인 것이 된다.[146]

아무에게도 역사의 미래나 사회의 미래를 믿어야 할 의무는 없습니다. 우리들의 사회가 파괴되어 버린다든가 혹은 장기간의 몰락을 통해서 멸망한다든가 하는 일은 가능할 수 있는 일이며, 그렇게 되어서 역사가 신학—즉 인간활동에 대한 연구가 아니라 신의神意에 대한 연구—이나, 문학—즉 목적도 의미도 없는 스토리나 전설에 대한 이야기—의 위치에 떨어져 버린다는 일도 가능할 것입니다. 그러나 이것은 과거 200년을 통해서 우리가 알아온 의미의 역사는 아닐 것입니다.

그러나 역사적 판단의 궁극적 기준을 미래 속에서 찾아야 한다는 이론에 대해서는 잘 알려진 일반적인 반론이 있기 때문에 이에 대해서 좀 더 이야기 해야만 하겠습니다. 그러한 이론은 성공이야말로 판단의 궁극적인 기준이라는 것이며, 현존하는 모든 것이 옳다고까지는 하지 않더라도 미래에 있을 일은 모두가 옳다는 것을 의미한다는 것입니다. 과거 200년간에 걸쳐서 대부분의 역사가들은 역사가 일정한 방향을 따라서 진행된다고 생각했을 뿐만 아니라, 의식적이건 무의식적이건 그 방향이 전체적으로 옳은 방향이라는 것, 즉 인류는 나

---

146 J. Huizinga, *Men and Ideas* (1959), p.50에서 인용.

쁜 상태로부터 좋은 상태로, 저급한 상태로부터 고등한 상태로 전진하고 있다고 생각해 왔습니다. 즉 역사가들은 방향을 인식하는 데에만 그치지 않고, 이에 대한 찬의를 아울러 표했던 것입니다. 결국 역사가가 과거를 취급할 때에 적용한 중요성의 기준이라는 것은 역사 진행에 대한 방향감각뿐만이 아니라 역사 과정에 있어서의 자신의 선악관념善惡觀念이기도 했던 것입니다. 이리하여 「존재存在」와 「당위當爲」, 「사실事實」과 「가치價値」 사이에 설정되었던 대립은 해소되었습니다. 휘그당원도 자유당원도, 헤겔파도 마르크스파도, 신학자들도 합리주의자도 다 같이 확고하고 명확하게 믿어 의심치 않았던 것은 낙관론이었습니다. 그리고 이러한 낙관론 그 자체는 미래에 대한 엄청난 자신 속에서 산 한 시대의 소산이었던 것입니다. 과거 200년 동안에도 아마도 이러한 것이 「역사란 무엇인가」라는 질문에 대한 과장없이 공인된 절대적인 해답으로서 통용될 수 있었을 것입니다. 그러나 불안과 비관주의라는 현재의 무드와 더불어 반동이 조성되었고, 역사의 의미를 역사 외부에서 구하는 신학자들이나 역사에서는 아무런 의미도 찾아 볼 수 없다는 회의론자들에게 자리를 넘겨주게 되었습니다. 그리하여 「존재」와 「당위」의 대립은 절대적이라느니, 해소될 수 없는 것이라느니, 「가치」는 「사실」에서 도출될 수 없다느니 하는 주장이 사면에서 역겨울 정도로 강조되고 있습니다. 그러나 이것은 잘못된 사고방식입니다. 여기서 대략 생각나는 대로 몇 사람의 역사가나 역사관계의 저술가들을 골라 그들이 이 문제를 어떻게 생각했는가를 살펴보기로 하겠습니다.

기본은 자신의 역사 서술 속에서 이슬람의 승리에 대한 논술에 상당한 페이지를 할당하는 것을 당연하다고 생각하고, 그 이유를 「모하메드 교도들은 동방세계에 있어서는 아직도 세속적 영역에 있어서나 종교적 영역에 있어서나 지배권을 장악하고」 있기 때문이라고 했습니다. 그는 계속해서 다음과 같이 말했습니다. 그러나 「7세기로부터 12세기에 걸쳐서 스키티아Scythia 평원에서 밀려 내려온 민족집단에 대해서는 같은 힘을 기울일 만한 가치가 없다.」 왜냐하면 「비잔틴 황제의 위세는 이들의 난폭한 공격을 격퇴하고 명맥을 유지할 수 있었기 때문이다.」[147] 이것은 이치에 닿는 이야기라고 봅니다. 역사란 대체로 사람들이 한 일을 기록하는 것이지 사람들이 하지 못한 일에 대한 기록은 아닙니다. 이런 의미에서는 그것은 불가피하게 성공의 이야기일 수밖에 없는 것입니다. 토니Richard Henry Tawney(1880~1962. 영국의 경제사가經濟史家) 교수의 말에 의하면, 역사가들은 「승리를 거둔 세력은 전면으로 끌어내고, 그들에게 먹혀버린 세력은 후면으로 밀어제쳐 놓아가지고」 기존상태에 「불가피성이라는 외관」[148]을 부여한다는 것입니다. 그러나 어떠한 의미에서는 이런 것이야말로 역사가의 일의 본질이 아닐까요? 물론 역사가는 반대편을 경시해서는 안 됩니다. 간신히 거둘 수 있었던 승리를 독주나 다름없는 것으로 그려내서도 안 됩니다. 때에 따라서는 패배자가 궁극적인 결과에 대해서 승리자에 못지않은 기여를 하는 수도 있는 것입니다. 이런 일은 역사가라면 누구나 잘 알고 있는 원리입니다. 그러나 대체로 역사가란 승자건 패자건 무엇인가를 성취한 사람들을 문제삼는 것입니다. 나는

147 Gibbon, *The Decline and Fall of the Roman Empire*, ch.55.

148 R. H. Tawney, *The Agrarian Problem in the Sixteenth Century* (1912), p.177.

크리켓사史의 전문가는 아닙니다. 그러나 아마도 크리켓사를 장식하고 있는 것은 수백점씩을 딴 사람들의 이름이지, 한 점도 못 땄다든가, 실격을 당했다든가 하는 사람들의 이름은 아닐 것입니다. 역사상 「우리들의 주의를 끌 수 있는 것은 국가를 형성하는 민족뿐이다」[149] 라는 헤겔의 유명한 말은 사회조직의 한 가지 형태에만 배타적인 가치를 부여함으로써 가증스러운 국가 숭배의 길을 열어 주었다는 비판을 받아 왔습니다만 이것은 당연한 일입니다. 그러나 원칙적인 면에 있어서는 헤겔이 말하고자 했던 바는 정당했고, 동시에 그 속에는 역사 이전과 역사와를 구분하는 낯익은 구분점區分點이 반영되고 있는 것입니다. 자기 사회를 어느 정도까지 조직하는 데에 성공한 민족만이 원시의 야만단계를 넘어서서 역사 속에 들어오는 것입니다. 칼라일은 프랑스혁명사 속에서 루이 15세를 「변태 세계의 화신」이라고 불렀습니다. 그는 분명히 이 말이 마음에 들었던지 후에 좀 더 긴 문장 속에서 이를 다시 부연하고 있습니다:

> 온 세상이 어지러운 이 새로운 격동은 도대체 무엇일까. 기왕에는 협조적인 기능을 발휘해 오던 제도, 사회조직, 개인정신이 지금은 미친 듯이 충돌하면서 돌고, 깨어지고 하고 있으니 말이다. 불가피한 일, 변태 세계의 붕괴, 변태 세계의 최후가 온 것이다.[150]

이 기준은 역시 역사적인 것입니다. 한 시대에 적합했던 것도 다

149 *Lectures on the Philosophy of History* (Engl. transl., 1884), p.40.

150 T. Carlyle, *The French Revolution*, I, i, ch. 4;I, iii, ch. 7.

음 시대에는 변태적인 것이 되고, 그로 말미암아 공격의 대상이 되는 것입니다. 이자이아 벌린 경 같은 사람도 일단 철학적 추상의 높은 세계에서 내려와서 구체적인 역사 상황을 생각하게 될 때에는 이상과 같은 견해에 동조하게 되는 모양입니다. 「역사적 불가피성」에 관한 논문이 발간되고 나서 얼마 후의 방송에서 그는 비스마르크를 그 도덕적 결함에도 불구하고 「천재」로서 그리고 「최고의 정치적 판단력을 가진 전세기前世紀의 정치가들 중의 최대의 모범」이라고 찬양하고, 이러한 점에서 그를 오스트리아의 요제프 2세Joseph II, 로베스피에르, 레닌, 히틀러와 같은 「자기들의 적극적 목적」을 실현하지 못한 사람과 비교할 때에 보다 훌륭하다고 보고 있습니다. 사실 이것은 기묘한 판단입니다. 그러나 지금 내가 관심을 두고 있는 점은 판단의 기준이라는 문제입니다. 비스마르크는 자기가 다루는 사물을 이해하였는데, 그 밖의 사람들은 추상적 이론에만 끌려다녔기 때문에 실패했다고 이자이아 경은 말합니다. 「보편타당성을 요구하는 조직적 방법이나 원리만을 중시하고……가장 효과적인 것을 돌보지 않는다는 데에서 실패가 초래된다」[151]는 것이 그의 교훈입니다. 다시 말해서, 역사에 있어서의 판단의 기준은 「보편적 타당성을 요구하는 원리」가 아니라 「가장 효과적인 것」이라는 말입니다.

말할 것도 없이 「가장 효과적인 것」이라는 이 기준을 우리들이 사용하게 되는 것은 비단 과거를 분석하는 데에만 국한된 것은 아닙니다. 만일 어떤 사람이, 한 개의 시점에서 영국과 미국은 단일 주권하

---

151 1957년 6월 19일 B.B.C. Third Programme의 「정치적 판단」에서 방송된 것.

에 한 국가로 통합하는 것이 좋겠다는 생각을 여러분에게 말한다고 합시다. 이에 대하여 여러분은 참 현명한 생각이라고 찬동하실 수도 있을 것입니다. 만일 그가 계속해서, 정부 형태로서는 대통령제 민주 정치보다도 입헌군주제가 좋다고 말한다면, 이에 대해서도 역시 대단히 현명한 생각이라고 찬동하실 수도 있을 것입니다. 그러나 여기에만 그치지 않고, 그가 만일 이 두 나라를 영국의 왕권 밑에 다시 통일시키기 위한 정치운동에 발벗고 나서겠다는 의향을 들고 나온다고 생각해 봅시다. 아마도 여러분은 시간낭비에 불과하다고 대답하실 겁니다. 그리고 그 이유를 설명하려고 할 경우에 여러분으로서는 이런 종류의 문제는 일반적인 적용을 위한 어떤 원리를 놓고 이야기할 것이 아니라, 소정의 역사조건 밑에서 그것이 어떤 결과를 가져올 것인가를 놓고서 이야기되어야 한다고 말할 수밖에는 없을 것입니다. 아마도 여러분은 절대로 내세워서는 안 될 추상적인 역사의 위력을 빌려서라도, 도대체 역사 자체가 당신의 일을 용납 안 한다고 말 할 것입니다. 정치가의 할 일이란, 도덕적인 면이나 이론적인 면에 있어서 어떠한 일이 바람직한가를 생각한다는 데에만 그치는 것이 아니라, 목전目前의 세계에는 어떠한 세력이 존재하는가, 그것을 어떻게 주도하고 조종하여 당면 목적의 일부나마를 달성할 수 있겠는가를 아울러 고려하는 데에 있는 것입니다. 역사 해석에 의거하여 취해지는 우리들의 정치적 결정이란 이상과 같은 타협 위에 뿌리를 박고 있는 것입니다. 그러나 이러한 타협적인 토대는 역사 해석의 경우에 있어서도 마찬가지입니다. 일견 바람직해 보이는 추상적 기준을 설정해 놓고, 그것을 거울삼아 과거를 규탄한다는 것보다도 더 심한 근본적인 오류는 없습니다. 또한 우리들은 불유쾌한 냄새가 풍기는 「성공」이란 말은 피하고 가능한 「가장 유용한 것」이라는 중립적인 말을 쓰도록 합시다.

지금까지의 강연에서 나는 여러 경우에 이자이아 벌린 경과 의견의 대립을 보아왔습니다만, 여기서는 이정도로나마 의견을 같이하고 청산을 보게 된 것을 기쁘게 생각합니다.

그러나 「가장 유용한 것」이라는 기준을 받아들인다 해도 그 적용이 용이하다거나, 자명하다거나 하는 이야기는 아닙니다. 그것은 그때 그 때의 순간적인 판단을 내리는 데에 유용한 기준도 아니고, 현존하는 것은 모두가 정당하다는 견해에 굴복하는 기준도 아닙니다. 역사상에는 뜻깊은 실패라는 것도 없지 않습니다. 역사는 소위 「지연된 성공」이라는 것을 인정합니다. 오늘의 명백한 실패도 내일에는 중요한 공헌을 하게 되는 수도 있는 것입니다.—예언자란 자기 시대에 앞서 태어나는 것이 아닙니까? 사실 이 기준이 부동보편不動普遍의 원리라는 것보다 나은 장점의 하나는, 그것이 우리들의 판단을 연기시켜 주며, 즉 아직 일어나지 않은 사태에 비추어서 그것을 수정할 수 있게 해준다는 점에 있습니다. 추상적인 도덕 원리라는 견지에서 거침없이 말해 나간 프루동Proudhon은 나폴레옹 3세의 쿠데타가 성공한 후에 이를 긍정했습니다. 그러나 추상적인 도덕원리라는 기준을 부정한 마르크스는 쿠데타를 긍정한 프루동을 비난했습니다. 긴 역사적 안목을 가지고 회고해 볼 때에는 누구나 프루동이 잘못이었고 마르크스가 옳았다는 데에 의견을 같이 할 것입니다. 비스마르크의 업적도 역사적 판단이라는 이 문제를 검토하는 데 대한 훌륭한 출발

점을 제공해 줍니다. 나도「가장 유용한 것」이라는 이자이아 벌린 경의 기준에는 찬동하는 바입니다만, 그가 이것을 좁은 단기적인 한계 내에서 적용하고 크게 만족하고 있는 데 대해서는 당혹을 금할 수가 없습니다. 과연 비스마르크는 참으로 유용한 일을 했을까요? 나로서는 그것이 무한한 재난을 남겨 놓았다고도 생각됩니다. 이렇게 말한다고 해서 독일 제국을 건립한 비스마르크나, 그것을 원했고 그 사업을 도운 독일 국민들을 비난하려고 하는 것은 아닙니다. 그러나 하나의 역사가로서 나에게는 많은 의문점이 있는 것입니다. 종국적인 파탄이 일어나게 되었던 것은 독일 제국의 구조 내부에 어떤 보이지 않는 결함이 있었기 때문일까요? 그렇지 않으면 제국 형성의 내적 조건 속에 어떤 요인이 있어 가지고 그것 때문에 그 나라가 자기주장에만 사로잡힌 공격적인 성격을 지니게 되었을까요? 혹은 제국 건립 당시에 이미 유럽이나 세계무대는 꽉 차있었고, 기존 강대국들의 팽창 경향도 크게 강화되고 있었기 때문에 팽창성을 띤 또 하나의 강대국이 출현했다는 사실만으로도 대규모의 충돌이 야기되고 조직 전체가 붕괴되기에 족했던 것일까요? 마지막에 든 가정에 의한다면, 재난의 책임은 비스마르크와 독일 국민이 져야 한다든가, 그들에게만 책임이 있다든가 하는 말은 잘못된 것입니다. 우리들은 취후의 연루자連累者만을 책할 수는 없는 것입니다. 그러나 비스마르크의 업적, 그리고 그것이 어떠한 역할을 했는가에 대한 객관적인 판단을 내리려면 이상과 같은 여러 문제에 대한 역사가의 해명을 기다려야만 하겠습니다. 나로서는 아직도 역사가가 이 모든 문제에 대한 확정적인 해명을 내릴 만한 지위에 서 있다고는 믿지 않습니다. 다만 내가 말하고 싶은 것은, 1920년대의 역사가가 1880년대의 역사가보다도 객관적 판단에 가깝다는 것, 오늘날의 역사가가 1920년대의 역사가보다도 더 가깝다는 것, 아마도 기원 2000년의 역사가는 더욱더 객관적 판단에 접근할 것이라는 점입니다. 이것은 역사에 있어서의 객관성이라는 것이 우리들의 목전에 놓인 어떠한 고정불변의 판단기준에 의존하거나 의존할 수 있는 것이 아니라, 미래에 놓여 있는, 그리고 역사 코스의 진전과 더불어 발전하는 그러한 기준에만 의존하고 생존할 수 있다는 나의 주장을 설명하는 것입니다. 역사는 그것이 과거와 미래 사이에 일관된 연관성을 확립할 때에만 의미와 객관성을 지니게 되는 것입니다.

그러면 여기서 잠깐 눈을 돌려서 소위 말하는 사실과 가치와의 대립이라는 문제를 보기로 합시다. 「가치는 사실에서 나올 수는 없다.」 이 말에는 일면의 진실과 일면의 오류가 있습니다. 가치가 얼마나 환경이라는 사실에 의하여 형성되고 있는가를 알기 위해서는 한 시대, 한 국가를 지배한 가치체계를 검토해 보는 것만으로도 족할 것입니다. 예전 강연에서 나는 자유, 평등, 정의 등과 같은 가치를 나타내는 말들의 역사적 내용이 변화해 나간다는 점에 대해서 주의를 환기한 바 있습니다. 가령 도덕적 가치를 창도唱導하는 데에 크게 주력해온 그리스도교 교회라는 조직체를 예로 들어 봅시다. 원시 그리스도교 시대의 가치를 중세 교황 시대의 가치와 비교해 보고, 중세 교황 시대의 가치를 19세기 프로테스탄트 교회에 있어서의 가치와 비교해 보십시오. 혹은 가령 오늘날 스페인의 그리스도교 교회가 교도教導하는 가치와 미국의 그리스도교 교회가 교도하는 가치와를 비교해 보십시시오. 이러한 가치의 차이는 역사적 사실의 차이에서 온 것입니다. 혹은 노예제도, 인종차별, 아동노동의 착취—한때에는 이 모든 것이 도덕적으로 흠 없는 것 혹은 훌륭한 것으로 인정되었던 것입니다만—를 일반적으로 부도덕한 일이라고 생각하도록 만들어 준 과거 1세기 반 동안의 역사적 사실을 생각해 보십시오. 가치는 사실로부터 나올 수 없다는 주장은 어떻게 보더라도 일방적인 그릇된 이야기입니다. 혹은 이 말을 거꾸로 뒤집어 볼까요? 사실은 가치로부터 나올 수 없다. 여기에도 일면의 진실은 있습니다만, 오해를 초래하기 쉽기 때문에 조건을 달 필요가 있습니다. 우리가 사실을 알려고 할 경우를 생각할 때에, 우리가 제기하는 문제나 따라서 우리가 입수하는 해답 같은 것은 모두가 우리들의 가치체계의 후견을 통해서 만들어지는 소산인 것입니다. 우리 환경의 제諸사실을 우리들이 어떠한 모양으로 파악하고 있는가는 우리들의 가치, 즉 우리가 그것을 매개로 하여 사실에 접근하는 여러 카테고리에 의해서 결정되는 것입니다. 이러한 영상은 우리가 고려해야 할 중요한 사실의 하나입니다. 가치는 사실 속에 들어가 본질적인 부분을 이루고 있습니다. 우리들의 가치는 인간으로서 우리가 지니는 장비의 본질적인 부분입니다. 우리들이 환경에 적응할 수 있는 능력도, 환경을 우리 자신에게 적응시킬 수 있는 능력도, 환경에 대한 지배력을 획득하여 역사를 진보의 기록으로 만들어 나갈 수 있는 능력도, 모두가 우리들의 가치를 통하여 획득하는 것입니다. 그러나 인간과 환경과의 투쟁을 극적으로 과장하여, 사실과 가치와의 사이에 허위의 대립과 허위의 분열을 설정해서는 안 됩니다. 역사에 있어서의 진보는 사실과 가치와의 상호의존과 상호작용을 통해서 이록되는 것입니다. 이러한 상호과정을 가장 깊이 통찰할 수 있는 사람들이야말로 객관적인 역사가라고 할 수 있습니다.

사실과 가치에 관한 이러한 문제에 대한 단서는 보통 우리들이 「진리」라는 말을 어떻게 사용하고 있는가라는 데에서 찾아볼 수 있습니다. 이 말은 사실의 세계와 가치의 세계의 양쪽에 걸쳐 있는 말로서, 양쪽의 요소에 의하여 성립되고 있습니다. 이것은 영어에만 국한된 특이성은 아닙니다. 진리에 해당되는 라틴어도, 독일어의 발하이트라는 말도, 러시아의 프라우다Pravda[152]라는 말도 모두가 이러한 이중적인 성격을 지니고 있는 것입니다. 여하한 언어에서나 사실의 표명만도 아니고, 가치의 판단만도 아니고, 이 두 요소를 모두 포함하는 진리라는 말이 필요한 모양입니다. 내가 지난주에 런던에 갔다는 것은 하나의 사실일 수 있습니다. 그러나 여러분은 이것을 보통 진리라고 하지 않습니다. 여기에는 어떠한 가치내용이라는 것이 없기 때문입니다. 한편, 미국의 건국자들은 독립선언문에서, 만인은 나면서부터 평등하다는 자명自明의 진리에 언급하고 있습니다만, 여러분은 이 경우에 선언의 가치내용이 사실적인 내용을 압도하고 있다고 생각하실 것이고, 따라서 진리로서 인정받을 만한 권리가 없다고 부정하실 것입니다. 역사적 진리의 영역은 이러한 양극—가치를 떠난 사실이라는 북극과, 사실이 되고자 애쓰는 가치 판단이라는 남극—의 중간지대의 어딘가에 위치하고 있는 것입니다. 첫 번 강연에서도 말씀드린 바와도 같이,

---

152 Pravda의 경우는 특히 흥미롭습니다. 왜냐하면 진리(眞理)라는 말로서 또 하나의 낡은 러시아어 istina가 있기 때문입니다. pravda는 두 가지 측면에 있어서의 인간적인 진리이고, istina는 두 가지 측면에 있어서의 신의 진리—신에 관한 진리와 신에 의하여 계시되는 진리—입니다.

역사가란 사실과 해석, 사실과 가치의 양자 사이에서 몸의 균형을 잡고 있는 사람들입니다. 그는 이 양자를 분리할 수 없습니다. 정적인 세계에서라면 여러분들도 사실과 가치와의 결렬을 선언해야 한다는 일도 있을 수 있겠지요. 그러나 정적인 세계에서는 역사란 무의미한 것입니다. 역사는 본질상 변화요, 운동이요—만일 여러분이 낡아빠진 말이라고 탓하지 않는다면—진보입니다.

이리하여 나의 결론은, 진보를 가리켜서 「역사 서술의 토대가 될 수밖에 없는 과학적 가설」이라고 말한 액튼의 말에 되돌아가게 되는 것입니다. 여러분은 만일 원하신다면 과거의 의미를 역사외적歷史外的인 초이성적超理性的인 힘에 종속시켜가지고 역사를 신학으로 바꾸어 놓을 수도 있습니다. 또한 그럴 생각만 있다면 역사를 문학—의미나 중요성이 결여된 과거의 이야기와 전설의 집성集成—으로 바꾸어 놓을 수도 있습니다. 그러나 역사의 이름에 부끄럽지 않은 역사라는 것은, 역사 자체의 방향감각을 찾고 받아들이는 사람들만이 쓸 수 있는 것입니다. 우리들이 온 방향에 대한 믿음은 우리들이 가고 있는 방향에 대한 믿음과 굳게 연결되어 있는 것입니다. 미래의 진보가능성에 대한 신념을 상실한 사회는 과거에 자기들이 이룩한 진보에 대해서도 급속히 무관심하게 될 것입니다. 첫 번 강연의 서두에서 말씀드린 것처럼, 우리들의 역사관은 우리들의 사회관의 반영입니다. 이제 나는 출발점으로 다시 되돌아가서 미래사회와 미래역사에 대한 나의 신념을 표명하겠습니다.

6

넓혀지는 지평선

지금까지의 강연에서 나는 역사를 부단한 진보 과정이라고 했고 또한 역사가도 그러한 과정을 걸어가고 있다는 견해를 말씀드렸습니다만, 그렇다면 지금 이 시대의 역사 및 역사가의 현 위치는 어떻게 되어있는가에 대해서도 어떠한 결론적인 소감을 말씀드려야 할 입장이 된 것 같습니다. 물론 역사상 처음 있었던 일은 아닙니다만—우리들은 지금 세계의 파멸을 예언하는 소리에 차 있는 그리고 그것이 모든 사람을 무겁게 짓누르고 있는 시대에 살고 있습니다. 그러한 예언의 진부 여부는 가려낼 수 없습니다. 그러나 여하튼 그것은 우리 모두가 죽을 것이라는 예언보다는 불확실한 것이 아니겠습니까? 아무리 우리 모두가 죽을 것이라는 예언이 확실하다 해도, 그것 때문에 미래에 대한 우리들의 계획이 중단되는 법은 없습니다. 따라서 이 나라—혹은 이 나라가 아니더라도 세계의 어떤 주요부분—는 우리를 위협하고 있는 현 위기를 모면하고 살아남을 수 있을 것이다, 그리고 역사는 변함없이 계속될 것이다라는 가정 밑에서 우리 사회의 현재와 미래의 이야기를 계속해 나가겠습니다.

20세기 중엽이라는 시대는 아마도 15~6세기에 중세 세계가 무너지고 근대 세계의 토대가 잡혀진 이후로는 목격할 수 없었던 가장 심각하고 가장 광범한 변화과정에 처해 있는 시대입니다. 말할 것도 없이 이러한 변화는 궁극적으로는 과학적인 발견과 발명, 부단히 확대되는 그 적용, 그리고 직접 간접적으로 이로부터 초래된 발전의 소산입니다. 그러나 이 변화 중에서도 가장 두드러진 측면은 사회혁명이라는 측면이며, 그것은 금융과 상업, 그리고 후에는 산업에 발판을 둔 새로운 계급에게 권력에의 길을 열어준 15~16세기의 사회혁명에 필적하는 것입니다. 우리들의 산업의 새로운 구조와 사회의 새로운 구조가 제기하고 있는 제諸문제는 내가 이 자리에서 손을 대기에는 너무나 거창한 것입니다. 그러나 이 변화는 우리들의 이야기와 보다 직접적인 관련성을 가지고 있는 두 가지의 양상—깊이에 있어서의 변화와 지리적인 넓이에 있어서의 변화라고나 할까요—을 지니고 있습니다. 이 두 양상에 대해서 간단히 언급해 보기로 하겠습니다.

역사라는 것은 인간이 시간의 흐름을 자연적 과정—계절의 순환이라든가 사람의 일생이라든가 하는—으로 보지 않고 인간이 의식적으로 관여하고 또한 인간이 의식적으로 영향을 줄 수 있는 특수한 사건의 연속이라고 생각할 때부터 시작되는 것입니다. 부르크하르트는, 역사는「의식의 각성에 의하여 생겨난 자연과의 결렬」[153]이라고 말했습니다. 역사는 인간이 이성을 활용하여 자기 환경을 이해하고 환경에 작용해온 긴 투쟁 과정입니다. 그 가운데서도 특히 근대는 이러한 투쟁을 혁명적으로 넓혀 놓은 시기입니다. 지금에 와서는 인간은 환경뿐만이 아니라 인간 자신에게도 이해와 영향력을 뻗쳐

153 J. Burckhardt, *Reflections on History* (1959), p.31.

보려고 노력하고 있습니다. 이로 말미암아 말하자면 이성의 새로운 차원과 역사의 새로운 차원이 나타나게 된 것입니다. 현대는 어느 시대보다도 역사적 의식이 발달한 시대입니다. 현대인은 전례가 없을 만큼 강하게 자기를 의식하고 있고, 따라서 역사를 의식하고 있습니다. 그는 자기가 걸어 나온 과거의 희미한 어둠 속을 열심히 뒤돌아다보고 있습니다만, 그것은 혹시나 거기서 흘러나오는 미광微光이 향해 나가는 앞날의 어두움을 밝혀 주는 빛이 되어 주지나 않을까 하는 희망에서입니다. 또한 이와는 반대로 앞날을 내다보는 원망과 불안은 걸어 나온 과거에 대한 통찰을 북돋아주는 것입니다. 과거와 현재와 미래는 무한한 역사의 쇠사슬 속에서 서로 연결되어 있습니다.

근대 세계의 변화라는 것은 인간의 자기의식의 발달에 의해서 이룩된 것이라고 하겠습니다만, 그 첫 시작은 데카르트에 의한 것이었습니다. 데카르트는 인간을 사고의 능력이 있을 뿐만 아니라 자기 자신의 사고를 다시 사고할 수 있는 존재로서, 즉 관찰활동을 하고 있는 자기 자신을 관찰할 수 있고, 따라서 인간은 동시에 사고와 관찰의 주체와 객체가 될 수 있는 존재라는 지위를 처음 확립한 사람입니다. 그러나 18세기 후엽에 루소가 나타날 때까지는 이러한 발달은 아직도 충분히 명확한 단계에까지는 이르지 못하고 있었습니다. 루소는 인간의 자기 이해와 자기의식의 새로운 심화된 세계를 열어 주었고, 자연계와 전통 문명에 대한 새로운 견지를 제시하였습니다. 토크빌은 프랑스혁명을 「당시의 사회질서를 지배하고 있었던 전통적 관습 전부를 폐지하고, 그 대신 인간 이성의 활용과 자연법칙에서 도출된 단순한 기본법칙이 이에 대치되어야 한다는 신념」[154]에 의해서 고취된 것이라고 말했습니다. 또한 액튼은 그의 원고 속에서 「그 때까지는 사람들은 자유를 추구하면서도 자기들이 추구하는 것이 무엇인지를 알지 못하고 있었다」[155]라고 말했습니다. 액튼에 있어서는, 헤겔의 경우도 마찬가지입니다만, 자유와 이성은 결코 멀리 떨어져 있는 것은 아니었습니다. 프랑스혁명은 또한 미국혁명에 연결되어 있습니다:

> 지금으로부터 87년 전에 우리 조상들은 자유 속에서 구현된, 그리고 만인은 평등하게 창조되었다는 신조 앞에 바쳐진 새 나라를 이 대륙 위에 건립하였다.

링컨의 이 말이 뜻하는 바와도 같이 그것은 하나의 특이한 사건이었습니다.—즉 그것은 사람들이 의도意圖와 의식意識을 가지고 자기들을 하나의 국가로 형성하고 또한 의도와 의식을 가지고 딴 사람들을 그러한 국가의 틀 속에 끌어 들이려고 하기 시작한 역사상 최초의 사건이었기 때문입니다. 17~8세기에 와서는 인간은 이미 주위의 세계와 그 법칙을 충분히 의식할 만큼 되어 있었습니다. 그 법칙은 이미 불가사의한 섭리라고 하는 신비적인 천명天命이 아니라 이성이 받아들일 수 있는 법칙이 되었습니다. 그러나 그것은 인간이 복종하는 법칙이었지, 스스로가 만들어내는 법칙은 아니었던 것입니다. 인간이 환경과 인간에 대한 자신의 힘을 충분히 자각하게 되고, 또한

---

154 A. de Tocqueville, *De l'Ancien Régime*, Ⅲ, ch. 1.

155 Cambridge UniversityLibrary: Add. MSS.: 4870.

인간 생활을 지배할 법칙을 만들어 낼 권리가 있다는 충분한 자각에 도달하게 된 것은 그 다음 단계에 이르러서의 일입니다.

18세기에서 현대세계까지에 이르는 전환은 길고 점진적인 것이었습니다. 이 시대의 대표적인 철학자는 헤겔과 마르크스였는데, 이 양자는 모두가 모순되는 대립요소를 지니고 있는 사람들이었습니다. 헤겔은 섭리의 법칙을 이성의 법칙으로 바꾸어 놓은 사상을 토대로 하고 있었습니다. 헤겔의 세계정신은 한손으로는 섭리를, 또 다른 손으로는 이성을 꽉 붙잡고 있습니다. 그는 애덤 스미스를 본떠서 다음과 같이 말하고 있습니다. 개인은 「자기 욕망을 충족시키는 과정 속에서 동시에 그 이상의 일을 달성한다. 이러한 일은 그들의 의식에는 나타나지 않지만 행위 속에 잠재한다.」 그는 또한 세계정신의 합리적 목적에 대해서는 인간은 「합리적 목적을 달성하는 행위의 바로 그 도상에서 이와는 취지를 달리하는 그들 자신의 욕망을 충족시켜 나가는 계기로 삼는다」라고 말하고 있습니다. 이것은 이익의 조화라는 것을 독일철학의 표현을 빌려서 번역해 놓은 것에 불과합니다.[156] 애덤 스미스의 「보이지 않는 손」에 해당한 것이 헤겔의 유명한 「이성理性의 간계奸計」이며, 그것은 사람으로 하여금 자기들이 의식하지 않은 목적을 실현하도록 하는 것입니다. 그러나 헤겔은 역시 프랑스혁명의 철학자였으며, 역사적 변화와, 인간의 자기의식의 발달 속에서 현실의 본질을 볼 수 있었던 최초의 철학가였습니다. 그에게 있어서는 역사상의 발전이란 것은 자유의 개념을 향한 발전을

156 이 인용은 헤겔의 *Philosophy of History*에서

의미하는 것이었습니다. 그러나 프랑스혁명의 감격도 1815년 이후에는 왕정복구라는 정돈 속에서 소멸되고 말았습니다. 헤겔도 정치적으로는 너무나 소심한 사람이었고, 또한 당시의 기성질서에 너무나 꽉 사로잡혀 있었기 때문에 자기의 형이상학적 명제에 구체적인 의미를 도입한다는 일은 못하고 말았습니다. 헤르젠Aleksandr Ivanovich Herzen(1812~1870. 러시아의 문인·사상가)이 헤겔의 학설을 「혁명의 대수학代數學」이라고 말한 것은 적절하기 짝없는 표현입니다. 헤겔은 기호는 만들어 놓았습니다만, 거기에 실제적인 내용은 부여하지 않았습니다. 헤겔의 대수방정식에 숫자를 기입한다는 일은 마르크스의 과업으로 남게 되었습니다.

애덤 스미스와 헤겔의 제자인 마르크스는 세계가 합리적인 자연법칙에 의해서 지배되고 있다는 사고방식 하에서 출발하였습니다. 그의 입장은 헤겔과 같은 것이기는 합니다만, 보다 실천적이고 보다 구체적인 형태를 취했습니다. 그는 법칙에 지배되는 세계가 인간의 혁명적인 이니시아티브에 대응하면서 합리적 과정을 통하여 발전한다는 견해에로의 전환을 이룩하였던 것입니다. 마르크스의 결론적인 견해를 종합해 보면 역사는 다음과 같은 세 가지 것을 의미한다는 것입니다. 물론 이 삼자는 서로 불가분의 관계하에서 일관된 합리적인 전체를 이룬다는 것입니다. 즉 그 하나는 객관적인, 주로 경제적인 법칙을 따라서 전개되는 사건의 진전이며, 그 둘은 이에 대응하며 변증법적 과정을 통해서 이룩되는 사상의 발전이며, 그 셋은 이에 따른 계급투쟁의 형태하의 실천이라는 것이며, 이것이 혁명의 이론과 실천에 조합과 통합을 가져다준다는 것입니다. 마르크스가 제창하는 바는 객관적 법칙과 이를 실천으로 전환시켜주는 의식적 행위와의 종합이며, 즉 때에 따라서는(오해되기 쉬운 말이지만) 결정론이라고도 불리고, 자의주의自意主義라고도 불리는 양자의 종합인 것입니다. 마르크스는 항상 법칙이라는 것을 말하고, 사람들은 당시까지 그에 대한 의식을 못 가진 채 그 지배를 받아왔다고 말했습니다. 또한 그는 자본주의 경제와 자본주의 사회 속에 말려들어가 있는 사람들의 소위 허위의식이라는 것에 대해서도 여러 번 주의를 환기시키고 있습니다. 「생산과 유통의 당사자들의 심중에서 형성된 생산법칙의 개념은 실재하는 법칙과는 거리가 먼 것이다.」[157] 그러나 그의 저작著作에서는 의식적인 혁명적 실천을 강조한 두드러진 예도 찾아볼 수 있습니다. 가령 포이에르바하Feuerbach에 관한 유명한 테제는 다음과 같이 말하고 있습니다. 「철학자들이 해온 일은 세계를 다르게 해석한다는 일뿐이었지만, 참말로 중요한 것은 그것을 변화시킨다는 일이다.」 또한 공산당 선언은 「프롤레타리아트는 그 정치적 지배력을 이용하여 한 걸음 한 걸음 부르조아지의 모든 자본을 탈취하고 전 생산수단을 국가의 수중에 집중할 것이다」라고 말하고 있습니다. 이 밖에도 『루이 보나파르트의 브류메르 18일』에서는 「1세기의 과정을 통해서 모든 전통적 관념을 타파해 나가고 있는 지적인 자기의식」이라는 것을 말하고 있습니다. 그에게 있어서는 자본주의 사회의 허위의식을 무너뜨리고 계급없는 사회의 진정한 의식을 도입할 자들이 프롤레타리아트였던 것입니다. 그러나 1848년의 혁명의 실패

157 *Capital*, iii (Engl. transl., 1909), p.369.

는 마르크스가 활동 초기에 박두했다고 여겨졌던 사태 발전에 중대하고도 극적인 좌절을 초래했습니다. 그리하여 19세기 후반은 아직도 번영과 안정의 기분이 우세한 분위기 속에서 경과되었던 것입니다. 현대사에의 전환이 완전히 끝난 것은 20세기가 시작될 무렵이었습니다. 이때에 와서는 이미 이성의 1차적인 기능은 사회에 있어서의 인간의 행동을 지배하는 객관적 법칙을 이해한다는 일이 아니라, 의식적인 행위에 의하여 사회를 개조하고 사회를 구성하는 개인을 개조한다는 일이 되었습니다. 마르크스에 있어서는 「계급」이라는 것은 명확히 정의된 바는 없습니다만, 대체로 봐서 경제적 분석에 의해서 확정되어야 할 객관적 개념으로 머물러 있었습니다. 그러나 레닌에 있어서는 중점重點은 「계급」을 떠나서 계급의 전위前衛를 이루고, 그 속에 계급의식이라는 불가결한 요소를 주입할 「당黨」으로 넘어갔습니다. 마르크스에 있어서는 「이데올로기」라는 것은 소극적인 말—즉 자본주의 사회 질서의 허위의식의 한 산물—이었습니다. 레닌에 있어서는 「이데올로기」는 중립적인 혹은 적극적인 것—즉 계급의식을 지닌 지도자의 엘리트가 계급의식에 대한 잠재적인 가능성을 지닌 노동대중 속에 심어 놓은 신념—으로 되었습니다. 계급의식의 형성은 이미 자동적인 과정이 아니라 수행되어야 할 과업으로 된 것입니다.

이성의 세계에 새로운 영역을 넓혀 준 우리 시대의 또 하나의 대사상가大思想家는 프로이드입니다. 오늘날 프로이드는 아직도 어딘가 정체를 알 수 없는 인물로 남아 있습니다. 그는 교육으로 보나 배경으로 보나 19세기의 자유주의적인 개인주의자로서, 개인과 사회와의 근본적인 대립이라는 일반적인, 그러나 빗나가기 쉬운 전제를 무조건 받아들이고 있었습니다. 그는 인간을 사회적인 존재로서보다는 생물학적인 존재로서 보았기 때문에 사회환경도 인간 자신에 의하여 부단히 창조되고 변경되는 과정 속에 있는 것이 아니라, 역사적으로 주어진 것으로 보려는 경향에서 있었습니다. 그는 틀림없는 사회적인 문제를 개인적인 입장에서 취급한다고 해서 마르크스주의자들로부터의 부단한 공격을 받아왔고, 따라서 반동적이라는 비난도 받게 되었습니다. 그러나 이러한 공격은 프로이드 자신에게는 부분적으로 밖에는 해당되지 않는 것이고, 오히려 오늘날의 미국의 신新프로이드학파에게 보다 많이 해당된다고 하겠습니다. 왜냐하면 그들은 적응불능適應不能은 개인에게 내재하는 것이지 사회 구조에 내재하는 것은 아니라고 생각하고, 개인을 사회에 적응시키는 것이 심리학의 본질적 기능이라고 보기 때문입니다. 프로이드에 대한 또 하나의 일반적인 공격은 그가 인간 세계에 있어서의 비합리적인 것의 역할을 확대했다는 것입니다만, 이것은 전적인 잘못으로서 인간행위 속에 있는 비합리적 요소를 인정한다는 것과 비합리적인 것을 숭배한다는 것과를 조잡하게 혼동한 결과라고 하겠습니다. 오늘날 비합리적인 것에 대한 숭배가 주로 이성의 업적과 가능성을 경시한다는 형태로 영어사용 세계에 존재한다는 것은 불행하나마 사실입니다. 이것은 현재 유행하고 있는 비관주의와 초보수주의적 풍조의 일단입니다만, 거기에 대해서는 후에 말씀드리기로 하겠습니다. 하여간 이것이 프로이드에게서 비롯된 것이 아니라는 것만은 사실입니다. 그는 무조건의, 아니 오히려 원시적인 소박성을 지닌 이성주의자였던 것입니다. 프로이드가 한 일은 인간행위의 무의식적인 근원을 의식과 합리적인 탐구 앞에 폭로함으로써 우리들의 지식과 이해의 범위를 넓혀 주었다는 점에 있습니다. 이것은 이성의 영역의 확대이며, 자신과 환경을 이해하고 지배해 나갈 인간능력의 증대이며, 따라서 그것은 하나의 혁명적인 그리고 진보적인 업적을 뜻하는 것이었습니다. 이러한 점에서 프로이드는 마르크스의 업적을 보완하는 위치에 있는 것이지 그와 충돌하는 위치에 있는 것은 아닙니다. 프로이드 자신은 인간의 본성이 고정불변의 것이라는 관념에서 완전히 벗어나지는 못했습니다만 인간 행위의 근원을 보다 깊이 이해하기 위한 그리고 합리적 과정을 통해서 이를 수정하기 위한 수단을 마련해 주었다는 의미에서 현대 세계에 속하는 사람입니다.

프로이드는 특히 역사가에게 중요한 의의를 지니고 있다고 하겠습니다만, 그것은 두 가지 의미에서입니다. 첫째로는 인간행위는 사람들이 그러한 행위의 동기는 이런 것이었다고 주장하거나 믿거나 하는 동기를 가지고 적절하게 설명될 수 있다고 생각해 왔습니다만, 이러한 오랜 환상에 최후의 못을 박은 사람이 프로이드였다는 점입니다. 이것은 소극적인 업적이면서도 상당히 중요한 것입니다. 물론 정신분석의 방법을 적용해서 역사상의 위인의 행동을 해명할 수 있다고 적극 주장하는 일부 광신자들의 주장은 좀 할인을 해서 들을 필요가 있습니다. 정신분석의 방법은 조사를 받고 있는 병자의 반대신문에 의해서만 성립 되는 것인데, 죽은 사람을 반대신문할 수야 없지 않겠습니까? 다음으로 프로이드는 마르크스의 업적을 보완하면서 역사가들에게는 다음과 같은 일을 권했던 것입니다. 즉, 자기 자신과 역사에 있어서의 자신의 위치를—아마도 이것은 숨은 동기에 속하겠습니다만—문제나 시기의 선택을 이끌어준 동기를, 사실의 선택과 해석을 이끌어준 동기를, 그리고 자신의 시각을 결정해준 국가적 · 사회적 배경을, 과거관을 형성해 주는 미래관을 음미하라는 것입니다. 마르크스와 프로이드의 저작著作이 나온 이후로는 역사가는 자기가 사회와 역사를 떠나서 초연히 서 있는 개인이라고 생각할 구실을 가질 수 없게 되었습니다. 지금은 자기의식의 시대입니다. 역사가는 자기가 무엇을 하고 있는가를 알아야만 합니다.

내가 말하는 소위 현대 세계에로의 전환—이성의 기능과 힘의 새로운 영역에로의 확대—이라는 것은 아직도 끝난 것은 아닙니다. 그것은 20세기가 통과하고 있는 혁명적인 변화의 일부분입니다. 지금 나는 이러한 전환의 몇 가지 중요한 징후를 검토해 볼까합니다.

우선 이야기를 경제분야에서 시작하겠습니다. 1914년에 이르기까지는 인간과 국가의 경제 행위는 객관적인 경제법칙이 지배하고 있기 때문에, 만일 이를 무시하면 손실을 초래하게 마련이라는 신앙이 실질상 확고부동한 것이었습니다. 경기순환, 가격변동, 실업 등이 모두 이러한 법칙에 의하여 좌우되고 있다고 생각되었습니다. 대공황이 시작된 1930년에 이르러서도 이러한 견해는 지배적이었습니다. 그러나 그 이후에 사태는 급변하였습니다. 1930년대에 들어서부터 사람들은 「이코노믹 맨economic man의 종말」이라는 말을 하기 시작했습니다. 이코노믹 맨이라는 말은 경제법칙에 맞추어서 시종일관 자기의 경제적 이익을 추구한 사람들을 가리키는 것이었습니다만, 하여간 그 이후로는 소수의 19세기의 립 반 윙클Rip Van Winkle적인 인간을 제외하고서는 아무도 이러한 의미의 경제법칙을 믿는 사람은 없게 되었습니다. 오늘날의 경제학은 이론적인 수식의 조립이거나 그렇지 않으면 일자一者가 타자他者를 어떻게 밀어 제끼는가를 연구하는 실제적인 학문이 되었습니다. 이러한 변화는 주로 개인적인 자본주의가 대규모의 자본주의로 전환됨에 따라 생겨난 산물입니다. 개인적인 기업가나 상인들이 지배세력을 잡고 있었던 시대에는 경제를 통제한다든가, 거기에 어떠한 중대한 영향을 줄 수 있다든가 한 사람이 있으리라고는 생각되지 않았습니다. 이리하여 비인간적인 법칙과 그 지배과정이라는 환상이 유지되어 나갔던 것입니다. 최성기에 있었던 잉글랜드 은행조차도 그것은 능숙한 관리자나 조종자로서 생각되었던 것이 아니라, 경제적 추세에 대한 객관적인, 반자동적인 기록기관記錄機關 정도로 간주되고 있었습니다. 그러나 자유방임경제가 통제경제(그것이 자본주의적 통제경제이건 사회주의경제이건, 통제가 대자본가에 의해서 행해져서 명목상으로는 개인만이 관련된 것이건 혹은 국가에 의해서 수행되는 것이건)에로 이행함에 따라서 이러한 환상은 소멸되고 말았습니다. 일정한 사람들이 일정한 목적을 위하여 일정한 결정을 내린다는 것, 그리고 그 결정이 우리들의 경제생활의 코스를 정해 준다는 사정이 분명해진 것입니다. 오늘날 석유나 비누의 가격이 수요공급에 관한 어떠한 객관적인 법칙에 따라 변동하는 것이 아니라는 것쯤은 누구나 다 알고 있는 일입니다. 불경기나 실업이 인공적인 것이라는 것도 누구나 다 알고 있는 일이고, 최소한 알고 있다는 생각만이라도 가지고 있습니다. 정부 역시 이를 구제할 방도를 알고 있다고 인정할 뿐만 아니라, 그렇게까지 주장하고 있습니다. 자유방임으로부터 계획에로의, 무의식으로부터 자기의식에로의, 객관적 경제법칙에 대한 신앙으로부터 인간은 자신의 행동에 의하여 자기 자신의 경제적 운명의 지배자가 될 수 있다는 신념에로의 전환이 이룩된 것입니다. 사회정책은 경제정책에 발맞추어 실시되어 나왔고, 사실인즉 경제정책이 사회정책 속에 통합되어 버린 것입니다. 1910년에 출간된 제1차 『케임브리지 근대사』의 최종권에서 다음의 한 구절을 인용하겠습니다. 이것은 절대로 마르크스주의자도 아니고, 레닌의 이름조차 들어본 일이 없었을 한 저술가의 지각 높은 소견입니다.

> 의식적인 노력에 의하여 사회혁명을 실현할 수 있다는 신앙은 유럽정신의 지배적인 조류이다. 이것은 자유를 만능 약과 같이 생각하던 신앙과 대치되었다. ……오늘날 이러한 신앙이 퍼지고 있다는 사실은 프랑스혁명 당시의 인권에 대한 신앙과 마찬가지로 뜻 깊고도 유익한 일이다.[158]

이 구절이 집필되고 난 후로 50년이 경과했고, 러시아혁명 이후로 40년 이상이 경과했고, 대공황이 있은 후로 30년이 경과한 오늘날에 와서는 이러한 신앙은 이미 상식적인 것이 되어 버렸습니다. 합리적이라고는 하나 인간의 제어권외制禦圈外에 놓인 객관적인 경제법칙에 예속되고 있었던 상태로부터 인간은 의식적인 행동을 통해서 자신

158 *Cambridge Modern History*, xii(1910), p.15;이 장의 집필자는 History誌의 편집위원의 한 사람이었고 공무원 인사위원이였던 S. Leathes였습니다.

의 경제적 운명을 좌우할 능력을 가지고 있다고 믿기에 이르른, 이상과 같은 전환은 내가 보는 바로서는 인간 세계에 대한 이성의 적용의 전진을, 그리고 자신과 환경을 이해하고 지배할 인간능력의 증대를 반영하는 것으로서, 만일 필요하다면 낡은 표현을 빌려서 이것을 진보라고 불러도 무방하리라고 봅니다.

이 이외의 분야에서도 유사한 여러 과정이 진행되고 있겠습니다만, 나로서는 이를 상론詳論할 여유를 가지고 있지 못합니다. 전에도 말씀드렸습니다만, 오늘날에 와서는 과학조차도 객관적인 자연법칙을 탐구하고 확립한다는 것보다도 자연을 자기 목적에 이용하고 자기 환경의 변형을 가능케 할 유용한 가설을 짜내는 데에 더욱 힘을 기울이고 있는 것입니다. 그러나 이보다도 더 중요한 것은 인간이 이성의 의식적인 활용을 통해서 환경을 변형시킬 뿐만 아니라, 나아가서는 자기 자신을 변조하는 일을 시작했다는 것입니다. 18세기 말에 맬서스는 그 획기적인 저작 속에서 애덤 스미스의 시장의 법칙과도 같이 아무도 그 과정을 의식 못하는 가운데서 작용해 나가는 인구의 법칙을 수립하려고 했습니다. 오늘날에 와서는 이러한 객관적 법칙을 믿는 사람은 아무도 없습니다. 오히려 인구의 조절은 합리적이고 의식적인 사회 정책의 문제로 된 것입니다. 인간의 노력의 힘으로 사람의 수명이 연장된다거나, 세대 간의 인구의 밸런스가 수정된다거나 하는 일들은 우리 자신의 시대에도 목격해 온 일들입니다. 그런가 하면 인간행위에 영향을 주기 위하여 약품이 의식적으로 사용된다든가, 인간의 성격을 변경시키기 위하여 외과 수술을 한다든가 하는 이야기도 알고 있습니다. 인간과 사회는 의식적인 노력에 의해서 우리 목전에서 스스로 변하기도 했고 변화를 당하기도 했습니다. 그러나 이러한 변화 가운데서도 가장 중요한 것은, 설득과 교화의 현대적인 방법이 발달되고 적용됨에 따라서 나타난 변화일 것입니다. 오늘날 각계각층의 교육자들은 특정된 형의 사회를 형성하는 일과, 이러한 사회에 적합한 태도, 충성, 의견을 젊은 세대에 주입하는 일을 촉진하기 위하여 더욱더 의식적인 노력을 기울이고 있습니다. 교육정책은 합리성을 지닌 여하한 사회 정책에 있어서 그 필수적인 부분을 이루고 있습니다. 사회 속에 처한 인간에게 적용될 이성의 주요 기능은 이미 탐구라는 면을 넘어서서 개조라는 면에 이르고 있습니다. 이상과 같이 합리적 과정을 적용하여 사회적·경제적·정치적인 사물의 처리를 개선해 나갈 인간의 능력을 높이 의식하게 되었다는 것은 20세기 혁명의 중요한 한 측면이라고 생각됩니다.

이성理性의 확대라는 이러한 현상은 내가 지난 강연에서 「개별화」라고 부른 과정—문명의 발전에 수반된 개인의 기능과 직업과 기회의 다양화—의 한 국면에 불과합니다. 아마도 산업혁명이 초래한 가장 광범한 사회적 결과는 사고 능력이 있고 이성을 활용할 수 있는 사람들이 점차적으로 증대해 나갔다는 사실일 것입니다. 그러나 우리 영국인들은 점진주의漸進主義라는 것을 너무나 좋아하기 때문에 영국에서는 이러한 움직임은 왕왕 눈에 띄기도 어려울 정도입니다. 우리들은 근 1세기 동안이나 초등 의무교육이 가장 보급되었다는 승리감 위에 물러앉아 가지고 고등 의무교육의 보급에 있어서는 그리 광범하고 빠른 진보를 이룩하지 못하고 있습니다. 이것도 우리들이 세계를 주도해 나가고 있을 때 같으면 큰 문제는 아니겠지요. 그러나 우리보다도 빠른 속도로 달려 나오는 사람들이 우리를 따라잡고, 또한 기술적인 변혁으로 말미암아 모든 분야의 진전속도가 급속도로 빨라지고 있는 이 마당에 있어서는 이것은 큰 문제입니다. 왜냐하면 사회혁명과 기술혁명과 과학혁명은 모두가 동일 과정 내의 중요 부분이기 때문입니다. 만일 개별화 과정에 대한 학문적인 실례를 원하신다면 과거 50~60년 동안에 나타난 역사나 과학이나 그밖에 모든 개개 학문분야에 있어서의 무한한 분화를 생각해 보십시오. 그리고 이 결과로 얼마나 엄청난 수의 다양한 개별적인 전문화가 초래되었는가를 생각해 보십시오. 그러나 나는 이에 관한 훨씬 더 놀라운 다른 수준의 예를 보여드릴 수 있습니다. 30년 이상이나 된 일입니다만, 소련을 방문 중인 한 독일 고급 장교가 소련 공군의 건설에 종사하고 있는 소련 장교로부터 다음과 같은 계발적啓發的인 이야기를 들은 일이 있습니다.

> 우리 러시아 사람들은 아직도 원시적인 인간 소재를 상대로 일해 나갈 수밖에 없습니다. 우리들은 자기가 구할 수 있는 비행사의 타입에 비행기를 맞추어 나갈 도리밖에 없는 것입니다. 우리가 새로운 타입의 인간을 어느 정도까지 성공적으로 양성해 낼 수 있는가에 따라서 자료의 기술적인 발달도 완성되어 나갈 것입니다. 원시인을 복잡한 기계 속에 잡아넣을 수는 없는 일이니까요.[159]

---

159 *Vierteljahrshefte für Zeitgeschichte* (Munich), i (1953), p.38.

불과 30년도 못된 오늘날 우리들은 러시아의 기계는 이미 원시적인 것이 아니라는 것, 그리고 그것을 설계하고 만들고 움직이고 하는 수백만의 러시아 남녀들도 이미 원시적인 사람들이 아니라는 것을 알고 있습니다. 한 역사가로서 나는 후자의 현상에 보다 큰 관심을 가지고 있습니다. 생산의 합리화라는 문제는 그 자체보다도 훨씬 더 중요한 인간의 합리화라는 문제를 의미하는 것입니다. 오늘날 전 세계를 통해서 원시인들이 복잡한 기계의 사용법을 배우고 있고, 또한 그것을 통해서 사고와 이성의 사용 방법을 배우고 있습니다. 이 혁명은, 여러분은 그것을 사회혁명이라고 불러도 마땅하겠고, 나로서는 지금까지의 이야기의 취지상 이성의 확대라고 부르기로 하겠습니다만, 하여간 그것은 지금 막 시작된 것이나 다름없습니다. 그러나 그것은 과거 30년간의 급속한 기술적 발달에 뒤질세라 맹렬한 속도로 달려나오고 있습니다. 이것 역시 20세기 혁명의 중요한 한 측면이라고 여겨집니다.

그러나 여기서 내가 현대 세계에 있어서 이성에게 부과되고 있는 역할의 위험성이나 애매한 측면을 간과한다면 일부 비관론자나 회의론자들로부터의 항의를 면할 수 없을 것입니다.

나는 지난 강연에서도, 위에서 말한 의미의 개별화 과정의 진전이라는 것이 획일성과 통일성을 위한 사회적 압력의 약화를 의미하는 것은 아니라는 점을 지적한 바 있습니다. 이것이야말로 복잡한 현대 사회의 패러독스의 하나입니다. 교육은 개인의 능력과 기회를 넓히고 따라서 개별화의 증대를 촉진함에 있어서 불가결한 강력한 수단입니다만, 그 반면에 이익집단의 수중에 있어서는 사회의 획일성을 촉진시키기 위한 강력한 수단이기도 합니다. 방송이나 텔레비전이 좀 더 책임이 있어야 하겠다, 신문이 좀 더 책임이 있어야 하겠다는 호소는 빈번히 들려오고 있습니다만, 이러한 호소는 우선은 쉽사리 규탄할 수 있는 일부의 부정적인 현상을 대상으로 한 것입니다. 그러나 그것은 이상과 같은 강력한 대중적인 설득수단을 사용해 가지고 바람직한 취미와 바람직한 의견—바람직하다는 것의 기준은 그 사회에서 통용되고 있는 취미와 의견 속에 반영되고 있습니다—을 주입해 달라는 호소로 돌변할 수도 있는 것입니다. 따라서 이러한 운동을 그 추진자들의 수중에 놓고 볼 때에는 사회 구성원들을 자기들이 희구하는 성격으로 유도해 가지고 사회를 그러한 방향으로 형성해 나가려는 의식적이며 이성적인 과정인 것입니다. 이러한 위험성의 또 다른 두드러진 예는 상업적인 광고업자와 정치선전가들에 의하여 조성되고 있습니다. 사실 이 두 활동은 왕왕 중복될 경우가 많습니다. 정당이나 입후보자들은 미국에서는 공공연히, 영국에서는 좀 창피스럽다는 기색을 보이면서 직업적인 광고업자를 고용해서 목적달성을 기하고 있습니다. 이들의 두 방법은 명목상으로는 다르지만 그 수행 방법에 있어서는 놀라운 유사성을 지니고 있습니다. 직업적인 광고업자와 대정당大政黨의 선전부의 간부들은 고도의 지성인들로서, 자기들의 과업에 관련된 모든 합리적인 수단을 사용합니다. 그러나 이미 딴 경우를 통해서 검토해 온 바와도 같이, 그 이성은 탐지를 위해서만이 아니라 건설적인 방향으로 사용되고 있고, 정적으로서가 아니라 동적으로 사용되고 있는 것입니다. 직업적인 광고업자와 선거관리인들의 주요 관심사는 현존하는 사실이 아닙니다. 그들의 관심은 소비자나 유권자들이 지금 무엇을 믿고 있는가, 혹은 최종 결과에 반영된다는 조건하에서 생각될 수 있는 사태는 어떠할 것인가, 즉 소비자와 유권자들을 능숙하게 조종하여 그들로 하여금 무엇을 믿게 하고 무엇을 바라도록 할 수 있는가라는 문제에 놓여 있는 것입니다. 뿐만 아니라 그들은 자기들의 견해를 받아들이게 할 수 있는 가장 빠른 길은 고객과 유권자들의 심리구조 속에 있는 비이성적 요소에 호소한다는 데에 있다는 점을 대중심리의 연구를 통해서 잘 알고 있습니다. 그렇기 때문에 결국 우리들은 직업적 산업인이나 정당지도자의 엘리트들이 미증유의 발달을 이룬 이지적인 방법을 통해서 대중의 비합리성을 파악하고 이용하여 자기 목적을 달성해 나가는 광경을 목격하고 있는 것입니다. 이성에의 호소가 주가 아니라 오스카 와일드가 말한 「지성의 아래쪽을 노린다」는 방법이 주로 활용되는 것입니다. 위험성을 과소평가한다는 공격을 피하기 위해서 설정이 좀 과장 표현되기는 했습니다.[160] 그러나 크게 봐서는 잘못 말한 것도 아니고 또한 같은 말은 딴 분야에 대해서도 쉽사리 적용될 수 있습니다. 여하한 사회에 있어서나 지배집단은 대중의 의견을 조직하고 통제하기 위해서 크고 작고 간에 강제적인 수단을 쓰는 법입니다. 그러나 이 방법이 딴 방법보다 나쁘다고 생각되는 것은 그것이 이성의 남용이라는 성격을 띠고 있기 때문입니다.

이상과 같은 진지한 그리고 충분히 근거있는 고발에 대해서 나는 두 가지 논점에서 답할 수밖에 없습니다. 제1의 논점은 상식적인 것

160 보다 충분한 논의는 저자의 *The New Society* (1951), ch.4의 전체를 참조.

에 불과합니다만, 역사 과정 속에서 발견된 모든 발명, 혁신, 신기술은 여하한 것을 막론하고 긍정적인 면뿐만 아니라 부정적인 면을 아울러 지녀왔다는 점입니다. 누구건 희생자는 반드시 있었던 것입니다. 인쇄술이 발견된 후, 그것이 그릇된 사상의 유포를 조장한다는 비평가들의 말이 나올 때까지는 얼마마한 시일이 걸렸을까요. 오늘날 자동차의 출현에 따른 교통사고의 사망자들에 대해서 슬퍼하지 않을 사람은 없을 것이고, 일부 과학자들은 원자력이 파멸적인 목적에 사용될 수도 있고 실제로 그렇게 사용되기도 했다고 해서 원자력 개발의 수단과 방법을 발견한 것을 후회까지 하고 있는 것입니다. 그렇다고 해서 이러한 반대가 새로운 발견과 발명의 진행을 막는데 도움이 되었다는 일은 과거에도 없었고 또한 미래에도 있을 것 같지 않습니다. 대중선전의 기술과 가능성에 관해서 우리들이 얻은 지식도 간단히 망각될 수는 없습니다. 말이나 마차의 시대, 혹은 자유방임의 자본주의 초기의 시대로 다시 되돌아갈 수 없는 것처럼, 19세기 중엽에 영국에서 부분적인 실현을 본 바 있는, 로크나 자유주의자들이 이론화한 소규모의 개인주의적 민주정치로 다시 되돌아간다는 일도 불가능합니다. 오히려 진정한 해답은, 이러한 폐단은 이에 대한 교정책矯正策도 아울러 지니고 있다는 점에 있습니다. 교정책은 비합리성을 숭상한다거나 현대 사회에 있어서의 이성의 확대된 역할을 부정한다거나 하는 데에 있는 것이 아니라, 이성이 다 할 수 있는 역할을 철두철미 인식한다는 점에 있는 것입니다. 오늘날은 기술 및 과학의 혁명으로 이성의 활용을 넓혀 나간다는 것이 모든 사회계층을 통해서 우리에게 강제되고 있는 만큼, 이것은 결코 유토피아적인 몽상은 아닙니다. 역사상의 모든 위대한 발전이 그랬던 것처럼, 이 발전에도 지불되어야만 할 희생과 손실이 있고 대결되어야만 할 위험성이 있는 것입니다. 특히 과거의 특권적 지위를 잃어버린 나라의 인텔리들에게서 흔히 찾아 볼 수 있는 회의냉소파懷疑冷笑派나 파멸의 예언자들, 이러한 자들이 무엇이라고 말하건 나로서는 이것을 역사적 진보의 하나의 두드러진 예라고 보아 서슴지 않겠습니다. 아마도 이것은 우리 시대의 가장 주목할 만한 혁명적인 현상일 것입니다.

우리가 통과하고 있는 발전적인 혁명의 제2의 측면은 세계의 외형상의 변화에서 찾아볼 수 있습니다. 15~6세기라고 하면 중세 세계가 결정적으로 붕괴되고 근대 세계의 토대가 마련된 위대한 시기입니다만, 당시의 시대적 특징은 신대륙이 발견되고 세계의 중심이 지중해 연안으로부터, 대서양으로 넘어갔다는 점에 있었습니다. 프랑스 혁명도 비록 이보다는 작은 규모의 동란이었습니다만, 신대륙을 끌어들여서 구세계舊世界의 밸런스를 회복했다는 지리적인 결과를 가져왔습니다. 그러나 20세기의 혁명이 초래한 변화는 16세기 이래의 어떠한 일보다도 굉장한 것입니다. 세계의 중심이 서부 유럽으로부터 완전히 떠나버린 것은 그로부터 약 400년 후의 일이었습니다. 서부 유럽은 원거리遠距離의 영어사용 지역까지를 통틀어서 북미대륙의 한 속령屬領으로 변했습니다. 아니, 이 말이 싫으시다면 발전소와 지휘탑의 역할을 모두 미국에게 맡겨 버리고 있는 국가군國家群이라고 해도 마찬가지겠지요. 그러나 이것만이 가장 중요한 유일한 변화는 아닙니다. 과연 오늘날 세계의 중심은 서부 유럽이라는 별관別館을 합한 영어사용 세계에 머물러 있는 것인지, 혹 그렇다고 하더라도 그것이 차후로 얼마 동안이나 머물러 있을 것인지, 이러한 일은 도무지 분명치가 않습니다. 오히려 오늘날 세계문제를 좌우하고 있는 것은 동부 유럽과 아시아, 그리고 그 아프리카에의 연장부延長部의 거대한 지역이라고도 생각되는 것입니다. 「변화없는 동방東方」이라는 말은 오늘날에 와서는 이미 낡아빠진 상투어에 불과합니다.

이제 잠깐 20세기에 아시아에서 일어난 사태를 훑어보기로 합시다. 이야기는 1902년의 영일동맹英日同盟으로부터, 즉 아시아의 한 나라가 처음으로 유럽 열강이라는 마력적인 집단에 가입할 수 있었던 대목에서 시작됩니다. 일본이 러시아에 도전하고 승리하여 자국의 발전을 과시했다는 사실과, 이러한 사건 때문에 20세기의 대혁명을 유발한 최초의 도화선이 점화되었다는 사실이 일치되었다는 것은 아마도 우연의 일치로 볼 수 있을 것입니다. 하여간 1789년과 1848년의 프랑스혁명 당시에는 이에 대한 추종追從들은 유럽에서 일어났습니다. 그러나 1905년의 제1차 러시아혁명 당시에는 유럽에서는 아무런 호응도 없었고, 모방자模倣者들은 아시아에서 나타났습니다. 이리하여 수년 내로 혁명은 페르시아, 터키, 중국에서도 일어났습니다. 제1차 세계대전은 엄밀한 의미에서는 세계전쟁은 아니었고, 다만 세계적 규모의 영향을 초래한 유럽의 내란에 불과한 것이었습니다.—만일 유럽이라는 실체가 존재한다고 가정 할 수 있다면 말입니다. 이러한 영향 속에는 아시아 제국諸國의 공업발전의 촉진, 중국에 있어서의 배타감정, 인도의 내셔널리즘, 아랍의 내셔널리즘의 탄생 등이 포함될 수 있습니다. 그러나 1917년의 러시아혁명은 보다 먼, 보다 결정적인 충격을 초래했습니다. 여기서 뜻깊은 일은 러시아혁명의 지도자들이 유럽에서 모방자들이 나타날 것을 끈기있게 기다렸는데 그것은 허사였고 결국 모방자들은 아시아에서 나타났다는 사실입니다. 유럽이 「변화 없는」 곳이 되어버렸고, 아시아가 움직이기 시작한 것입니다. 그렇다고 해서 이러한 상식적인 이야기를 더 이상 현재에까지 끌고 내려올 생각은 없습니다. 역사가들도 아직은 아시아 및 아프리카의 혁명에 대하여 그 범위와 의의를 평가할 만한 위치에서 있지 못합니다. 그러나 아시아와 아프리카의 수백만 인구에게 현대적인 기술과 공업과정이 퍼져나가고, 초보적인 교육과 정치의식이 보급되면서 대륙의 면목이 일신되어 나가고 있다는 것만은 사실입니다. 미래를 넘겨다 볼 수 있는 나로서는 이것을 세계사의 규모로 잡아볼 수 있는 점진적인 발전이라고 판단할 수밖에는 그 이외의 다른 판단기준을 찾아볼 수 없습니다. 이상의 사태로서 야기된 세계국면世界局面의 변화는 세계 문제에 있어서의 이 나라의 비중을 상대적으로 저하시켰고, 아마도 영어사용 국가 전체에 대해서도 같은 말을 할 수 있을 것 같습니다. 그러나 상대적 저하는 절대적 저하와는 다른 것입니다. 오히려 나로서 불안과 경악을 금할 길 없는 것은, 아시아와 아프리카에서 진전되고 있는 발전 그 자체보다도 이 나라의 지배층—아마도 딴 나라에서도—에게서 볼 수 있는 일반적인 태도입니다. 즉 그들은 이상과 같은 발전을 맹목적인 몰이해沒理解한 눈초리로 바라보는가 하면, 그들을 불신에 찬 경멸과 애교 섞인 겸손과의 사이를 동요動搖하는 태도로서 대하고 과거에 대한 빼저린 향수에 몸을 맡기고 있는 것입니다.

내가 말한 20세기 혁명에 있어서의 이성의 확대라는 요인은 역사가에게는 특별한 결과를 초래했습니다. 왜냐하면, 이성의 확대란 본질상 이때까지는 역사의 외부에 머물고 있었던 집단과 계급, 국민과 대륙이 역사의 내부에 출현하게 되었음을 의미하는 것이기 때문입니다. 처음 강연에서 나는 중세사가中世史家들이 중세 사회를 종교라는 안경을 통해서 보는 경향이 있는 것은 일방적인 성격의 사료史料 때문이라고 말한 바 있습니다. 이 설명을 좀 더 계속해 보겠습니다. 그리스도교회는 「중세에 있어서는 유일한 이성적 기관이었다」[161]는 말을 합니다만, 물론 여기에는 다소간의 과장은 있다 하더라도 역시 정당한 말이라고 생각됩니다. 유일한 이성적 기관이었기 때문에 그것은 유일한 역사적 기관일 수밖에 없었습니다. 즉 그것만이 역사가가 이해할 수 있는 발전의 이성적 코스에 속해 있었던 것입니다. 세속 사회의 형태와 조직을 부여한 것은 교회였고, 그 자체에는 이성적인 생활이 결여되고 있었습니다. 대중들 역시 선사시대先史時代의 대중들이나 마찬가지로 자연의 일부였지 역사의 일부는 아니었습니다. 근대사는 민중들의 사회적 · 정치적 의식이 더욱 증대되고, 과거와 미래를 지닌 역사적 실체로서의 각자의 집단을 자각하고, 이리하여 그들이 완전히 역사 속에 등장하게 되었을 때에 시작됩니다. 사회적·정치적·역사적 의식이 대부분의 인구 속에 퍼지기 시작한 것은 소수의 선진 국가에 있어서도 겨우 200년 밖에 안 된 일입니다. 완전한 의미에 있어서 역사에 등장한 민족들, 즉 이미 식민지 통치나 인류학자들의 대상이 아니라 역사가들의 대상이 된 민족들, 이러한 민족들

---

161 A. von Martin, *The Sociology of the Renaissance* (Engl. transl., 1945), p.18.

로서 구성된 전체 세계를 상상할 수 있다는 것조차도 오늘날에 와서야 비로소 가능해진 것입니다.

이것은 우리들의 역사 개념에 있어서의 하나의 혁명입니다. 18세기에는 역사는 아직도 엘리트의 역사였습니다. 그러나 19세기에 이르러서 영국사가英國史家들은 확신이 없는 산발적인 발걸음으로나마 전국민사회全國民社會의 역사라는 역사관을 수립하기 위한 첫걸음을 내디디기 시작했던 것입니다. J. R. 그린John Richard Green(1837~1883. 영국의 역사가)은 오히려 평범한 사가史家입니다만, 최초의 영국국민사英國國民史를 써서 명성을 얻었습니다. 20세기에 들어서는 여하한 사가이건 적어도 말로만은 이러한 견해에 찬의를 표하게 되었습니다. 물론 실행은 말에 뒤지는 것입니다만, 이런 결점은 더 이상 따질 생각은 없습니다. 왜냐하면 나의 보다 큰 관심이 쏠리고 있는 문제는 역사의 지평선은 우리나라와 서구를 넘어서서 확대되고 있는데, 우리 역사가들은 이를 고려하지 못하고 있다는 사실이기 때문입니다. 액튼은 1896년의 보고서에서, 세계사라는 것은 「모든 나라의 역사를 합쳐 놓은 것과는 다른 것」이다라고 말하고서 다음과 같이 계속하고 있습니다:

> 그것은 제국가諸國家라는 것이 부차적인 위치에 놓인 연속과정을 진행한다. 물론 국가적인 문제도 취급될 것이다. 그러나 그것은 국가 그 자체를 위해서가 아니라 보다 고차적인 연속성에 대한 관련성과 종속관계하에서 그리고 제諸국가가 인류의 공동복지에 이바지한 시기와 정도에 따라서 이야기될 것이다.[162]

162 *Cambridge Modern History: Its Origin, Authorship and Production* (1907), p.14.

액튼이 생각했던 의미와 세계사라는 것은 구태여 액튼을 끄집어낼 것까지도 없이 모든 진지한 역사가들의 문제였습니다. 그러면 지금 우리는 이와 같은 의미의 세계사의 연구를 추진하기 위해서 과연 무엇을 하고 있을까요.

나는 이번 강연에서 본 대학에서 하고 있는 역사 연구를 화제에 올릴 생각은 없었습니다. 그러나 나의 논점에 대한 기막힌 실례가 있기 때문에 거북스럽기는 하지만 이를 피한다면 오히려 비겁한 일이 될 것 같습니다. 지난 40년 동안에 우리들은 교과 과정에서 미국 역사에 중요한 지위를 부여해 왔습니다. 이것은 큰 진보입니다. 그러나 여기에는 또 다른 위험성이 수반되었습니다. 즉 그것은 이미 우리들의 교과 과목에 영구 소유권과도 같은 중압을 주고 있는 영국사英國史의 지방주의가 보다 음성적이고 똑같이 위험한 영어사용 세계라는 지방주의에 의하여 보강되었다는 사실입니다. 과거 400년간의 영어사용 세계의 역사가 역사상 위대한 시기였다는 사실은 의심할 여지가 없습니다. 그러나 그것을 세계사의 중심부로 취급하고 그 밖의 것은 모두를 변두리 부분으로 취급한다는 것은 유감스러우나마 왜곡된 관찰입니다. 이러한 일반적인 왜곡을 바로 잡아주는 일이야말로 대학의 사명입니다. 내가 보기에는 본 대학의 근대사 과목에는 이러한 의무를 달성함에 있어서 부적당한 점이 있는 것 같습니다. 영어 이외의 근대어近代語에 관한 충분한 지식을 아무것도 못 가진 자에게 주요 대학에서 역사과歷史科의 우등학위 수험이 허용된다는 것은 확실히 잘못된 일입니다. 전통과 영예에 빛나는 옥스퍼드 대학의 철학과에서 평이한 일상 영어만을 가지고도 만사를 훌륭하게 해낼 수 있다는 결론을 전공자들이 가지게 되었을 때에 사태는 어떻게 되었던가요. 이것은 우리들의 훈계로 삼을 만한 일입니다. 학위시험의 수험생이 유럽 대륙의 어떤 나라의 근대사에 대해서 교과서 레벨 이상의 것을 공부하려고 할 때에 아무런 편의도 제공되어 있지 않다는 것은 분명히 잘못된 일입니다. 설사 아시아나 아프리카, 라틴 아메리카에 관한 다소간의 지식을 가진 수험생이 있다 하더라도 지금 같아서는 「유럽의 확대」라는 19세기 식의 거창한 허세를 앞세운 시험 문제 앞에서는 자기 지식을 피력할 기회란 극히 제한되어 있는 것입니다. 불행하게도 「유럽의 확대」라는 이 표제는 내용과 꼭 부합됩니다. 즉 수험생들은 중국이나 페르시아와 같은 중요한 그리고 풍부한 사료를 가지고 있는 나라들에 대해서도 유럽인들이 이를 영유領有하려고 했던 당시에 일어났던 일 이외에는 딴 아무런 지식도 알 필요가 없는 것입니다. 내가 듣기에는 본 대학에도 러시아와 페르시아와 중국의 역사 강의가 있기는 한 모양입니다—역사과의 전임교수가 아닌 딴 사람들에 의해서 말입니다. 5년 전에 중국어 교수가 그 취임강연에서 「중국은 인류 역사의 국외자局外者로 간주될 수는 없다」[163]는 확신을 말했을 때에, 케임브리지의 역사가들은 마이동풍馬耳東風이었습니다. 과거 10년 동안에 케임브리지 대학이 내놓은 가장 위대한 역사 저작이라는 장래의 평가를 받을 만한 책은 전연 사학과의 외부에서 그 조력은 하나도 받지 않고 집필되었던 것입니다. 이 이야기는 니담Joseph Needham(1900~1995. 영국의 생화학자) 박사의 『중국의 과학과 문명』을 가리키는 것입니다. 정신

163 E. G. Pulleyblank, *Chinese History and World History* (1955), p.36.

이 바싹 차려지는 이야기가 아닙니까. 만일 내가 이러한 사실을 20세기 중엽의 영국의 그 밖의 대부분의 대학이나 영국 인텔리들의 전형적인 통폐通弊라고 믿지 않았던들 이상과 같은 집안 안 험담을 세인世人의 면전에서 털어 놓을 수는 없었을 것입니다.「영불해협에 폭풍이 일어나면-대륙은 고립된다.」 빅토리아 시대의 섬나라 근성을 반영한 이 맥빠진 낡은 농담이 오히려 기분 나쁠 정도로 오늘의 실태에 알맞은 냄새를 풍기고 있습니다. 이번에는 폭풍은 먼 외부 세계에서 거세게 불어대고 있습니다. 그러나 영어사용 국가에 사는 우리들이 이리저리 모여 가지고, 딴 나라와 딴 대륙들의 터무니없는 거동 때문에 우리 문명의 은혜와 축복으로부터 고립되어 나갔다는 이야기를 평이한 일상 영어로 지껄여대고 있는 동안에 오히려 세계의 현실적인 움직임에서 고립되고 있는 쪽은 이해력도 없고 이해하려는 성의도 없는 우리 자신이 아닌가라는 기분에 사로잡히게 되는 때가 있습니다.

나는 제1회 강연의 서두에서 19세기의 마지막 대목과 20세기 중엽을 갈라놓는 명백한 관점의 차이를 주의해 보도록 말씀드린 바 있었습니다. 이제 마지막에 이르러서 이러한 대조를 좀 더 상세히 말씀드리기로 하겠습니다. 이 이야기 속에서 나는「자유」와「보수」라는 말을 사용하게 되겠습니다만, 물론 그것이 영국 정당의 명칭과 동일한 의미에서 사용되고 있지 않다는 것은 쉽사리 이해하실 것입니다. 액튼은 진보를 논할 때 그 말을 영국인의 일반적인 개념인「점진주의」라는 뜻으로 생각하지는 않았습니다.「혁명, 즉 우리가 말하는 자유주의」, 이 놀라운 구절은 1887년의 서한에서 찾아낸 것입니다. 그로부터 10년 후의 근대사 강의에서는 그는「근대에 있어서의 진보의 방법은 혁명이었다」라고 말하였고, 또 다른 강의에서는 「우리들이 혁명이라고 부르는 일반적 사상의 출현」이라는 말을 하고 있습니다. 이에 대한 설명은 그의 미발표의 원고 속에 나타나 있습니다. 「휘그 당원들은 타협에 의하여 통치하였으나 자유당원들은 이념의 지배로 시작한다.」[164] 액튼은 「이념의 지배」란 자유주의를 의미하는 것이고, 자유주의는 혁명을 의미하는 것이라고 믿었던 것입니다. 액튼의 생애 당시에는 사회변혁의 원동력으로서의 자유주의 힘은 아직 고갈되고 있지 않았습니다. 오늘날에 와서는 자유주의의 잔존요소는 어디에 있어서나 사회의 보수적 요인이 되고 있습니다. 액튼에게로 되돌아가자고 역설한들 오늘날 무슨 의미가 있겠습니까.

그러나 역사가들이 문제 삼아야 할 일은, 첫째로는 액튼의 입장을 확인한다는 일이고, 둘째로는 그의 입장과 현대의 사상가들의 입장을 비교한다는 일이고, 셋째로는 그의 입장의 어떠한 요소가 오늘날 아직도 유용한가를 검토해 본다는 일입니다. 물론 액튼의 세대는 지나친 자신과 낙관주의에 압도되고 있어서, 그들의 신앙의 기초 구조가 불안정한 성질의 것임을 충분히 이해하지 못하였습니다. 그러

164 이 구절에 관해서는 다음을 참조. Acton, *Selections from Correspondence* (1917), p.278; *Lectures on Modern History* (1906), pp.4, 32; Add. MSS. 4949 (in Cambridge University Library). 위에 든 1887년의 서한에서 액튼은 「구(舊)」휘그에서 「신(新」」휘그(즉 자유당원들)에로의 변화를 「양심의 발견」이라고 말하고 있습니다. 여기서 말하는 「양심」(conscience)이란 분명히 「의식」(consciousness)의 발달에 관련된 것으로서 (본서 pp.201~202 참조) 「이념의 지배」에 해당하는 것입니다. 스터브스도 역시 근대사를 프랑스혁명을 경계선으로 하여 두 시기로 구분하고 있습니다. 「그 첫 시기는 권력과 힘과 왕조의 역사요, 둘째 시기는 이념이 권리와 형식의 자리를 차지하는 역사다.」(W. Stubbs, *Seventeen Lectures on the Study of Mediaeval and Modern History* (3rd ed., 1900), p.239.)

나 그의 세대는 오늘날 절실히 요청되고 있는 두 가지 요소를 지니고 있었습니다. 즉, 그것은 변화를 역사에 있어서의 발전적 요인으로 본다는 감각과, 이성은 변화의 복잡성을 이해하기 위한 길잡이라는 믿음입니다. 그러면 여기서 1950년대의 발언 몇 가지를 들어 보기로 합시다. 지난 강연에서 나는 루이스 네이미어 경이 만족스럽다는 듯이 말한 다음과 같은 말을 인용한 바 있습니다. 즉 그는 「구체적인 문제」에 대한 「실제적인 해결」이 추구되고 있을 뿐 「양정당兩政黨은 정강이나 이념을 잊고 있다」고 말하고, 이것을 「국민의 성숙을 반영하는 징후」라고 말했던 것입니다.[165] 나로서는 사람의 생애와 국민의 생애를 이러한 식으로 비유한다는 것을 좋아하지 않으며, 이런 비유를 들고 나온다면 도대체 「성숙」의 단계가 지나면 그 후에 올 것은 무엇인가 하고 반문하고 싶기도 합니다. 그러나 나의 관심을 끄는 문제는 실제적인 것과 구체적인 것은 찬양하고, 「정강政綱이나 이념」은 공격한다는 태도로 양자兩者를 선명하게 대조시키고 있다는 점입니다. 실제적인 활동을 이념적인 이론활동의 상위에 떠받쳐 올린다는 것은 말할 것도 없이 보수주의의 성분증명成分證明입니다.

그것은 액튼이 말한 혁명과 사상의 시대의 공세가 목전에 절박했을 때에 이에 항의한 18세기의 발언을, 죠지 3세 즉위 당시의 영국의 발언을 네이미어의 사상 속에서 반영하고 있는 것입니다. 그러나 철저한 경험주의의 형태를 쓰고 나오는 철저한 보수주의의 이상과 같은 낯익은 표현방식은 오늘날 대단한 인기를 거두고 있습니다. 그 가

---

165 본서 p.53 참조.

장 일반적인 형태는 트레바-로퍼 교수의 다음과 같은 말에서 발견할 수 있습니다. 「급진주의자들이 승리에의 확신을 구가謳歌할 때에 현명한 보수주의자들은 그 콧등을 내려갈긴다.」[166] 오크쇼트 교수는 한창 유행되고 있는 이 경험주의를 다음과 같은 좀 더 까다로운 말로 표현해 주고 있습니다. 정치적 분야에 있어서는 우리들은 「끝도 없고 깊이도 없는 바다를 항해하고 있다.」 거기에는 「출발점도 없고 예정된 목적지도 없고」 다만 우리들로서 바랄 수 있는 것은 「가라앉지 않고 평탄히 떠 있다는 것」 뿐이다.[167] 그렇다고 해서 정치적인 「유토피아니즘」이나 「메시아니즘」을 공격하고 있는 최근의 저술가들의 목록을 만들어 볼 생각은 없습니다만, 하여간 이러한 말투는 사회의 장래에 관한 원대한 근본사상을 모욕하는 유행어처럼 통하고 있습니다. 미국에서도 역사가나 정치학자들은 오히려 영국의 동료들보다도 더욱 거리낌 없을 정도로 보수주의에 대한 충성을 공공연히 표명해 왔습니다. 그러나 물론 미국의 최근 경향까지 끄집어 낼 생각은 없고, 다만 여기서는 미국의 가장 저명하고 가장 온건한 보수주의 사가의 한 사람인 하버드의 사무엘 모리슨Samuel Eliot Morison(1887~1976) 교수의 말 한 대목만을 인용하기로 하겠습니다. 그는 1950년 12월의 미국 역사학회의 회장 연설에서, 지금이야말로 소위 「제퍼슨-잭슨-F. D. 루즈벨트 노선」에 대한 반격의 시기가 도래했다고 말하고, 「공정한 보수적 견지에서 쓴」[168] 미국사美國史를 옹호하는 입장을 취

166 *Encounter*, vii, No.6, June 1957, p.17.
167 M. Oakeshott, *Political Education* (1951), p.22.
168 *American Historical Review*, No.2 (January 1951), pp.272~3.

했던 것입니다. 그러나 적어도 영국에서 이상과 같은 신중한 보수주의적 견지를 가장 명료하게 가장 비타협적인 형태로 재천명한 사람은 포퍼 교수였습니다. 그는 「정강과 이념」을 거부하는 네이미어에 공명하면서, 명확한 플랜에 따라 「사회 전체」를 「개조改造」할 것을 목표로 삼는다는 정책을 공격하고 있습니다. 그 대신 그가 권하고 있는 것은 「단편적 사회대책」이라는 것입니다만, 이에 대해서 가해지는 「미봉책」이라든가 「우물쭈물」이라든가 하는 공격 앞에서도 도무지 움츠리는 기색이 없습니다.[169] 포퍼 교수에게도 한 가지 점에 대해서만은 나도 찬사를 보내고 싶습니다. 그것은 그가 언제나 이성의 굳건한 옹호자의 입장에 서서 과거 현재를 막론하고 비이성주의非理性主義에의 탈선이라는 것과는 전연 관련이 없다는 점입니다. 그러나 「단편적 사회대책」이라는 것에 대한 포퍼 교수 자신의 규정을 살펴보면 이성에 부과되고 있는 역할이 얼마나 좁게 한정된 것인가를 알 수 있을 것입니다. 그렇다고 해서 「단편적 사회정책」에 대한 그의 정의가 반드시 명확한 것은 아닙니다만 , 「목적」에 관한 비판을 제거한다는 것은 그가 특히 강조하고 있는 점이고, 또한 정당한 활동분야로서 그가 들고 있는 신중한 예—입헌적 개혁이나 「소득의 보다 큰 균등화 경향」을 보더라도 그것이 기존사회의 전제前提범위 내에서 역할하자는 취지인 것만은 분명합니다.[170] 사실 포퍼 교수의 사고방식에서 본 이성의 지위라는 것은 어딘가 영국 정부의 관리의 지위와 비슷한 점이 있습니다. 그들은 집권정부의 정책을 시행할 권한도 있고,

---

169 K. Popper, *The Poverty of Historicism* (1957), pp.67, 74.
170 Ibid, pp.64, 68.

이러한 정책의 효능을 높이기 위한 실제 개량책을 건의할 자격도 있으면서도 그 근본적 전제나 궁극적 목표를 의심할 자격은 없는 것입니다. 그것은 유익한 일입니다. 나 역시 젊었을 때에는 관리를 지냈습니다. 그러나 이러한 방식으로 이성을 기존질서의 전제 앞에서 종속시킨다는 것은 결국 나로서는 도저히 용납할 수 없는 일입니다. 이것은 혁명=자유주의=사상의 지배라는 방정식을 제기했을 때의 액튼의 이성관理性觀과는 다른 것입니다. 인간세계의 진보라는 것은, 과학에 있어서나, 역사에 있어서나, 사회에 있어서나, 인간이 자기 자신을 현존방식의 단편적 개량에만 국한시킨다는 태도 하에서는 성취될 수 없는 것입니다. 그것은 주로 목전目前의 제도와 그 토대를 이루고 있는 음양陰陽의 전제에 대하여 이성의 이름으로서 근본적인 도전을 감행한다는 대담한 각오를 통해서만 이룩된 것입니다. 나는 영어사용 세계의 역사가, 사회학자, 정치학자들이 이러한 과업을 수행하기 위한 용기를 되찾을 날이 오기를 대망待望하는 것입니다.

그러나 내가 가장 두려워하는 사실은, 영어사용 세계의 인텔리나 정치사상가들이 이성에 대한 신뢰감을 상실해가고 있다는 점보다도, 부단히 움직이는 세계에 대한 주도한 감각이 감퇴되고 있다는 점입니다. 이것은 일견 역설적인 이야기같이 생각됩니다. 왜냐하면, 주위에서 진행되고 있는 변화에 관한 피상적인 화제가 요즘처럼 흔하게 오고가던 시대도 드물기 때문입니다. 그러나 중요한 일은 지금에 와서는 이 변화라는 것이 성취, 기회, 진보 등으로서 생각되지 않고 공포의 대상으로서 생각되고 있다는 사실입니다. 우리의 정치전문가나 경제전문가들이 교시教示를 내릴 때에 그들이 우리에게 줄 수 있는 것이란, 근본적인 원대한 사상을 불신하라, 무엇이건 혁명적인 냄새를 풍기는 것은 피하라, 전진할 때에는—만일 꼭 전진해야 한다면—될 수 있는 대로 천천히, 될 수 있는 대로 조심성 있게 하라는 훈계 이외에는 아무것도 없습니다. 지금 세계의 국면은 과거 400년간의 그 어느 때보다도 급격하고 철저하게 변모해 나가고 있는데, 이것은 실로 기막힌 맹목이 아니겠습니까? 공포의 근거는 여기에 있는 것입니다. 그것은 세계 전체의 운동이 머물러 버리지나 않을까 하는 근심이 아니라, 이 나라—아마도 기타 영어사용 국가들도—가 전반적인 전진의 뒤에 처져서 힘없이 체념한 채로 일종의 향수적인 침체 상태 속에 빠져버리지나 않을까 하는 근심인 것입니다. 누가 뭐라건 나 자신은 변함없이 낙관주의자입니다. 루이스 네이미어 경이 나에게 정강이나 이념을 피하라고 훈계할 때에, 오크쇼트 교수가 나에게, 우리들은 어떠한 특정지로 가고 있는 것은 아니며, 중요한 일은 아무도 보트를 뒤흔들지 않도록 조심하는 것뿐이라고 말할 때에, 포퍼 교수가 하잘 것 없는 단편적 대책의 덕분으로 애용하는 T형 고물차를 언제까지나 몰고 다니기를 원할 때에, 트레바-로퍼 교수가 떠들어대는 급진주의자들의 콧등을 내려칠 때에, 모리슨 교수가 공정한 보수정신으로 집필된 역사를 옹호할 때에, 나는 격동하는 세계, 진통하는 세계를 내다보며 위대한 과학자의 낡은 말귀를 가지고 대답할 것입니다: 「그래도 역시-그것은 움직인다.」

• 역자 후기 •

우리나라에서 역사철학이라고 하면 아마도 그 밖의 어떤 인문분야보다도 가장 생소하고 서투른 위치에 놓여 있는 학문분야인 것같이 생각된다. 우선 철학이라는 말 자체부터가 어딘가 어렵다는 느낌부터 주게 마련인데, 그 위에다 역사라는 말을 다시 얹어놓고 보면 그야말로 역사나 철학에 대한 고원高遠한 전문지식이 없이는 감히 근접조차 할 수 없다는 어마어마한 인상을 주게 되는 것이다. 그렇기 때문에 지금까지의 실정으로서는 역사 이론에 관한 지식이나 사고는 소수의 전문가들에 의한 전유물처럼 취급되어온 것이고, 좀 더 털어놓고 말한다면 과연 역사철학을 전공한다고 말할 수 있는 학자가 우리 주위에 있었던가 없었던가조차도 분간키 어렵다는 막막한 실정을 볼 수 있는 것이다.

물론 처음부터 쉽기만한 학문이라는 것이 있을 리는 없다. 그러나 어렵기만 하지 정작 우리들의 역사사고에 산 힘이 될 수 없는 역사철학의 방대한 낡은 유산 이외에 좀 더 평이하고 좀 더 흥미있고 또한 좀 더 산 지식을 깨우쳐 줄 수 있는 적절한 입문서가 있었으면 하는 것이 일반 역사학도들의 공통된 소망이었던 것이다. 「역사란 무엇인가」라는 E. H. 카의 소책小冊이 출간 직후부터 사계斯界의 보기드문 환영과 호평을 차지할 수 있었다는 것도 말하자면 이상과 같은 갈증을 덜어 주기에 족할 만한 알찬 내용을 그 속에 담고 있기 때문이라고 생각된다.

책의 제목부터가 말해 주듯이, 역사이론을 풀어 나가는 저자의 태도는 지극히 대중적이다. 아무리 깊은 본질적인 문제를 다루어나갈 때에도, 이론을 위한 이론이라든가, 추상을 위한 추상이라든가 하는 일절의 고답적高踏的인 요소를 그에게서는 찾아볼 수 없다. 뿐만 아니라 이야기의 진전에 따라 독자들을 사로잡게 되는 그 따뜻한 밀착감과 즐거운 충족감은 그의 이야기가 항상 자신의 깊은 체험 속에서 우러나오고 있다는 점, 말하자면 말 한 마디 한 마디에 저자의 귀중한 체취가 배어 있다는 점에 기인한다고 하겠다. 그는 마치 능숙한 길잡이와도 같은 솜씨를 가지고 우리들의 역사사고를 인도하며, 도중에서 직면하게 될 여러 문제점과 곤란성을 파헤쳐 나간다. 따라서 공허한 논리를 이어 붙여서 이러한 불가피한 문제점을 덮어씌우거나 회피한다는 태도가 아니라, 오히려 이러한 어려움을 극복해 나갈 수 있는 가장 타당한 실용적인 방도가 무엇인가를 찾아낸다는 데에 힘을 기울이고 있는 것이다.

그는 우리들의 가치와 관점이 항상 시대와 더불어 유동해 나간다고 말한다. 그리고 우리 자신이 역사상 유례를 찾기 어려운 미증유未曾有의 변동기에 처해 있다고 말한다. 그렇기 때문에 역사를 보는 우리들의 눈은 언제나 상대적이고 한계가 있다는 점을 감추지 않는다. 그러나 이러한 모든 한계와 상대성을 받아들이고 난 다음에 남는 것이 무엇인가, 그러한 여지 위에서 우리가 붙잡을 수 있는 역사사고의 객관성과 유효성은 무엇인가, 이러한 문제를 철저하게 추구해나가는 지혜와 박력 속에서 저자의 진가가 빛나고 있는 것이다. E. H. 카의 사관史觀이 일견 미온적이고 유동적인 것 같으면서도 그 핵심에 믿을 수 있는 확고한 신념과 낙관을 지니고 있다는 것은 그가 누구보다도 이상과 같은 상대성에 철澈한 사가史家이기 때문이라고 생각된다. 격동하는 시간의 흐름에 몸을 맡기면서도 흔들리지 않는 냉철한 사안史眼과 달관達觀을 몸소 구현하고 있는 선각자를 목도할 때에 학문에 대한 우리들의 신뢰와 용기는 다시 한 번 새로워짐을 느끼게 되는 것이다.

E. H. 카의 「역사란 무엇인가」의 내용은 1961년에 있었던 케임브리지 대학의 연속강의The George Macaulay Trevelyan Lec-tures에서 발표된 것으로서, 후에 BBC방송이나 주간지 리스너Listener를 통해서도 일반에게 보급된 바 있다. 단행본으로서는 먼저 1961년에 맥밀란Macmillan사에서 출간되었고 다시 1964년에는 펠리칸Pelican의 포켓판으로 재출간되었다. 저자의 약력을 소개하면 다음과 같다.

E. H. 카Edward Hallett Carr는 1892년 영국 태생으로서 케임브리지 대학의 트리니티 칼리지 출신이다. 1916년 이후로 약 20년간은 영국 외무부의 외교관으로서, 국내외에서 활약하다가 1936년부터는 웨일즈 대학University College of Wales의 국제외교학 교수로서 학계에 투신하기 시작하였다. 그 후 옥스퍼드 대학을 거쳐서 다시 1955년부터는 모교 케임브리지 대학의 펠로우로서 활동했다.

현대사, 그 중에서도 특히 러시아사史를 전문분야로 하는 그의 주요 저서는 다음과 같다.

- The Romantic Exiles(1933)
- The Twenty years' Crisis, 1919~1939(1939)
- Conditions of Peace(1942)
- The Soviet Impact on the western World (1946)
- The New Society(1951)
- The Bolshevik Revolution, 1917~1923, 3vols.(1950~53)
- The Interreznum, 1923~1924(1954)
- Socialism in One Country, 1924~1926, 3vols.(1958~64)

1966년 4월 19일

길현모 吉玄謨

역사란 무엇인가

초판 발행/1966년 5월 11일
개정 초판 발행/2014년 9월 11일
개정2판 2쇄 발행/2019년 1월 10일

지은이/E. H. Carr
옮긴이/길현모
펴낸이/홍정수
펴낸곳/탐구당
등록/1950. 11. 1 서울 제 03-00993호
주소/서울특별시 용산구 한강대로 62 나길 6
대표전화/02-3785-2211
팩시밀리/02-3785-2272
홈페이지/www.tamgudang.co.kr
전자우편/tamgudang@paran.com

값 12,000원

ISBN 978-89-6499-019-3
978-89-6499-018-6 (세트)

이 도서의 국립중앙도서관 출판시도서목록(CIP)은
서지정보유통지원시스템 홈페이지(http://seoji.nl.go.kr)와
국가자료공동목록시스템(http://www.nl.go.kr/kolisnet)에서 이용하실 수 있습니다.
(CIP제어번호: CIP2014025692)